前无止境

中国当代钱币收藏 100 人

石肖岩 主编

中国商业出版社

全国钱币收藏博

2014年11月18日，全国钱币收藏博览会主席团成立大会在北京人民大会堂小礼堂隆重举行。图为大会现场。

主　　编：石肖岩
副主编：陈　念

本书组织工作相关单位和部门
中国收藏家协会钱币收藏委员会
《中国收藏》杂志编辑部

编辑委员会

主 任

石肖岩　　吴　越

常务副主任

叶　涛　　贾　晖　　杜　军　　段洪刚　　陈　念

副主任

王春利　　萧志军　　丁建南　　曹红光　　江则昊　　张浩哲
白浩江　　殷　敏　　卞一冰　　刘德龙　　王　彪　　方　晓
崔光臣　　赵后振

委 员

卞一冰　　白浩江　　蔡勇军　　曹冲冲　　曹红光　　陈　念
陈宝祥　　陈浩敏　　陈吉茂　　陈景林　　程　晟　　崔光臣
邓育仁　　丁建南　　丁贻平　　杜　桦　　杜　军　　段洪刚

范贵林	方　晓	高怀宾	关佰勋	郭喜林	韩　英
何代水	洪荣昌	黄　通	黄建生	贾　晖	江则昊
蒋　骋	焦　阳	金志昂	柯福晟	李　才	李　峰
李　军	李　维	李丙乾	李凤池	李小萍	李志东
林文君	林志坚	刘　翔	刘　源	刘德龙	刘振堂
陆　昕	母　帅	马长海	牛双跃	钱立新	祁新玲
任双伟	邵钦邦	沈　杰	宋　捷	苏　骏	苏军飞
石肖岩	石长有	孙炳路	孙克勤	童　骋	童德明
汪　洋	王　彪	王　刚	王　伟	王春利	王纪洁
王静美	王美忠	王天杨	王宣瑞	王永生	吴　越
吴革胜	吴屹挺	武裕民	肖　彤	肖　舟	萧志军
谢艾力·司马义	徐钦琦	杨　勇	杨锦昌	叶　晖
叶　涛	殷　敏	殷益民	郁超英	袁　林	曾晨宇
张浩哲	张　军	张安保	张安生	张德友	赵后振
赵康池	周　祥	周迈可	周寿远	朱安祥

前言
PREFACE

越穿方孔梦自圆

石肖岩

中国收藏家协会顾问
全国钱币收藏博览会主席团主席

一粒良种伏于地下，久捱而默，但当它遇到充足的阳光、湿润的土壤，一定会仰头华发，挺拔而出。人生也是这个道理。今天，目下集结的百位泉友故事，飞入眼帘的已不仅是一个时代个人集币的灵感、获绩和技艺，而是在币藏的过程中闪烁的精神光点和催人奋进的动力。

本书《前无止境：中国当代钱币收藏100人》，由百人自述，侧重点不同，以千余字将自家故事娓娓道来。从中不难看到，百人创业经历有所不同，但无不是以坚韧不拔的决心勇往直前；百人钻研的精神有所不同，但无不是以持之以恒的毅力成就大业；百人经营投资的方法有所不同，但无不是以益友益群的理念奔跑在服务社会的大道上。百不在于多，一不在于少。积少成多，聚沙成塔，有人成了专业领域的收藏佼佼者，有人成了研究讲学的风范者，有人成了独家美品、孤品的雅集者，而有人成了自力投资创业、无偿服务大众的社会公益者……常言在商言商，今天他们在币言商，在币言文，坐行无出身，长袖而善舞，在币藏的道路上演出了一幕幕中国收藏界的精彩剧目。

越穿方孔梦自圆。如今，百人中有人所藏所为几近做到了极致，有人如古人言，不登高山，不临深溪，不知天之高也、地之厚也，努力在向天向地行进，保持走在一代人的前列。人们十分欣慰，在钱币收藏界，有这么多可以成为后来者学习和仿效的榜样。

作为中国收藏家协会及钱币收藏委员会（现易名钱币分会）的创会者，作为20余年来一直分工负责的中国收藏家协会副会长，百人者，我或熟识，或了解，或看过文章、见过其人。今之入榜，有业界推荐，有事迹使然，老中青各有分量。但作为主编，不能不自省又不能不诉之于读者，钱币收藏门类之宽，方孔古钱，现代流通币、纪念币、千年纸币，等等；钱币材质之分就更复杂，银元银锭、近代铜元算作大类；而放眼看世界，国人收藏的外国钱币也是林林总总，美不胜收……由此看来，百人一书自然难以圆满，更何况每一门类都有精英，都是人才荟萃之地。入选者未必最优秀，最优秀者未必都入选，挂一漏万，失璞遗珠。还有那，一生埋名不愿露藏的高人隐士。

即便如此，回望钱币收藏世界，盛世之下成事藏家自是不少，北京报国寺也成就过钱币收藏"黄埔军校"声誉的辉煌。进而再想想，今天能出当代钱币收藏百人书，也是应运而生，独一无二。若溯上二百年，钱币收藏者不过以数计，岂敢想象今日之浩荡大军，更遑论出百人书了。这是时代的造就！当然，现今钱币收藏如何发展出现不少新的课题，尤其是新一代，收藏自有新玩法。时势、时运、时间，倏忽间，一个个迫在眉睫的问题又都在眼前晃跳，如同世人所追求的天时地利人和一般重要。

鉴往可以昭来。谁能不信，江山代有才人出。钱币收藏一样寄希望于伟大中华民族的新时代，寄希望于钱币收藏的新一代——那一粒粒不时破土而出的良种。

CONTENTS
目录

2 卞一冰
钱币藏天下

4 白浩江
走在"捡漏"与"被捡漏"的路上

6 蔡勇军
从"铁衢州"走向"太平天国"

8 曹冲冲
钞海漫游

10 曹红光
泉海无涯苦作舟

12 陈宝祥
花钱世界向人生

14 陈浩敏
钱币不语自有言

16 陈吉茂
一次不凡的板块移动

18 陈景林
追踪1985年"铜猫"

20	程 晟 古泉收藏要有心		
22	崔光臣 诚心与公益		
24	邓育仁 梦想成真：私藏变公享		
26	丁建南 钱币收藏收获多多		
28	丁贻平 填补川康银锭研究空白	34	范贵林 收藏世界人物硬币之感悟
30	杜 桦 我与丝绸之路古国钱币的不解之缘	36	高怀宾 钱币收藏不仅仅是一个爱好
32	段洪刚 三十年钱币收藏路	38	关佰勋 世界精美钱币是我终生追求
		40	郭喜林 铜母研究带我走上新高度

CONTENTS

目 录

42 韩 英
我与元顺兴的缘

44 何代水
难忘良师益友

46 洪荣昌
五分铜币与二十年心血

48 黄 通
我的奥林匹克梦

52 贾 晖
一枚古币打开少年心中的历史之门

50 黄建生
钱币收藏改变了我的人生轨迹

54 江则昊
一封改变命运的信件

56 蒋 骋
代有收藏 譬如积薪

58 焦 阳
我与天国背圣宝折十型铁钱

60 金志昂
为"钱"打工之快乐

62 柯福晟
成功是一切努力的结果

64 李 才
西藏地方钱币与我的故事

66 李 峰
使命和责任

68 李 军
收藏流通币就是收藏历史

70 李 维
我只是比别人稍微早了那么一点点

72 李丙乾
揭开古代金锭的神秘面纱

74 李凤池
受益于人　得益于己

76 李小萍
开启一扇通往金银锭收藏领域的大门

78 李志东
奔忙三十载

80 林文君
走向丝绸之路

82 林志坚
清钱,我一生的挚爱

84 刘 翔
金银锭收藏:我的自有乐地

86 刘 源
人生一乐复何求

88 刘德龙
不仅做一位名列前茅的授权经销商

90 刘振堂
钱币,可为国家扩大更多影响的话题

92 陆 昕
民俗钱币与我终身相伴

94 母 帅
爱上"西域瑰宝"

96 马长海
历经三届纸币展

98 牛双跃
愿做研究河北纸币的"拓荒牛"

100 钱立新
爱"钱"如命

102 祁新玲
由钱币实物教具说开去

104 任双伟
我的两种钱和两本书

106 邵钦邦
藏家即是过客

108 沈 杰
将国宝抢救回国

110 宋 捷
我辈应尽的责任

112 苏 骏
中国图录应该由中国人编写

114 苏军飞
西域泉缘

116 石长有
收藏私钞百千万

118 孙炳路
巴蜀货币的痴迷者

120 孙克勤
努力站在钱币研究的最前沿

122 童 骋
是"也许"也是注定

124 童德明
从"壮泉"到"六泉"

126 汪 洋
从专题收藏到创办钱币博物馆

128 王 彪
我愿泛起一叶"孤舟"

130 王 刚
新媒体助力币文化

132 王 伟
"因为我无知"

目 录

134 **王春利**
在钱币收藏的天空里流连忘返

136 **王纪洁**
我的钱币研究之路

138 **王静美**
钱币学也是比较学

140 **王美忠**
冷门不冷

142 **王天杨**
从收藏中感悟"宁波帮"金融业

144 **王宣瑞**
最大的乐趣在于发现

146 **王永生**
钱币价值的发现之旅才刚刚开始

148 **吴革胜**
我的缘分来了

150 **吴屹挺**
钱币联通世界

152 **武裕民**
追寻西夏钱币

154 肖 彤
双金属合璧同辉

156 肖 舟
进一寸有一寸的欢喜

158 萧志军
知识就是财富

160 谢艾力·司马义
我收藏的新疆钱币

162 徐钦琦
文化是道 钱币是器

164 杨 勇
收藏靠一枚枚去实现

166 杨锦昌
收藏区票乐此不疲

168 叶 晖
只有经历过的人才能理解

170 叶 涛
泉友叫我"老江南"

172 殷 敏
一件事 一辈子

174 殷益民
过关斩将为了它

目录 / CONTENTS

176　郁超英
辨伪识真　乐在其中

178　袁　林
泉海游弋五十年

180　曾晨宇
我撰写《古希腊钱币史》

182　张　军
我人生追求的信条

184　张安保
从贰角纸币开始

186　张安生
难忘首届中国历代纸币展

188　张德友
主业副业两不误

190　赵后振
偏爱太平天国钱币

192　赵康池
从澳门钱钞到世界错体钞

194　周　祥
泉流问源

196　周迈可
亦师亦友三十年

198　周寿远
过去十年首席一直在

200　朱安祥
课堂·讲堂·名堂

203　索　引
姓氏笔画索引

注：封面及目录配图为2024中国甲辰（龙）年贵金属纪念币·10公斤圆形金质纪念币

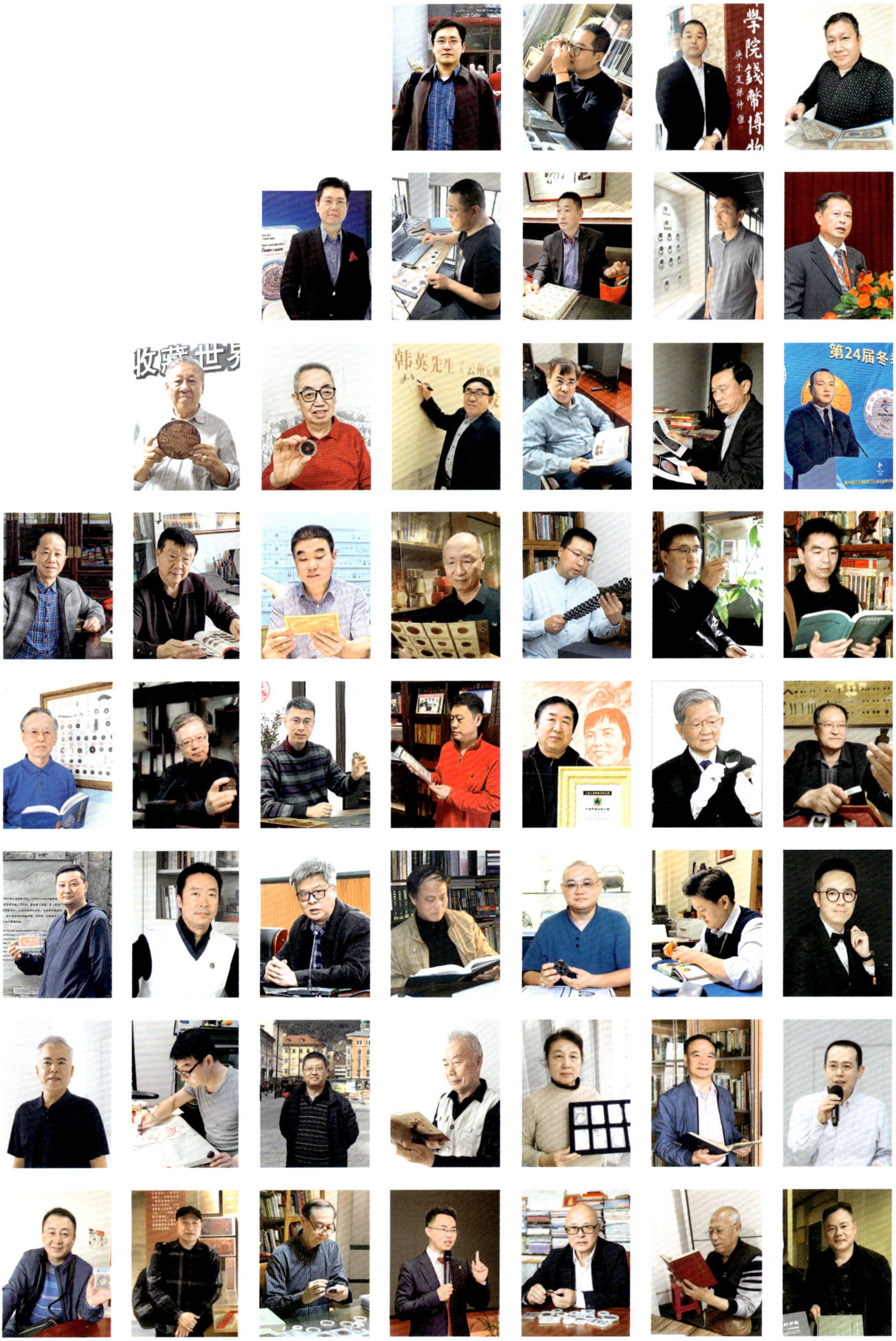
學院錢幣博物
韩英先生
第24届冬

中国当代钱币收藏 100 人

前无止境

钱币藏天下

幼时家中有几枚古钱，黑乎乎的不起眼，大概是"乾隆"吧，时而拿来把玩，忽然一枚找寻不见，原来是家人拿它做了桌子的垫脚。上小学时正值改革开放初期，懵懵懂懂的日子里，家中几个"乾隆"就不知去向了。

我和钱币的缘分始于20世纪80年代初，父亲借到一本《中国历代货币》图册，我翻看后当即被里面的内容吸引了。于是看了又看，几番延期借阅，最后虽然不得不还，可那些钱币给我留下了挥之不去的印象。我的初中学校校舍很大，操场是黄土地，某天做课间操的时候，我百无聊赖地在地上捡起一个"圆片"，用手磨磨蹭蹭后，显示出文字"光绪通宝"。过了几天，我竟又在操场捡到一枚"大清铜币二十文"。偶得这两枚钱币以后，我有点魂不守舍了，老是惦记着还能不能再捡到些什么。后来，有同学见我着迷，便陆续赠我古钱和旧硬币，不久手里就有了十几枚清朝和民国的钱币了。那是1982年，我开始收藏钱币了。

位于天津南市的旧货摊开始有专门卖老钱币的了，摊主是几个老头。在一个阳光明媚的春天，学校开运动会，我溜出学校，目标是老头的钱币摊。摆摊的赵大爷接待了我这个小顾客，这是我第一次购买钱币——北宋太平通宝、淳化元宝、至道元宝……此后我成了钱币摊的常客。常见古钱那时都是5分钱一枚，揣着一两元钱的我可以买很多入门品种，价格高的钱币偶尔我也会问问价——"咸丰当千"要几十元，机制币"大头银元"受管制是不准交易的。慢慢地，我有了一小盒子钱币，品种也很快超过百种。手里拿着"崇祯通宝"，听着收音机里连续播讲的小说《李自成》，仿佛身临其境。家长先是担心我玩物丧志，后来见我对钱币是真的喜欢，父亲还给我订了《中国钱币》杂志，他的同事们都不敢相信读者是一个还未成年的学生，时为1985年。

成年之后，我先后从事旅游和进出口商贸工作，闲时流连于沈阳道、西市大街和"一宫"等收藏市场。20世纪90年代中期，我收藏的古钱、纸币、现代纪念币都有了一定规模。

卞一冰 作者简介

1968年出生，天津人，大学文化程度。中国收藏家协会钱币分会副会长，天津首届"永通万国"钱币精品展发起人，列支敦士登硬币投资公司中国地区负责人、钱币项目策划师。

/ 问答录 /

> 岁月如梭，钱币相伴，你一生一世都会如此吗？
>
> 结缘钱币40年，置身古今中外钱币世界，神游五洲，乐在其中，看来要相伴一生了。
>
> 通过对现代世界纪念币的开发，你感触最深的是什么？
>
> 现代外国钱币的设计构思可谓天马行空，工艺日新月异，不断给人以启发，这也促使我们在设计理念和工艺上要与时俱进。

卞一冰藏品：
帕劳蒂凡尼建筑艺术纪念币

随着市面上的钱币类图书越来越多，我如饥似渴地沉浸在书海中，学习着古今钱币的知识。

1995年开始的北京国际钱币博览会是我入行的重要契机。作为一名普通的钱币收藏爱好者，我前往参观，在这里发生了许多机缘巧合的事：我碰到了后来为之服务终身的外国钱币公司，并与现代钱币结下不解之缘。那次，人们纷纷拿着成捆的钞票在抢购一种外国纪念币，柜台玻璃都被挤破了。在这里，我第一次购买了中国现代金银币——1990年世界杯足球赛纪念银币，也是我第一次购买外国银币——1988年发行的汉城奥运会纪念币。随后几年的钱币展会我都参加了，1997年我还专门去了上海国际钱币博览会，凭借自己的钱币知识和外语优势，很快成为国外知名钱币公司的一员。钱币收藏和研究、现代钱币发行和运作，成为我的日常工作。据说把兴趣爱好作为职业是快乐的，而我就是这样的。

20多年来，我主攻现代世界纪念币的项目开发，参与和主持钱币项目上百个，其中不乏精品，像帕劳熊猫双金属币等入围"克劳斯世界硬币大奖赛"最佳硬币提名，出品的多款中国题材外国钱币也在业内外声名远播。作为参与者，我编写了关于外国币厂代铸中国现代贵金属币的研究史略，去伪存真，被各方认可和采纳。

2000年以后，我开始了游走世界的钱币之旅。除了定期访问我工作的瑞士钱币公司之外，我的旅途还贯穿世界主要的钱币展会——深沉宁静的德意志，乐声环绕的奥地利，热情似火的意大利，还有包容一切的尼德兰（荷兰）等，虽然每次来去匆匆，但一次次的中外文化交融都拓宽了我的视野，丰富了我的藏品。

伴随着不断累加的旅程，特别是加入中国钱币学会和中国收藏家协会以后，我的藏品、藏识都愈加丰富。在我的藏品中，不乏有先秦铸币名品多枚、清代克勤郡王铸咸丰元宝"星月当千"等名泉，也有"老精稀"的中国现代贵金属币，还有被誉为世界精品贵金属币最闪亮的明星——全球发行仅50套的帕劳蒂凡尼建筑艺术纪念币等。我有幸参加了中国收藏家协会钱币收藏分会的一些领导工作，多次组织中国钱币收藏代表团对外交流和出访工作，与钱币界领导和同人先后访问了日本、德国、瑞士和意大利等国，增进了中外钱币文化的交流和了解。

走在"捡漏"与"被捡漏"的路上

在我的老家,大家习惯叫古代的铜钱为"麻钱"。我第一次接触"麻钱",大概是在学前班的时候。

有一次,小舅跟我说他那里有我从来没见过的钱,出于好奇心,我就天天缠着小舅问他要"钱",小舅终于受不了我的吵闹,便从外婆家的大立柜里取出一个木匣子。打开一看,里面塞着满满的大小不一的圆形方孔铜片,上面还有我完全不认识的字。虽然它们不值钱,但是这个匣子里的每一个"麻钱",我至今都留在身边。

我是在银川上的小学,记得从家到学校有一条必经之路,每天下午都有人在那里摆摊卖旧书、古董,当然也少不了钱币。当年,我的第一大乐趣就是放学转转这条街,淘淘钱币。我经常把妈妈给我买早点的5毛钱攒着买钱币,虽然总是饿着肚子,但是还是乐此不疲,因为在我眼里,钱币是我的"精神食粮",早点可以不吃,但是"精神食粮"可不能断。随着学业负担的加重,从初中到高中,我鲜有钱币入手,但是小学积累下来的"财富"还是相当富足的,每每遇到周末和节假日,我总是爱把我的"钱币大军"摆在太阳底下晒晒,一会儿摆成"一字长蛇",一会儿摆成"八门金锁",而自己也沉浸在其中,仿佛领导着千军万马,在喊杀声中体会到历史的厚重。

我在北京阜外大街的解放军报社学习过。记得有一年北京下暴雨,当时租住在地下室,不一会儿水就把地下室淹了,好多我从北京报国寺买的钱币全都冲走了,当时那是一个伤心欲绝啊。自己也顾不得衣服、被褥、笔记本电脑,一头扎进水里就找被冲走的钱币。可喜的是,最后还捞出来几枚,也算是把损失降到最低了。

其实,每一个玩钱币的人都是走在"捡漏"与"被捡漏"的路上。我曾经在西安上过军校,开训的第一天就是一趟武装行军20公里。尽管训练那么累,可每到周末有外出名额了,

白浩江　作者简介

1989年出生,宁夏银川人。中国收藏家协会钱币分会副会长,专注于明代钱币的收藏与研究。

自己又像打了鸡血一样争先恐后地报名，而这唯一的精神动力就是去趟八仙庵，而我的第一次捡漏经历就发生在那里。

记得那天下着大雪，八仙庵市场比以往的人都要少。我进市场的第一站就是钻进我经常光顾的那家店，因为那里有生着火的炉子。我和店主攀谈了许久，其间也买了一些普通钱币，就在我准备走的时候，在柜台的角落里发现了一小堆圣宋元宝。前几天，我刚学习了《北宋铜钱》中圣宋元宝这一部分，想着买几枚圣宋元宝回去对对版。于是我就把这一小堆圣宋元宝包圆了，价钱也是普通宋钱的价格。回去后，我竟然发现了一枚圣宋元宝结圣，结果是自己经常晚上做梦开心地笑醒。

我之所以现在对明钱这么喜爱，尤其是对明大钱这么钟爱，其实也缘于一次自己的被捡漏。多年前，有一名外地泉友过来，非要拿一个小平清母换我的一枚天启通宝背十一两（直径49.6毫米）的大样。这枚十一两是我小时候攒下来的，精度和尺寸都是所见最美，其实自己内心是不想卖的，可还是禁不住这位泉友的软磨硬泡，最后给了这位泉友。而我这枚十一两的价值应该远在其交换给我的那枚钱币之上，现在回想起来，捡漏与被捡漏都在一线之间。

总而言之，既然热爱收藏，还是要精于研究，丰富自己的钱币知识，这样既能够提升自己的素养，还能够为弘扬中华优秀传统文化贡献自己的一点点力量。

白浩江藏品：
乾元重宝折十纤字版母钱

/ 问答录 /

"捡漏"也好，"被捡漏"也罢，这是每个钱币收藏者都少不了的经历，你对此有何理念，说一两句好吗？

"捡漏"与"被捡漏"其实是对立存在的，作为收藏者，肯定都会有"捡漏"与"被捡漏"的经历。只不过"捡漏"大多数都发生在收藏者泉历丰富和知识渊博的时候，而"被捡漏"大多数都发生在入门和存在知识盲区的时候。

你为什么喜欢收藏明钱？

其实，我收藏的重量级明钱并不是很多，只是我对明朝这个朝代和这段历史很感兴趣，以至于影响了我的钱币收藏。

从"铁衢州"走向"太平天国"

蔡勇军
作者简介

1972年出生，浙江衢州人，大学本科学历，金融保险业高管。浙江省收藏协会泉友会副秘书长、衢州市钱币收藏协会常务副会长、海口经济学院钱币研究中心副主任。

我出生在浙江衢州，是北宋名臣蔡襄后人。衢州是一座历史文化名城，史上即为浙、闽、赣、皖四省边际中心城市，有"四省通衢，五路总头"之称。衢州更是圣人孔子后裔的世居地和第二故乡，素有"东南阙里，南孔圣地"的美誉。

自小受父亲和大哥喜欢收藏的影响，我对收藏也很有兴趣，人生接触的第一枚古币是一枚黄亮的清代顺治小平钱。小学一年级的时候，学校要组织踢毽子比赛，班级要求每个小朋友自制鸡毛毽子，我和哥哥俩偷偷地把父母蚊帐上的一个发禄（江浙地区的民俗吉祥物，有发迹、腾达之意）上的铜钱拆了做鸡毛毽子，而且还大方地分发给其他小朋友，印象里有六七十枚之多。踢毽子比赛结束了，几十枚铜钱也遗失殆尽，仅仅留下了一枚顺治小平钱，一直珍藏至今。

工作后，生活和交际的圈子慢慢大起来了，在千年古城历史文化的熏陶下，加之自己也喜欢和研究历史文化，逐渐接触了专业收藏钱币的朋友。工作之余，我经常去各地的古玩市场淘宝，购买自己喜欢的古钱币，乐此不疲地参加各地交流会、拍卖会，十几年来，收藏了众多历朝历代的古钱币。

太平天国运动是中国近代历史上规模最大的农民起义。作为历来兵家必争之地，太平天国八年攻不破的衢州城，特别是太平天国翼王石达开整整91天围衢不破，让衢州有了"铁衢州"的称号。了解了这段历史，我撰写了《太平天国在衢州》一文，为此还喜欢上了太平天国钱币，并结交了一批专集太平天国钱币的收藏爱好者和研究者，大家一起交流、鉴赏、研讨、著书。清咸丰年间发生的太平天国运动，江南动荡，嘉兴、湖州、绍兴、金华等地相继易主，连宝浙官钱局所在地杭州也被太平军占领三年之久。"浙江全境唯衢州完独"，因之宝浙局迁至衢州设炉鼓铸咸丰浙局窄边当十，后同治通宝宝浙局早期小平钱试铸大样也多出自衢州地区。作为衢州铸造的钱币"土特产"，本人小有研究并且藏品颇多。

通过近两年的奔走,在团队的支持下,我与相关部门进行了沟通与协调,2018年12月18日,成立了由衢州市文旅局主管、衢州市民政局管理的衢州市钱币收藏协会。该钱币收藏组织现有会员近200余人。协会的成立,方便了钱币收藏的学术研究、交流与鉴定,可以更好地开展钱币文化的宣传和钱币文物的抢救、保护工作。

2021年4月,我代表衢州市钱币收藏协会走进衢州学院举办的"古钱币知识进校园"活动。这一宣传古钱币知识和金融知识的活动,受到了广大师生的好评,被学院聘请为"金融导师"。

2017年,我的藏品被国家"八五"社科重点项目、国家"十二五"规划项目《中国钱币大辞典·清编·制钱卷》收录。2018年出版的《清末会党钱币研究》,我担任副主编。2019年出版的《太平天国钱币新考》(修订本),我担任主编;同年还编辑了《涌轩太平天国钱币集拓》。多年来,我为"太平天国"钱币研究团队的组建以及研究成果的发表作出了贡献。

蔡勇军藏品:
太平天国背圣宝钱

/ 问答录 /

你认为在"太平天国"钱币研究课题中,还有什么难题和缺憾吗?
文献缺乏是非常难解决的问题。缺憾就是相关珍稀品种实物多在各大博物馆中,我们无法对相关实物进行研究。

在这个领域中,你还有什么梦想?
再通过几年的积累,创立一家钱币博物馆,让人们认知中国钱币和钱币文化。同时,积极呼吁钱币文化进教材、进校园、进课堂,助力我国在校学生核心素养的培养。

钞海漫游

时光荏苒,岁月如梭,转眼集钞已30余年。回首往事,百感交集,可谓是一入收藏深似海,从此钞票都成了浮云。记得小的时候,看到母亲发工资,都会把比较新的钞票留起来,当时也没有什么概念,只是感觉花花绿绿的钞票很好看,我的集钞兴趣大概就是从那个时候开始有了萌芽。工作后,自己挣钱了,就可以随意支配了,恰巧我的工作单位楼下就是一个古玩市场。工作之余,在古玩市场闲逛,遇到喜欢的就会买点。当时也是漫无目标地买。记得一个夏天的中午,我在一老者的地摊上花15元买了5张热河省银行的纸币,共5个品种。此前没有接触过集钞,对这个热河省银行的纸币很陌生,回去后查阅资料,才知道是解放区的纸币,且是比较珍稀的品种,从那一刻起,我就对解放区的纸币产生了浓厚的兴趣。

当时没有互联网,可用的参考书籍都比较少,最经典的就是徐枫、赵隆业两位老师编著的集钞有关书籍。也是从那时开始,我对集钞开始痴迷,从而一发不可收。按照书籍中的目录,逐一收集,并因此结识了很多志同道合的钞友。20世纪90年代,很多集钞爱好者都会办有复品交流的小邮刊,品种明细价格都会一一标注,我们会利用这种内部交流资料互通有无。天天忙忙碌碌,并乐此不疲。现在回想起来,那个时候是一个集钞的黄金时代。通过邮刊,我们与各地乃至海内外的钞友交流。在交流的过程中,我迅速地提高了自己的集钞水平和辨别能力,对各时代的纸币发行历史有了初步了解,从一个收藏门外汉逐步成长为一个收藏发烧友。可以说,这个小小的邮刊为90年代钞友打开了对外交流的窗口。随着收藏水平的提升,本地和邮刊已经不能满足我的收藏需要了,迫切需要走出去,也就是在此时,北京报国寺适时举办了全国性的钱币交流大会。在没有互联网的时代,报国寺的钱币交流大会就是我们这些钱币发烧友的盛宴,吸引了众多的海内外藏家,齐聚一堂、各取所需,平时难得一见的奇珍异钞琳琅满目,是一站式集钞的不二选择。每一次报国寺

曹冲冲　作者简介

1971年出生,辽宁沈阳人。中国钱币学会纸币专业委员会理事。

的钱币交流会，我都会满载而归，用多余的复品换回自己所需要的藏品，达到了以藏养藏的目的。

在报国寺的最大收获并不是收集了多少钞票，而是多次拜访了一直仰慕的中国纸币泰斗徐枫。年轻的朋友可能对徐枫的名字不太熟悉。1949 年前，徐老是一位老上海的演员，曾与著名影星周璇、周曼华等合演过《孟姜女》《黑天堂》等十多部影片，后来从长春话剧院退休。

曹冲冲藏品：
民国镇安县裕民官帖局发行的壹圆

贯穿徐老的一生，就是演戏与集钞。这两项工作他都做到了极致。在中国集钞界素有"南吴王北徐杨"之称，"徐"就是徐枫老师。能聆听徐老的集钞心得，听他讲述从解放区开始集钞的历史，欣赏徐老收藏的珍稀纸币，听他讲述每一张纸币的集藏趣事，有经验也有教训，受益匪浅，从而坚定了我对集钞的热爱，听从徐老的建议，我对集钞进行了调整，从大而全转为专而精，把集钞范围调整为以东北地方币、解放区币为主，并一直保持至今。实践证明，徐老的建议是对的，专题集钞才会有所建树。如今，徐老去世已十余年，每每想起他的教诲，我都感觉他的音容宛在，十分怀念徐老，感谢他对我集钞的指导。

集钞之路并不是一蹴而就的，需要漫长的过程。收藏老纸币有的时候并不能带来一定的经济效益，这与收藏现代币是截然不同的领域。但是每获得一张珍稀钞票所带来的满足感、成就感、荣誉感是现代币所没有的感受。如果无意当中获得一张出谱的纸币、填补金融史的纸币，那就彻夜难眠了，这也是集钞人的精神所在吧。

/ 问答录 /

在东北地方币、解放区币收藏中有什么新发现？

比如，吉林的钞票以传统的大帖子见长，大尺寸、大面值、大手笔。大手笔的意思就是帖子的四周印刷都是防伪的古文。辽宁的地方票正好与吉林的相反，都是以小著称，小尺寸、小面值，更现代一些。黑龙江的介于两者之间，有大帖子也有小票子。

东北解放较早，工业基础雄厚，是解放战争的大后方。东北解放区的货币设计和印刷也具有鲜明的时代特征。比如，东北解放区的纸币已经大规模地应用水印纸、暗记，设计风格更具现代意识；防伪一流，在同时期的解放区货币中堪称精品。

在你找到的那些"出谱"的纸币中有哪些令人眼前一亮的？

比如，东北最早的地方票，一般认为是同治年间（1862 年至 1874 年），但是在我收集的实物中，确有道光年间（1821 年至 1850 年）的。由于有实物的佐证，东北地方币的历史几乎提前了近 20 年。

泉海无涯苦作舟

曹红光　作者简介

1963年出生，湖北咸宁人。中国收藏家协会钱币分会副会长，湖北省收藏家协会常务理事、钱币收藏分会会长。致力于清代钱币版别和湖北地方钱币收藏研究，在钱币类杂志和报纸上发表文章20多篇。

2002年，一个偶然的机会，我在武汉市文物商店附近看到有人出售古钱币，出于好奇，就买了几百个。后来偶尔拿出来盘玩，越看越喜欢。从那时起，我天天去门店挑选我喜欢的各种钱币，乐此不疲，并从那以后对清代钱币版别产生了浓厚的兴趣。

一年以后，我买回来的钱币已经有两万多枚了，我对历朝历代钱币也基本熟悉了。为了学习钱币相关知识，我跑遍了武汉市所有的书店、图书馆，寻找相关的书籍学习相关知识，加深对钱币版别分类的理解。但因为国内清钱研究资料及文献比较匮乏，所接触的版别分类方法大部分出自日本钱币藏家的书籍，如《昭和泉谱》《清朝钱谱》等。随着我钱币收集数量的增加和钱币知识的增长，我觉得自己对清代钱币的研究还很欠缺，作为一个钱币爱好者，有责任、有义务把自己掌握的知识整理出来，留给后人。为了收集更多的钱币实物资料，我先后从湖北省文物商店、湖南省文物商店购买了50多吨多余钱币作研究之用。

研究钱币版别分类是一项艰苦、枯燥的工作。尤其是清代钱币，正面汉文，背后满文，要对比至少六个字的区别，比以前历朝历代钱币的分类难度更大。刚开始整理的时候，我把所有的钱币按年代分类，然后分局、分大版别和小版别，这样就有了自己掌握的一手资料。有了自己整理的资料以后，我还到全国各地的市场、清钱藏家那里去挑选自己没有的版别钱币。经过20多年的努力，清钱各类版别的资料已基本整理完毕，这些资料的完整性、系统性及规模上，在国内应该是绝无仅有的。

我在研究中国清代钱币的同时，对湖北地方钱币也情有独钟，特别注重收集整理湖北省内清末民初中外金融机构发行的纸币。到现在也有一定的收藏规模，其中稀少珍品有100多种，很多藏品已经进入各大博物馆存列展出。

曹红光藏品：
清光绪三十年湖北省造大清银币库平壹两

/ 问答录 /

你的清钱收藏有相当规模，有何研究成果与人分享？

我的清钱版别研究相关书籍目前正在归纳、整理、制图阶段，争取尽快完稿；条件成熟时，也会建馆展出。

你对清钱版别研究付出了巨大心血，令人十分钦佩，下一步有什么新的打算？

我现在的快乐大都来源于钱币，以后会尽力做一些普及钱币文化的公益事项，为钱币文化的弘扬多做力所能及的事情。

花钱世界向人生

陈宝祥 作者简介

1963年出生，浙江绍兴人，工商管理硕士。全国轻工行业劳动模范，2022年绍兴市最美文旅人。浙江省收藏协会副会长兼浙江省收藏协会泉友会会长，绍兴市收藏家协会第三届、第四届会长，绍兴市钱币收藏协会会长，绍兴市戴葆庭钱币文化博物馆馆长。

1963年，我出生于江南水乡绍兴的银楼世家，父亲是省级工艺美术大师，我是中华老字号企业第四代传人。从小耳濡目染，接触到银元等老银器比较多，于是也喜欢上了钱币。1988年结婚前夕，我和夫人到上海买结婚礼服，逛上海城隍庙，在古玩店被那些古钱币所吸引，就把大部分买结婚礼服的钱用来买了古钱币。回到家，又翻箱倒柜找出一些古钱币，这兴趣爱好便一发不可收，30多年来，已融入我的生命。概括而言，我的钱币收藏经历了三个阶段。

从20世纪80年代末到90年代初，我主要收集古代纲目钱币，从秦半两到汉五铢，从唐开元到明永乐，再到清顺治、宣统，甚至铜板、银元。从古钱币的方寸世界里，我学习了解了中国两千多年的历史文化，深深感受到中国钱币历史悠久、底蕴深厚，它是社会变革的产物，凝聚着某一历史时期的政治景象、经济政策、文化情怀。2000年夏天，我在绍兴本地收购了一批老藏家的钱币，被花钱的精美图案和文化内涵所吸引，就喜欢上了它。当时玩花钱品种，不管炉别、题材，只要喜欢就收集，七八年时间就收藏了近千枚花钱，变成了"花钱圈"的大户。

自2008年起，我又专注于民俗钱币中的浙炉花钱，究其原因，一是家乡情结，我对浙江钱币有特殊的感情；二是浙炉花钱自身的工艺特征、文化内涵及蕴藏的人文精神，深深地吸引了我。此后的5年时间，我专心于浙炉花钱的集藏，通过线上线下渠道，在泉友的支持下，收罗了浙炉花钱的名珍精品和基本品种类型，成了一名"浙炉花钱收藏大家"。

为了使自己有更多的时间和财富去追求钱币收藏的梦想，我辞去了局长的职位，选择下海经商。一枚钱币，一个故事。我收藏的浙炉经典人文花钱《西游记》就是其中的典型代表，它以中国古典四大名著《西游记》为题材，通过白描艺术手法，在铜钱中刻画了唐三藏骑白龙马、孙悟空手持金箍棒、猪八戒背挂九齿钉耙、沙和尚手执降妖宝杖的形象。

师徒法号"三藏""悟空""悟能""悟净"皆有其深奥的含义。一套《西游记》花钱共4枚,存世罕见,目前仅见3套。我花了8年时间,修炼正果,使"师徒"团圆。其中一枚"三藏"被杭州一位绍兴籍的老藏家珍藏,我从对它"一见钟情"到"娶"回家,整整追了8年。老藏家在临终前两个月,将他心爱的藏品托付给我,情深意长。自己也深深感悟到,收藏旅途中锲而不舍的"西天取经"精神,能给收藏者留下多少人生中美好的记忆。

钱币收藏既是个人的兴趣爱好,也要取之社会泉友的力量,注重发挥行业组织的作用。自2008年起,我开始从事钱币文化公益工作,担任绍兴市收藏家协会副会长兼铜器、钱币委员会主任。2015年创建浙江省收藏协会泉友会,并任会长,团结带领浙江泉友开创了杭州全国钱币交流会品牌。绍兴之地,源于南宋年号,绍兴也是泉学宗师、绍兴名人戴葆庭故里。2015年,我拜绍兴乡贤、中国钱币博物馆原馆长戴志强为师,有幸成为戴门弟子。2019年10月,我创办的绍兴市戴葆庭钱币文化博物馆正式开馆,这是国内第一家以钱币学家命名的民办钱币博物馆。建馆5年多来,举办了"戴门弟子藏泉选展""南宋遗珍吉金雅赏""钱币与绍兴"等20余场专题展览,总投入达600多万元,把博物馆打造成省、市社科普及基地和地区爱国主义教育基地。2020年,我又发起成立了绍兴市钱币收藏协会,立足协会平台与博物馆融合发展,力争在绍兴这座没有围墙的博物馆,使钱币文化熠熠生辉、代代相传。我在专心收藏的同时,还潜心于泉学研究,2012年收藏的上百枚花钱收录于《中国钱币大辞典·压胜钱编》;近年来,个人收藏及研究专集《越王泉斋辑拓·浙炉厌胜卷》《越王泉斋拓集》先后推出;2022年,《戴门弟子藏泉与文选》一书由中华书局出版,在业界引起不小反响。

我热爱钱币收藏30多年,一生坚持做一件喜欢且有意义的事,明确自己的目标和定位。现在我有两个梦想,一是办好戴葆庭钱币文化博物馆,二是办好浙江泉友会。这是我下半生的事业,我会一直坚持下去。

陈宝祥藏品:
西游记人物花钱·三藏

/ 问答录 /

作为"花钱圈"的大户,你能告诉读者,在花钱这一"花花世界"中,如何入脑入手,从容收集吗?

花钱让人"走心",入脑的是文化内涵。我建议新玩家首先根据自身的爱好锁定主题,比如,"科举题材"或"炉别花钱";其次将线下交流与线上购藏相结合;最后就是借助协会平台的资源。

领导不光当藏者,还要领军服务众藏友,你对此有什么肺腑之言吗?

我喜欢明代王阳明"知行合一"的思想。领导唱破嗓子,不如做出样子。既要为民俗钱币的收藏摇旗呐喊、推波助澜,又要率先垂范、身体力行;既要做好指导员,又要当好服务员。

钱币不语自有言

陈浩敏 作者简介

1973年出生，广东汕头人。广银阁公司创始人、美国PCGS评级公司顾问、中国（国际）钱币展销会（CICE）组委会主任、香港国际钱币联合展销会（HKCS）合伙创办人、澳门钱币展销会合伙创办人、广东集藏投资协会名誉会长。

我对钱币的爱好要追溯到1984年。旧时南方的宅子里一般都有轻便婉约的门帘，并喜欢在竹帘上穿上珠子与古钱币，既丰富了门帘的样式，又有"招财入室"之寓意。后来旧宅少了，门帘慢慢淡出人们的视线。偶然间，我在老家的工具盒里翻出一枚或许当初用来穿门帘之用的乾隆通宝，那古钱币上的锈色和包浆瞬间把我吸引住，由此，我便像寻宝一样开启了我的钱币收藏：家里找了个遍，就把目光放到外面的地摊、古玩店上。只要省着点儿零花钱，几分钱就可以收纳一枚古钱币，攒着攒着，便可拥有一个小币库……那年，我12岁。从此，汕头旧城区的摩罗街、民权路的古玩地摊、邮政局的门口，经常出现我背着书包的身影。

在20世纪80年代初期的中国，钱币收藏还是很生僻的门类，甚至在大家的潜意识里，或多或少还有一点"破四旧"阴影的残留。因此，在汕头各大书店都找不到钱币收藏的专业书籍。每每在地摊翻到一枚从未见过的古币，不单弄不懂它的年代出处，甚至连文字是对读还是旋读都搞不清楚。当时的我，既为中国古币文化深邃的内涵所吸引，又为钱币知识的贫乏而感到无助。慢慢地，我发现这里面也有个小圈子，大概20来个人，年龄介于30岁至60来岁。

他们见到我这个小毛孩，觉得很另类，油然而生疼爱之心，纷纷为我幼稚而执着的提问答疑解难。在大家的关爱提携中，我的藏品、藏识乃至待人处世的能力都得到了很好的提升，因币结缘，甚为感慨。当我14岁的时候，汕头市成立钱币协会，年纪尚轻的我被推荐加入了这个协会，像个"小大人"一样混在一群成年的钱币爱好者中，丝毫不显生涩稚嫩。那时，20世纪80年代发行的《中国泉友》通信录在圈子里开始流传，全国各地每个钱币协会的会员资料都登在上面。由于各个地方钱币流通的差异性，币种亦随之各有不同，广东地区当年流通的钱币到了外地成了"香饽饽"，同样，我亦渴望了解我没接触过的钱币。于是，透过《中国泉友》

上的会员资料，藏友们便开始以货换货。如此一来，我便有更多机会丰富自己的钱币收藏。

1993年，我毕业走入社会，老朋友们都建议我以钱币为职业，但当时的我，看着商机凸显、经济腾飞的当代社会，很难把古币生意列为选项。其后虽在外贸进出口、期货等行业工作过，却也找不到自己的定位，始终觉得还是钱币这一行最符合我性我情，它能让我在工作中得到乐趣，并且实现自我。于是，在1994年9月，我成立了自己的钱币公司"广银阁"，开始全身心地投入这一行业。创业之初，凭着从小以来的热爱，以古钱币为主营，但慢慢发现，日新月异的造假技术，令我在采购高档货源时难免中招，满腔的热情在得知买到赝品的那一瞬间碎落一地！这个时候，我发现钱币市场上开始出现一个新兴板块——中国当代金银币，它就像是一道清新亮丽的风景，让我马上产生了浓厚的兴趣。我认为中国当代金银币由中国人民银行发行，作为国家法定货币，具有至高无上的权威性，加上国家级大师设计，雕刻精美，限量发行，使其具有艺术品的稀缺性；除此之外，中国当代金银币1979年才开始发行，直至20世纪90年代中期才逐渐回流国内市场，公众认知度低，是一块值得挖掘的价值洼地，具有广阔的市场开发前景。若从事此行业的经营，必能惠及买卖双方，长期实现共赢。于是我开始从古币转向主营当代金银币。经营过程中我又注重发掘精品，提倡"老精稀"收藏理念，引导客户理性投资，快乐集藏。

陈浩敏藏品：
1993年观音纪念金币 18两 001号

为了把钱币收藏这一陶冶性情、裨益身心的活动推向更多的人群，多年来，我联系圈内友人发起北京、广州、上海、香港、澳门等地的国际性钱币展销会，举办钱币沙龙讲座，促进行业交流交易，取得了大大小小的成果。同时，我多次向相关金融展览馆捐赠钱币藏品，创办"小小收藏家"公益活动，培养青少年对钱币的热爱，推动钱币文化收藏的传承发展，自身也有了许许多多的精神享受，为社会尽了绵薄之力。

/ 问答录 /

12岁起步收藏，今日在藏界遍走四方，除锲而不舍的执着外，还有什么独创的经营理念？

专业、诚信、共赢的经营理念。

据说你有自己的信条——少说多做。借本书出版你是否可以破破例，多说几句。

追求人生目标需要执着，但对于成果却无须太过于纠结。正如收藏的乐趣在于追求的过程，得失有缘，结果无须太过在意。

一次不凡的板块移动

我是中国台湾嘉义人,故乡在嘉义县临海的小渔村——东石,这里民风保守淳朴,当地居民有窖藏古钱的习惯。先祖父以前藏有一大箱的日本铜币和我国历代古钱,小时候我常拿方孔钱做毽子踢戏,至今记忆犹新。1965年我读初二时,有一次过年大扫除,先祖父将所有的古钱称斤论两欲售予收破烂者,适逢我放学返家撞见,禁不住我的哀求,先祖父只抓了一把古钱给我赏玩,余者全部论斤出售。我小时候本来集邮,拿到这些古钱后对其产生极大的兴趣,自此为古钱之书法、文字和背面的满文所迷,从而售尽邮品,走入方孔之中,这就是我和钱币结缘的开始。

1972年,我在二姐夫所经营的特产艺品店上班,有较多时间可以研究和收藏钱币。最初,我的主要收藏是方孔钱,偶尔也买一点机制币。那段时间,只要没事我就泡在钱币店里。与此同时,还参加同好集会,认识了很多泉友,在交流中,也把自己收藏的复品售予同好,赚取一点利润。交易多了以后,我发现通过钱币买卖所赚的钱竟然比我上班的工资还高,于是萌生了自己干脆当一个钱币商的念头。1978年,我正式下海,辞去了二姐夫店铺的工作,自立门户,做起了专业的币商,主营方孔古钱,也兼顾少许的机制币和纸币。创业伊始,我手上的资金有限,外加也没有机制币的大客户,而方孔制钱买卖所需金额相对较小,比较适合我生意上的运转。当时我每月都要去一趟香港进货,就这样过了3年。1981年,我结识了机制币的大藏家张秀青先生,我和张先生性格相近,谈得来,很快成为朋友。1983年,我从香港的一位老藏家处购得清代宣统三年大清银币"长须龙""反龙""大尾龙"三枚币,品相极为完美。购回台北后,张先生一看立即悉数全买,而且没有还价。这是我和张先生的第一次买卖,开启了我们日后的交往,如果没有张先生的支持,我想我不会有今天的成就。与其他收藏家不同,张先生购藏中国机制币有一大特性——他可以购藏复品,只要品相达到标准,价格合

陈吉茂   作者简介

1951年出生,中国台湾人。台北市集币协会创会理事、东州钱币有限公司责任人、台湾鼎峰拍卖公司董事长。编著《新疆金银币图说》,参与编著《边境瑰宝——新疆金银币全图典》。

适，哪怕是他收藏中已有的品种，他也可以再买，不管数量多少，所以在他的收藏中，有些存世稀少的钱币他都有数枚。

1989年9月中旬，新加坡泰星钱币公司的林文虎先生来电，告知英国的史赛克公司受客户委托欲出售一个中国龙银的集藏，内有"湖南省造""陕西省造""福建官局造"等不少珍稀品种，问我是否有意愿收购。我随即和林先生约好，飞到新加坡和他会合，隔天又一起动身飞到伦敦看货。到史赛克公司后，一看钱币，我惊异万分，每枚币的品相都非常完美，而且几乎涵盖了所有清代龙洋品种，例如，"寿字一两""湖北本省""京局制造""户部一两""北洋一两""上海一两"等，总数共约250枚，其中有5枚金币，即大清丁未、丙午、户部、北洋和长须龙金币。这批藏品当时我出价120万美元，但因史赛克要价太高，只得作罢。我和林文虎先生便飞往瑞士苏黎世参加钱币展销会，在瑞士期间史赛克公司又来电议价，谈了几次，最后还是以我的出价成交。这批集藏中的珍稀品种我一次性全部卖给了张秀青先生，并出版在鸿禧美术馆印行的《中国近代金银币选集》中。这批藏品因是私下交易，故钱币界同好知道的人很少，但若论藏品的内容和重要性，那是中国机制币近代以来最大的一次板块移动，影响深远，流失海外多年的珍稀银币又重新回到中国藏家的手中。

最近几十年来，祖国大陆经济腾飞，新藏家也陆续崛起，拍场中珍稀钱币屡创新高，买家也大多是国内藏家，海外已经没有能与中国藏家匹敌的对手。相信不久的将来，流失在海外的中国珍稀钱币，将会回流到中国文博机构和收藏家手中。

陈吉茂藏品：
清宣统三年大清银币"长须龙"金质样币

/ 问答录 /

你对祖国大陆的钱币收藏事业有何寄语和想法吗？

大陆的收藏家买进钱币后过不久又卖了，持有的时间不长，很多人更注重钱币的投资属性。我个人觉得真正的收藏家应该对藏品有较长时间的持有，不应春天买的秋天就卖了。希望越来越多的大陆藏家能长期持有钱币，做真正的收藏家。

你认为，两岸四地的钱币收藏者能举办一次钱币展会吗？

这需要两岸四地的钱币协会牵头，商讨可行办法，收藏家们则全力配合。

追踪1985年"铜猫"

陈景林　作者简介

1967年出生，中国香港人。中国钱币学会币章艺术专业委员会委员、世界硬币大奖赛评审委员会委员，《中国金银币标准目录（1979—2017）》《中国熊猫纪念章目录》编者。

陈景林藏品：
1985年精制版熊猫壹元铜币

1985年精制版熊猫1元铜币（以下简称"铜猫"）可以说是新中国钱币家族中的一朵奇葩，是熊猫币中最为贵重和富有传奇色彩的品种之一。此币最初出现时，因为没有任何发行公告和官方记载，以至于真伪受到收藏界的质疑。作为一枚仅作馈赠纪念品而未经正式流通的铜币，在经历了37年的沉淀与价值再发现后，竟然升值约25万倍（NGC PF68完美，见2022年12月海瑞得拍卖行成交价3万美元）。而另一枚品相完美（NGC PF69）的1985年"铜猫"，在中国内地的一场拍卖会中以50万元成交。过去20多年来，我对此币进行跟踪并做了深入研究。

由中国大百科全书出版社于2000年10月出版的《中国现代金银币大全》（以下简称《大全》），其权威性毋庸置疑。然而，对比《中华人民共和国贵金属纪念币图录（1979—1985）》（以下简称《图录》）来看，细心的朋友会发现在1985年版的熊猫币中，《图录》记载了5枚金币、1枚银币、1枚铜币，而《大全》记录了5枚金币、1枚银币，却缺少了1枚铜币。实际上，不只《大全》，对比各官方图录，多数都缺乏对1985年版"铜猫"币的记载。

1988年的《中国现代金银纪念币章图录》第一辑中仅记录有1983年、1984年熊猫铜币，无1985年版记录；1991年的《中国熊猫金银币图录》中国熊猫铜币篇、1991年的《中国现代纪念币附纪念章》都仅记录有1983年、1984年熊猫铜币；1993年的《中华人民共和国货币图录》、2000年的《中国现代金银币大全》也仅记录有1983年、1984年熊猫铜币；2006年的《中华人民共和国贵金属纪念币图录》则记录了1985年熊猫币，并刊有该币的图片、规格，其为精制铜币，发行量1000枚。细看这些记录，会发现直到2006年的《中华人民共和国贵金属纪念币图录》才开始正式记载1985年"铜猫"。

1985年熊猫纪念币中的一枚1元铜币，多年以来市场难见踪迹。到2003年左右，我曾听有"中国熊猫王"称谓的收藏家袁雄先生提到有第三枚"铜猫"，但一直未见实物，不敢肯定其存在。直到2003年前后，市场偶尔出现"铜猫"，仅一两枚而已。我所见有些无封套，有些品相很差，但也有一些是带有上海造币厂（上海造币有限公司前身）绿色纸质原装币夹的。当时它们在市场的表现是：最差品相的约在6000元成交，而完美品相的则可在12000元左右成交，可见品相对其价格影响之大。

在2005年的《中华人民共和国贵金属纪念币图录》筹备阶段，我曾提交一份具有争议币清单给中国金币总公司（中国金币集团有限公司前身），请求一一查考，其中就包括1985年"铜猫"。通过各方协助考证，上海造币厂当年确曾生产这枚铜币，发行量为1000枚，《图录》也得以"寻回"《大全》失踪之"猫"矣！经中国金币总公司深入研究后，发现当年并无1985年"铜猫"的发行与立项计划，直至1985年5月，为庆祝上海造币厂与加拿大Sherritt公司合作引进生产设备，上海造币厂用1984年"铜猫"模具修改后铸造了少量的1985年"铜猫"赠予加拿大外宾。其余的币作为礼品或用作出访日本、英国等造币厂的馈赠礼品，实铸量仅50枚。

由于此币鲜有出现，也没有官方记录，美国《克劳斯世界硬币目录（1901—2000）》并未记载，以致我将该币送呈NGC评级时，却被对方因故退回。为此，我收集中国金币总公司有关此币核实信函、藏家黄瑞勇先生拍卖成交记录和实物图片，经由美国Robert先生推荐，转发给NGC审阅。经过多方努力，终于得到NGC的认可，同意开放1985年版熊猫"铜币"的认证服务。

此外，1994年、1995年铂金1/20盎司熊猫币市场上不常见到，也一度被怀疑并未发行。经与中国金币总公司方面联系，核实此两枚小"铂猫"币确有生产记录，不过是由澳大利亚造币厂在当地购入铂金并且铸造，而且部分设计制成项链出售。至于1983年、1984年精制"铜猫"，美国熊猫钱币公司当年销售时，多随"金银猫"的订购而赠送给老客户，而且零售价格只是象征式的定价1美元；其包装也很有意思，是把铜币塑封在一张印有熊猫图案的明信片卡中。欧洲方面也有黑卡封装。

/ 问答录 /

钱币收藏圈有"熊猫大王"，想不到还有你这位"追踪熊猫大王"，我们为你的严谨收藏作风和认真态度表示钦佩。同时，我们提议你为钱币收藏者讲几句肺腑之言。

持之以恒，收藏应着重于研究与审美的提高以及美的享受，投资不是首要目标。

你是在香港地区生活的收藏者，对于港澳与内地的收藏文化，有什么可行的建议吗？

长期坚持收藏到最后的始终都会是赢家，乐趣与投资的回报兼得。大家作为中华儿女，应该先潜心研究自己国家的钱币文化，勿让外人超越。

古泉收藏要有心

武汉古玩城坐落于九省通衢的武汉城区中心，南邻江汉路步行街，东接吉庆街中山大道，西毗地铁轻轨线，北靠长江隧道。自小我便居住于该古玩市场附近，时常流连于此，总能见到稀奇古怪、形状多样的古玩藏品，不由地被这个充满历史文化气息的场地所吸引。在一次闲逛中，看到一枚造型独特的古钱币，事后经查询资料才知晓，这是一枚宫钱，虽然历经沧桑，仍散发着独特的魅力。

20世纪80年代末可供查阅的古钱币的书籍非常匮乏，不过在兴趣的驱使下，总能想到学习的方法，在与有同好的朋友们交流时，时刻虚心请教，我才对古钱币的大纲有了一个初步的了解。随着时间的推移，接触到的收藏者越来越多，在一起交流学习的机会也多了起来。大家都会约定时间，带着近期的收获与多年的藏品，共谈古泉收藏之趣。大家都知道，古泉串联了历史，在中华大地上，朝代的更迭让钱币变得种类繁多、特征多样。我们既会感受到战国半两的粗犷，也能感受到汉五铢的清雅，唐开元的隽秀，宋大观的刚劲，元蒙文的脱洒……不过每个人的审美是不同的，这就让我们古泉收藏者各有各的研究专题，而我，却更加钟爱起义军钱币。不过起义军钱币也是种类繁多，像唐起义军史思明铸造的顺天和得壹，北宋起义军李顺铸造的应运、应感，元末起义军韩林儿铸造的龙凤、张士诚的天佑、徐寿辉的天启……在这些古泉的观赏和研究中，使我更加用心与专注。此外，在明代大钱系列中，我喜爱天启大钱的各类版式，如天启通宝密十一两、天启通宝镇十、天启通宝背府母钱、天启十一两试铸等。

收藏钱币的过程，有时候充满了未知和变数。一次听说有一枚太平天国铜钱即将亮相古玩市场，我顿时激动不已，

程 晟 作者简介

1972年出生，湖北武汉人。对宫廷赏赐钱、起义军钱币、明清母样钱、精品花钱有一定研究。《太平天国钱币辨伪图册》编委，《中国钱币大辞典·清编·制钱卷》藏品拓片提供者。

程晟藏品：
太平天国背圣宝楷书当五十铜钱

立刻赶到现场。然而，当我到达时，发现这枚铜钱已经被另一位收藏家以高价预定。我不甘心错过这个机会，遂决定与这位收藏家协商，希望能够转让给我。经过几番周折，我终于与那位收藏家达成了协议。然而，在交易的最后关头，却出现了一个意想不到的问题。这枚铜钱的原卖主想回购此钱币，原因是这是他们家的祖传之物，家人不愿意出售。这让我陷入了困境，既不想放弃这枚铜钱，也不想夺人传家宝。但我确实太爱此钱币了，经过与原卖主多次沟通及登门向其呈献藏品，并表达了我对此枚钱币的珍爱之情，承诺此品只用于收藏，绝不予以交易。多番周折，最终原卖主被我的诚意所打动，同时确定我是一名真正的古钱币收藏爱好者，遂将该枚太平天国铜钱交付予我。一波三折，终获至宝，欣喜若狂，我将它小心翼翼珍藏至今。

钱币收藏是一项充满乐趣和意义的文化活动。它让我们能够深入了解历史和文化，感受时代的变迁和发展。我相信，只要我们用心去感受、去品味，钱币收藏一定会给我们的生活带来更多的惊喜和收获。

未来，我将继续钱币收藏之旅。在丰富自己藏品的同时，希望能够与更多的藏友交流，共同弘扬钱币收藏文化，传承历史记忆。

/ 问答录 /

对古泉收藏圈新生代力量有什么建议？

兴趣是玩钱币最大的老师，从内心出发。一定要找准定位与方向，书本知识与实践结合，多上手实物，多与业界同人交流，夯实基础，练好眼力。机会一定会有，不要总抱有侥幸和幻想。

请谈谈下一步钱币收藏的目标。

重要的部分还是纲目性较强的品种，或是能代表证明时代性、工艺变化的品种，这是我下一步的收藏主题。

诚心与公益

小时候，我经常从家中翻找到一些古钱币把玩，总感到钱币很神奇，它让我知道了"宋朝""清朝"，知道了"徽宗""康熙"，它启蒙了我幼年的心智。长大以后，我怀着梦想，离开家乡安徽临泉到城市打工，从菜市场到建筑工地，都留下了我不知疲倦的身影。只要闲暇时，我总要到古玩市场逛逛看看，虽然珍稀钱币买不起，但流连忘返在古钱币摊前，感受着古币带来的快乐，我也很满足。经过多年的打拼，我的事业有了长足发展，有了自己的建筑公司，较丰厚的收入给我的钱币收藏注入了较大的活力，我开始关注钱币收藏的系统性和档次，从普通钱币到珍稀钱币，再到稀有的金银币，这些都是我收藏的重点。我还特别注重"红色钱币""丝绸之路"这些专题钱币的收藏与研究。

几年前，一位朋友告诉我：他的邻居老太太有一枚"川陕省苏维埃造五百文"铜元。我立即驱车赶到200多公里外的一个小山村，在目睹了这枚红色钱币后，我心潮澎湃，仿佛来到那战火纷飞的革命年代，看到了红军战士为建立新中国而英勇奋斗的身影。可惜，币主不愿转让，我只好抱憾而归。回来以后，这枚钱币在我心头久久萦绕。此后，我又去了多趟，就像去探望自己的知心朋友，每次都给老太太带上礼物，逢年过节也去看望她。久而久之，老太太终于被我的诚心打动，将那枚钱币转让于我。小小钱币寄深情，至今，我们之间就像亲戚一样走动。

古钱币的收藏是基础，研究是目的。我精心挑选，按照年代、币种、文字和书法艺术等方面分门别类，制作成册。我还将自己的办公室布置成钱币展示厅，让人们能直观地感受到中国钱币发展历史和演变的过程。工作之余，我最大的爱好就是阅读各类收藏杂志和历史书籍，一方面可以缓解工作压力，修养身心；另一方面可以增长古钱币知识，提高鉴赏能力。我通过古钱币的收藏和研究，陶冶了自己的情操，

崔光臣

作者简介

1971年出生，安徽临泉人。中国收藏家协会钱币分会副秘书长、江苏省收藏家协会铜器收藏委员会副主任。

提高了自身的文化修养，也为企业的发展拓展了空间。

我深深体会到，收藏不仅仅是爱好，也是在发扬与传承中华传统文化。多年来，我先后向家乡临泉县博物馆、南京市霸王山纪念馆、徐州市圣旨博物馆捐赠金、银、铜质古钱币、拓片以及其他文物等300多件（套），并在徐州圣旨博物馆举办了"一带一路"古钱币展览。我还积极参加省市举办的各类文化展览，主动为百姓公益鉴宝，为在校大学生举办"古钱币探索兴趣"主题演讲，在市区知识联谊会上做"丝绸之路钱币文化"等讲座。我还应邀到北京、江苏、安徽、陕西、甘肃等省市鉴赏研讨古玩钱币，并对家庭生活困难的学生开展捐资助学活动。《新华日报》《安徽日报》《江淮日报》等数十家新闻媒体对我进行了报道。我还将钱币文化植入企业里，努力打造钱币文化环境，树立企业品牌形象，提高企业知名度，促进企业的全面发展。

古钱币不仅是精美的艺术品，也是传统文化的载体，它浓缩了中国几千年的历史进程。为了更好地弘扬中华传统文化，我还积极响应"优秀传统文化进校园"活动的号召，在多所学校筹建"钱币文化教育馆"，让钱币文化走进校园、走进课堂，培养孩子们的爱国情怀，激发孩子们为振兴中华而努力学习的精神。

崔光臣藏品：
1934年川陕省苏维埃造五百文铜元

/ 问答录 /

收藏钱币同其他收藏项目一样，需要决心、耐心、恒心，还更需要诚心。你与那位山村老太太的交往让我们看到了这点，你认为这有普遍意义吗？

真诚是人际关系的基石，只有以诚待人，才能赢得他人的信任和尊重，这是千古不变的真理。

收藏与公益活动的关系如同企业与社会责任的关系，你认为有实力的钱币收藏家做些什么公益活动才能得到良好的社会反响呢？

收藏为民，社会共赏，捐赠博物馆则是文物最好的归宿。

梦想成真：私藏变公享

在内蒙古丰富的文化遗产熏陶和滋养下，我从小就对历史、古迹、古代遗留的器物产生了浓厚的兴趣。在上小学时，由于家里长辈从事畜牧业，有几千亩牧场放养着羊群，所以放学之后我经常帮忙放牧。在一边放牧一边玩耍的过程中，尤其是大风大雨天气过后，埋藏在沙土中的古代物件往往能显露出来，而经常能捡到的就是古钱币。其中，捡拾最多的一种钱币当时自己根本无法解读，直到上了初中学历史以后才知道，原来是两汉之间、新莽时期的货泉钱。

货泉是王莽天凤元年（公元14年）第四次货币改制的产物，主要铸造地在关中以及中原地区，遥远的内蒙古为什么会出现众多的货泉钱币呢？直到前些年，随着老家鄂尔多斯市杭锦旗发掘出震惊考古界的汉代铸币遗址，我才彻底弄清楚，原来捡到的可能就是2000年前汉代内蒙古地区造币作坊的产品，它不是来自遥远的中原，而是来自当地。这些有趣的经历使我对收集中国古代钱币产生了浓厚的兴趣。大学毕业参加工作后，虽然工作繁忙，但仍然对钱币情有独钟，遇到喜爱的钱币会不惜代价收入囊中。

随着自己的钱币收藏品种日渐丰富，我便产生了在内蒙古当地搞一个小的钱币沙龙的念头。在随后一次出差中，我有幸结识了钱币界资深收藏家汪洋，并参观了他位于上海的清代宝苏钱币博物馆。汪洋建议我将私藏变为公享，创办一个历代钱币博物馆，将中国的钱币文化发扬光大。

但是办博物馆千头万绪，从何入手呢？好在汪洋有办博物馆的丰富经验，与我无私分享，同时还推荐了中国钱币学会会员、闻德评级总评级师李小俊担任副馆长，帮助我一起筹划博物馆的具体事宜。在呼和浩特市和玉泉区两级党委、政府的大力支持下，博物馆选址于内蒙古自治区、呼和浩特市两级重点文物保护单位清代大盛魁商号旧址，命名永盛钱币博物馆。现在，每天来博物馆参观的人络绎不绝，特别是节假日，家长们经常带着孩子们来到馆里，了解中华货币文

邓育仁 作者简介

1977年出生，内蒙古鄂尔多斯人。内蒙古永盛文化发展有限责任公司董事长，永盛钱币博物馆创始人。

邓育仁藏品：
西汉特大半两权钱

化及它们背后的故事，激发了很多孩子对传统历史文化的浓厚兴趣。

在博物馆1800多枚藏品中，有几枚是我的心爱之物。

一枚是西汉特大半两权钱。按照汉初钱币制度，四铢半两法钱每百枚重一斤十六铢，约合今制268克，每枚重量大约为2.68克。为保证四铢半两的重量，在流通使用过程中，不仅要清点枚数，还需要用权钱来衡定重量。此枚特大半两约等于20枚钱的重量，是当时作为权衡四铢半两重量之用的权钱。此西汉特大半两权钱字形挺拔，古拙粗犷，苍劲有力，存世极为罕见。

一套则是新莽"六泉十布"。西汉末年，王莽建立了"新"朝，推行新政，史称"王莽改制"。他对货币制度进行了四次改革，虽然都以失败告终，却留下了一批制作精良的钱币精品，其中尤以建国二年（公元10年）发行的"六泉十布"最为著名。"六泉十布"，大多轮廓分明、笔画细挺、制作精美，文字布局匀称得体，能收集到全套美品实属不易。

此外，南唐永通泉货大钱是中国古钱币五十名珍之一。其为南唐中宗李璟所铸，《新五代史·南唐世家》有载：李璟"困于用兵，钟谟请铸大钱，以一当十，文曰'永通泉货'。谟尝得罪，而大钱废，韩熙载又铸铁钱，以一当二"。永通泉货分隶、篆两种书体，隶书大钱文字端庄，铸造工艺精良，周郭整齐。据载，永通泉货的铸造时间只半年，发行量极少。

永盛钱币博物馆的设立，不仅是我个人对古代钱币收藏热情的延续，也是对内蒙古乃至整个中国文化遗产保护和传承工作的重要贡献。此举具有深远的意义。永盛钱币博物馆目前已经成为呼和浩特市科普教育基地和研学基地，为公众特别是年青一代，提供了一个直观学习中国古代货币历史与文化的平台。

同时应该说，博物馆的建立和运营，不仅增加了当地的文化吸引力，也带动了旅游业的发展。通过对古代钱币的展示和解读，永盛钱币博物馆提高了公众对艺术和历史物品的审美鉴赏力，激发了更多人对文化遗产保护和收藏的兴趣。

/ 问答录 /

永盛钱币博物馆的设立不仅展示了中国丰富的货币文化，还促进了文化遗产的保护和传承。你会长期坚持下去吗？

对我而言，钱币博物馆和钱币收藏与研究是将伴我终身的幸福事业。我将风雨无阻，一直在这条路上努力前行，把中国钱币文化的保护与传承一代代传递下去，这是我人生的夙愿。

看到一批批孩子来博物馆参观，你有什么感受？

每每看到孩子们认真观看的目光，我感到由衷的欣慰与自豪。

前无止境

钱币收藏收获多多

1986年，大多数人还只是热衷于古钱币收藏，专门收藏人民币的还不多。当时我由部队转业到厦门工作，一次，走进一家书店，看到了一本收藏方面的书籍，里面对第一套人民币的价值做了介绍，看后顿时激发了我对第一套人民币浓厚的兴趣。在我看来，第一套人民币与古钱币一样，都具有厚重的历史价值和文化价值。那时候，受到各解放区的环境和全国解放初期条件的限制，第一套人民币的设计图案有反映工业、农业生产方面的劳动场面，也有反映交通运输的情景，还有一些名胜古迹等。

当我购藏了第一套人民币后，便一发不可收，走上了钱币收藏之路。于我来说，收藏不在于多而在于精，任何一件藏品都应承载着一段历史和艺术之美，否则将毫无价值。为了丰富收藏知识，我翻阅大量书籍，参观各类博物馆，打卡各种文化展，这不仅让我学到了很多鉴赏钱币的知识，而且也了解到了更多藏品背后的故事。此外，我还将收藏、鉴赏和研究结合起来，专注收藏中国纸币、国库券和公债券。眼下，我收藏有"民国四大行"即中央银行、中国银行、交通银行、中国农民银行的纸币，福建省地方银行纸币、福建钱庄票以及港币、澳门币等一万余枚，其中珍稀品种达百种。除此之外，我还兼收了早期各银行，如伪满洲中央银行、中国联合准备银行、中央储备银行、蒙疆银行、冀东银行、华兴商业银行等发行的纸币和公债券。

收藏，是一种积淀人类文明、启迪人类智慧的文化活动。它的发展、繁荣对人类的进步有着积极的促进作用。收藏是一种高尚且理想的娱乐活动，是一种清静之中的享受、闲暇之中的纳福，让收藏者乐在其中，且其乐无穷。从事收藏30多年来，我坚持以文化兴收藏，以品德树收藏，得到了收藏界和政府相关部门的肯定。我还热衷于收藏品鉴工作，注重学术研究与实践，并以所学知识撰写了多篇研究性文章，先后在《福建日报》《中国收藏》等报刊上以及内部交流资料《福

丁建南   作者简介

1959年出生，籍贯安徽，定居厦门。中国人民政治协商会议厦门市委员会特邀研究员、福建省收藏家协会会长、中国收藏家协会特邀顾问兼钱币分会副会长、福建省钱币学会常务理事、福建省古玩商会高级顾问。

建收藏》、《厦门收藏》和《福建钱币》上发表。

在收藏的过程中,我也获得了诸多荣誉,多次被中国收藏家协会、福建省收藏家协会评为"优秀收藏家""骨干积极分子",多次被福建省收藏家协会授予杰出贡献奖。我还是通过人力资源和社会保障部审核的具备相应的专业知识与技能的艺术品鉴定师、评估师,被聘为中国收藏家协会和福建省收藏家协会古玩艺术品鉴定师、评估师,厦门市价格认证中心鉴定评估专家等。作为福建省收藏家协会的领导,我还主持举办了多场与钱币相关的展览和博览会,取得了很好的社会反响。

丁建南藏品:
民国三十年中南银行拾圆

/ 问答录 /

据我们所知,你作为省级收藏家协会会长,曾先后在省内举办过多次省、市以及全国钱币收藏活动,能谈谈体会吗?

这些活动不仅能够促进钱币收藏文化的普及和发展,而且可以提高公众对钱币收藏的认知和兴趣。同时,我们还发现了许多优秀的收藏家和爱好者,他们将成为我们未来的合作伙伴和骨干力量。

你由中国台湾收藏方面的书籍引发了个人钱币收藏,能谈谈你对中国台湾纸币收藏的感想吗?

首先,台湾作为中国的一个省份,其早期纸币具有独特的文化背景和历史意义。其次,一些早期台湾纸币在设计上采用了传统的中国元素,展现了浓厚的中华文化特色。此外,一些珍稀品种如早期的台湾银行限大陈地区和马祖地区通用等纸币,具有很高的收藏投资价值。

前无止境

填补川康银锭研究空白

丁贻平　作者简介

1963年出生，四川小金人。四川凉山州广播电视台主任编辑。专著《川康银锭》被中国钱币学会列入"中国钱币丛书"。此外，还与藏友合编或编著有《川盐与川锭》《川锭上的四川》《一锭说凉山》等书籍。

丁贻平藏品：元（光）绪廿三年　内江县　王裕国泉匠　四川银锭（目前仅见的错版）

我进入收藏圈实属偶然。1986年，我毕业留校工作，开启了人生新的征程。当时学校距离城区有10多公里，交通不便，学校各部门人员进城办事都是坐校车。校车在邮政局有站点，一般等一两个小时都属正常。长年累月，如何度过等车的这段时光呢？那时候的邮政局周边已经有小型的邮票和纸币交易市场了。我选择在等车时段去看邮票和钱币，久而久之都熟悉了。我对邮票的初步认识是太复杂、不喜欢，对钱币还有点兴趣，但刚工作，没有多余的钱购买。直到1988年下半年，和我一起留校的陈同学用100元买了小全套崭新的第二套人民币，这才促使我下决心涉足收藏行业。过了一段时间，我进城办完事来到邮政局门外的小摊上选购，小全套第二套人民币已经上涨了10元，忍痛花110元买下，成为我的第一套藏品。后来，我和陈同学喜欢的第一套、第二套人民币不断涨价，我俩一合计决定选择价格便宜的民国纸币作为集藏对象——它们根据品相价格在5角到几元不等。这样，我和陈同学就在等校车的时光中搭上了收藏的这趟"班车"。

每当购藏到民国纸币新品种，我和陈同学都会交流分享。再后来，我选择民国四大银行的纸币进行收藏，陈同学则选择民国时期商业银行的纸币进行收藏。

时光飞逝，迎来了互联网时代，收藏市场有了突飞猛进的变化，钱币等收藏买卖从局限的地域走向了广阔的大舞台。我从2005年3月开始上网，注册时需要取名，"四大银行"就成为我的网名。这期间，我已重点关注和收集原西康省地域历史资料，想整理、研究这个贯穿民国时期和中华人民共和国成立初期仅有16年的省份历史。有一天，在西昌朋友的古玩店里看见一个戳记有"西康"的银锭，这让我感到十分意外，这个意外也改变了我的研究方向。当时，收藏市场上四川银锭开始受到重视，凉山彝区是川锭的主要来源地。周末一有空，我就去西昌的古玩市场看银锭。有时候我们去成都赶场，西昌的朋友都会背几十个或上百个银锭到成都交易，遇到行情不好时还会背回来。这时的川锭基本论个数来交易，戳记多的比一般的银锭价格仅高一点点。当时市场上没有相关的川锭书籍，即便是在讲述银锭的书籍中也只有一个章节与川锭有关，这在一定程度上影响了川锭的市场行情和发展。

经过与西昌几位收藏爱好者的商议，大家决定以我为主，充分利用凉山彝区特有的川锭资源，撰写一本有关川锭的书籍，旨在推广川锭历史及文化。

说起来容易做起来难，因为我们都是业余爱好者，缺乏相关的专业理论，对相关的历史文化资料了解得很少。在一无资金、二无资料的情况下，我从收集银锭图片和相关史料的基础入手，艰难起步。一次，在成都旧书市场高价买到一本四川省社会科学院出版社出版的鲁子健老师编著的《清代四川财政史料》下册，我们到处寻找上册。当找到时，对方不卖，经商量后他同意我复印这本书，上册共883页，复印费就500多元。这在当时绝对是超高价了，但这套书为我的写作打下了坚实的理论基础。2007年年初，我利用工作之余和节假日，加班加点开始整理资料和写作，在克服各种困难后，终于在年底前完成对初稿的多次修改。有缘的是，初稿修改中，段洪刚先生来西昌做客，当听到《川康银锭》初稿基本完成，他答应把书推荐到中国钱币学会。就这样，厚厚的书稿寄往北京。很快，学会的副秘书长金德平老师给我发来传真，提出修改意见。在收到传真的那一刻，我真是热泪盈眶，我们的艰辛付出有了回音。2008年3月，应中国钱币学会邀请，我去北京面谈《川康银锭》出版一事。经学会确定，《川康银锭》列入"中国钱币丛书"甲种本，并完成相关手续。2009年2月，《川康银锭》由中华书局正式出版。该书的出版也极大地推动了川锭的收藏与市场。2011年，川锭的市场价格迎来了高峰。

此后，我持续对川锭进行研究，先后出版了图书《川盐与川锭》（2013年）、《川锭上的四川》（2016年）、《一锭说凉山》（2020年）。与此同时，我还在《中国收藏》杂志发表了30余篇研究文章。这些专题研究填补了该领域的国内空白，为宣传推广川康银锭（四川银锭、西康银锭）的历史货币知识及历史文化起到了很大的推动作用。

/ 问答录 /

由收藏民国纸币到专攻川康银锭，路径不凡，也收益多多。可否对收藏研究过程的转变谈些体会？

随着时间的推移，我涉足收集本土历史资料，重点放在收集民国时期和中华人民共和国成立初期的西康省的史料。直到有一次在西昌古玩店发现银锭上有"西康"银锭的戳记后，我才步入"川康银锭"方面的研究方向。事实上，收藏的过程也是学习和发现的过程，让人受益匪浅，也是乐趣所在。

从研究到专著，填补了川康银锭研究的空白，请谈谈收藏与研究的相互关系和相互作用。

收藏培养了我的业余爱好，极大地丰富了我的业余生活。研究则促进了我不断学习和不断探索历史上的银两货币——川康银锭系列藏品的动力。

我与丝绸之路古国钱币的不解之缘

杜 桦 作者简介

1962年出生，山西榆次人。甘肃省酒泉市收藏家协会副会长兼古玩收藏委员会主任，泉宝阁珍藏馆馆长，藏有古丝绸之路沿线国家曾经使用流通过的金、银、铜、铁、铅质等古钱币和西域货币5000多枚。

收藏是我们家族的延续，小时候受父亲的启蒙，我就与丝绸之路古国钱币结下了不解之缘。父亲去世后，我继承了父亲的遗愿，继续收藏、研究、探讨丝绸之路古国钱币，并鼓励和培养下一代对收藏文化的兴趣与爱好，目的是将古丝路文化作为家学传承延续下去。

丝绸之路古国钱币是中国与中亚、西亚以及地中海国家进行贸易最重要的实物证据。丝绸之路作为一条横贯亚欧大陆的商业线路，在2000多年的历史长河中，涉及民族、国家、政权、文化、宗教之多，在世界历史上堪称奇迹。表现在货币上，就是货币的种类多，各种货币的考古发现超出了一般时间和空间的分布规律，而货币的材质多样、货币的文字及装饰复杂，也都是丝绸之路古国钱币的特有现象。我的藏品主要有以下三部分：首先是历代中央王朝使用的，在河西走廊遗存出土的历史货币，包括秦、汉、唐、宋、元、明、清等各朝钱币；其次是历代地方政权在河西走廊及西域诸国流通过的历史货币；最后还有历代丝绸之路境外（中亚、西亚、南亚以及地中海）诸国在遗存、出土的历史货币。

高昌吉利钱和凉造新泉钱是我的藏品中具有代表性的两枚钱。

高昌吉利钱为499年至640年铸造，外圆方孔，大而厚重，铸造精良；铭文隶书，书法苍劲有力，具有很高的艺术欣赏价值；传世极少，为"西域大珍"，于河西走廊征集。

中国古代西域地区的高昌国先后经历了阚氏高昌、张氏高昌、马氏高昌、麴氏高昌四代政权。据专家推测，在阚氏、张氏、马氏统治高昌地区的57年间，政权动荡，经济萧条，是没有能力铸造高昌吉利钱币的。所以高昌吉利钱币很可能铸造于此后相对稳定的麴氏高昌时期。目前学者普遍认为其铸造者是公元623年继承高昌王位的麴文泰。

凉造新泉钱为317年至376年，前凉张氏王朝张轨所

/ 问答录 /

在丝绸之路古国钱币收藏中你感悟到了什么？
　　我深深感受到了我们伟大的中华民族博大的胸怀和广阔的胸襟，也领略了海纳百川、兼容并蓄的文化基因，更体悟到了古丝绸之路文明的余韵和风采。

丝绸之路古国钱币与西域货币的收藏和寻觅难度极大，耗时、耗资、耗力，你能坚持下去吗？
　　的确如此。我将不懈努力、广泛交流，认真研习丝绸之路古国钱币与西域货币相关知识，尽我们全家绵薄之力，为弘扬和传承收藏文化添砖加瓦。

杜桦藏品：
高昌吉利钱

铸；铭文为篆书，分为大凉造和小凉造，于河西走廊征集。凉造新泉的铸造地在凉州（今甘肃武威），也有私铸。

　　凉造新泉钱历来是钱币收藏家最为关注的钱币珍品之一。"凉"是西晋十六国时期在河西一带建立的国号名，它是我国古代第一种以国号为钱文的圆形方孔钱。钱文为篆书，有对读、直读两种读法，钱文上的字体也稍有分别；形体可分为轻小、厚重两种形式。由于它的存世量很少，目前泉界对它的研究尚存在两个方面的困难，一是新莽至十六国的300多年间，河西四郡各割据政权的史书资料至今多已散佚，现有的史籍又无从查考；二是该钱币传世品较少，即便是新出土的也难得到。

前无止境

三十年钱币收藏路

段洪刚

作者简介

1972年出生，云南弥勒人。中国收藏家协会钱币分会副会长、全国工商联民间文物艺术品商会钱币专业委员会会长。专著《中国铜元分类研究》填补了钱币领域的空白。先后主编、参编多部钱币著作，包括《中国钱币大辞典》等。10余年里发表300万字左右的科研成果。2011年，创立北京公博古钱币艺术品鉴定有限公司。

我的收藏经历可能与多数泉友大同小异，起因也是偶然。当然，这个偶然里也包含着必然。我从小就对历史文化感兴趣，爷爷给我讲历史人物故事、教我写毛笔字，村里的人也会聚在路边大树下讲历史小说、志怪小说，这是我们最感神奇、过瘾的时代。

1990年，我自费去云南弥勒县城上高中，后来报名参加高教自考，于是拥有了自由支配的时间。那是1992年的夏季，某日，在邮局门口看到一位老人摆的地摊上有各种古钱币、铜元、银币后，我瞬间被击中，仿佛时光倒流，广阔的中国历史文化世界一下子盘旋于我的脑海中，无法自拔。最后，我花掉一个月的生活费，每种老钱币都买了一个，有金代大定通宝背"星月"、也有明代洪武通宝背"观音牧牛"等，基本上每个要价在15元至20元之间，论大小，不论品种。另外，云南省造半圆银币5元一个，铜板大的4元、小的2元。买到手之后，我又到处找人打听有关价值、历史背景，去书店翻看相关的书籍。就这样，我的古钱币爱好之魂被彻底唤醒。

1993年本该是毕业季，我没有参加高考，但又特别希望能上大学，圆一个大学梦。于是经过多方打听，发现可以以旁听生身份到大学学习。8月下旬，我带着老父亲千辛万苦跑到武汉，走入华中师范大学的大门，从此与武汉结下不解之缘，也开启了我钱币生涯的武汉时代。我在武汉一共生活了18年，边自学、读书，边奔波于云南老家与全国多地，做钱币生意。经过一年多的实践，我已经知道了不同地方、不同版别、不同品相的钱币也有价格差距，可以赚到一点收入，这是一个如饥似渴学习与实践的时期。那时候，我相信古钱币收藏是一项值得自豪的事业，虽然当时社会上普遍把钱币收藏看作不务正业。

2000年前后，我开始专注于铜元的收藏和研究。其中离不开早先出版发行的两本重要图书的影响，一是华光普的《中国铜元目录》，二是中国台湾郑仁杰主编的《中国铜元鉴赏》。

/ 问答录 /

从云南偏远之地到首都北京,你历经了不少风雨但事业有成,能谈谈最刻骨铭心的感受吗?

最刻骨铭心的感受,我想用两句话概括:坚持正确的理想和道路,不忘初心;永远与人为善,宽容坦诚才能赢得大多数人的认可与支持,个人和企业也才有未来。

能用最简洁的语言,对民间钱币收藏事业做一个展望吗?

我的展望是:更加规范化、多样化、年轻化,这是未来十年到二十年的美好愿景。

段洪刚藏品:
中华民国共和纪念币十文

后来我与两位作者相识,他们成了我一生的良师益友。随后在收藏实践中,我发现现有的各种资料和图书已无法满足我的需求,于是下决心自己编写一部专门的铜元分类图谱并厘清相关的历史问题。2004年夏季,我撰写的第一篇综合概述的文章,在《中国钱币》杂志分期连载。后来又有了第二篇学术考证文章陆续发表,解决了若干困惑钱币界多年的开国纪念币铜元分类分期问题。这之后又发表了更多文章以及出版专著《中国铜元分类研究》。当然,在研究、写作过程中,我得到了全国各地多位师友的支持帮助,比如,中国台湾的郑仁杰、施诚一先生,福建的李建清先生,江苏的金琪先生等。这是终身铭记的恩德,也是铜元事业让我终身热爱的一个理由,有那么多好朋友在,还有什么理由不热爱呢?

2010年,我搬迁到北京,创办了中国内地第一家古钱币评级鉴定公司,并首创100分制古钱评级标准。自此,我开始把专业知识转变为生产力,也同时有了一定的经济保障。个人收藏的钱币品种从以铜元为主,到偶尔兼顾一点古钱、银币、纸币等种类,研究的范围也由铜元为主兼顾其他历史货币。迄今为止,我已收藏有近千个铜元品种、版别,其中有数十种为中国铜元一百名珍。2021年,我将自己上千枚历代钱币收藏品整理之后,在公博公司办公区开设了对外免费参观的"公博钱币馆",供客户或附近市民前来参观,算是实现了一个小小的心愿:好钱共欣赏,疑义相与析。

回顾整整30年的钱币收藏经历,我感到自豪和欣慰。自豪的是钱币收藏的社会地位得到了全方位的提升,几十年来成千上万的钱币爱好者以此为乐趣、为人生的目标,极大地促进了中国优秀传统文化的传承与弘扬。30年来,我始终不改初衷,爱之乐之,以钱币收藏为最大的爱好。我也有幸参与了众多全国性的钱币收藏与研究的项目、组织,我及同人开创的钱币鉴定评级事业也在全国生根发芽,惠及千千万万的钱币爱好者。

前无止境

收藏世界人物硬币之感悟

范贵林　　　作者简介

1944年出生，黑龙江哈尔滨人。1965年入伍，现为北京市军休办阳光军休所军休干部、北京市钱币学会常务理事。

记得10岁那年，父亲带我去逛早市。20世纪50年代哈尔滨的早市，同老北京的"鬼市"差不多，天刚蒙蒙亮，地摊一摆就是几里长。我驻足在一个钱币摊前，欣赏那些古代钱币，父亲见我爱不释手，便给我买了一枚"开元通宝"方孔钱币。从此，在我幼小的心灵深处，就埋下了与钱币结缘的"种子"。1989年秋的一个周末，我去中国历史博物馆（现中国国家博物馆）参观"中国钱币展"，巧遇北京市钱币学会秘书长程纪中先生，经他指点我开始收藏世界硬币。回顾30余年收藏之路，感悟颇多。

感悟一："玩"出个性。我收集世界硬币的过程，也经历了不少坎坷，我把所收获的经验总结为"集币四部曲"：入门始集单枚币，上路主集流通套币，提高档次改集纪念币，最终专集人物币。我喜欢收藏人物币，重点是集20世纪以来的世界名人币。在我的钱币藏品中，有90%是近80年来发行的新币，一些早期人物币因大多稀缺价高而不敢奢求。在我收藏的名人币中，对领袖人物情有独钟。目前，我已基本收齐世界各国（地区）发行的马克思、恩格斯、列宁、斯大林、毛泽东、邓小平等纪念币。至今，我已收藏世界人物币2000余枚，涉及近千个人物。有位记者笑称我是用钱币收藏"构筑世界名人的殿堂"。

感悟二：藏出品位。世界各国发行的人物币数量颇多，让人有种无从下手的感觉，面对这种困惑，我从三个方面来解决。第一，要突出重点，兼顾一般。收藏人物专题币要因人而异，即根据个人职业、经历、兴趣选定主题，防止做一个漫无头绪的"杂货铺主"。从我的收藏来看，集人物币的次序：最重要的是领袖人物；其次是著名政治家、世界各国有影响的元首；最后是知名军事家、科学家、文学家、音乐家、美术家、电影艺术家等。第二，币上人物要注重神形毕肖，图案精美逼真。一些名人币往往不仅在本国发行，其他国家也有铸发。第三，要注意硬币的品相。这一点极为重要，不仅关系到观赏效果,更会影响收藏价值。

感悟三:集出乐趣。我感觉,对于集币爱好者来说,十年是一个门槛儿,过了槛儿才能渐渐体会到这其中的乐趣。首先是感受的乐趣,可用"酸辣苦甜"来形容:这"酸"就是集币初期都要走不少弯路,当"冤大头"花钱买教训;这"辣"就是购币时,常因价格、品相问题与币商"讨价还价";这"苦"就是白天上班,晚上摆弄钱币,节假日还要逛市场,要付出很多精力;这"甜"就是当看到用心血浇铸的成果时,那愉悦的心情是无法言表的。其次是欣赏的乐趣:收藏世界硬币让我养成了一种癖好,隔三岔五总要在夜深人静时,用放大镜欣赏自己的藏品,每枚币的形状、图案、纹饰、材质、色泽,真令人赏心悦目。再次是获得知识的乐趣:通过集人物币,我不仅了解了众多世界名人的趣闻,而且还梳理了有关世界历史、地理、人文、景观等很多过去一知半解的问题。最后是交友的乐趣:在多年收藏世界硬币的过程中,我结识了北京乃至全国各地的许多币友,调剂了藏品,交流了知识,建立了友谊。

范贵林藏品:
1968年德国纪念卡尔·马克思诞辰150周年银币

感悟四:悟出成果。收藏和研究世界钱币,要想"悟"出一些真知,我的经验体会有以下四点:一是多看书。我购买的参考书主要有美国克劳斯《世界硬币标准目录》和李铁生《世界硬币图录精编》《世界硬币趣谈》等。二是刻苦自学。下功夫学习英语,查找英汉词典;熟记克劳斯《世界硬币标准目录》,力争按图求识。三是做好笔记。除专门订阅《中国收藏》《人物》等刊物外,日常见到有关的资料我随见随记。四是多写文章。目前已发表各类文章50余篇,为世界硬币的研究与收藏奠定了一定的基础。

多年来,我收藏外币也取得一点成就。2002年和2015年,两次参加了在北京报国寺、德胜门举办的世界硬币展;2002年,出版了《世界硬币上的名人》一书。

/ 问答录 /

四点感悟让人受益匪浅,你一定还有概括性总结吧。
我通过集藏世界硬币,真正感悟了"老有所学、老有所乐、老有所为"的情趣。可以说,我已与世界硬币结下了不解之缘,这"缘"字的含义即"重在参与,意在拾趣,情在交友,贵在研究"。

对年青一代藏币人,你有何希望和期待?
世界硬币的种类繁多,只有选准专题,执着去收藏和研究,才能"悟"出真谛。

前无止境

钱币收藏不仅仅是一个爱好

高怀宾　作者简介

1982年出生，山西人。陕西省收藏家协会现代钱币专业委员会副会长。

我对钱币收藏的兴趣，始于小时候在家中发现的一枚古老铜币。那枚铜币上刻着一条龙，看起来非常神秘。无论是从观感还是触感，它都激发了我对钱币的好奇心。从那时起，我便开始了钱币收藏之旅。

上小学的时候，我开始关注各类硬分币，每每碰到硬分币就会把它们收集到一个罐子里。记得上小学三年级时，妈妈因为一个叔叔上家里收电费没有零钱找，好心帮叔叔换走了我收藏的很多硬币，为此我和妈妈闹了三天脾气，后来就一直把自己收藏硬币的罐子随身带着去上学。

高中后，我收藏的硬币再没有离开过身边，无论是高一开始住校还是后来考上大学，足足有2000多枚硬币就这么扛来扛去。大学毕业后，我记得非常清楚，在奔赴深圳工作时，只有工作用的笔记本电脑和收藏的硬币是自己用行李箱拉着的，其他物品基本都是快递发出。其实收藏之始，我对钱币知识并没有太多了解，只是单纯地收集一些喜欢的钱币，无论是古代的还是现代的，都会花费很多时间在各种市集上寻找自己感兴趣的藏品。在这个过程中，我也遇到了很多热爱钱币收藏的前辈，他们乐于分享一些钱币收藏的经验和知识。通过与他们的交流，我逐渐了解到钱币收藏不仅仅是一个爱好，更是一门学问。

随着时间的推移，我的收藏范围逐渐扩大，开始关注不同年代的钱币，学习它们的历史和文化背景；同时也发现每一枚钱币都有自己的故事，通过它们可以了解社会的兴衰起伏和人们的生活方式。当然更重要的是，钱币也能让自己的财富积累越来越多。就拿我积累的人生"第一桶金"来说，是上大学时利用自己省吃俭用和勤工俭学换来的一捆1980年版2元人民币，在其升值到100元一张时，我又换到了很多喜欢的金银币。同时，收藏也让自己的人脉格局打开，能与很多有学识的收藏家和前辈共叙话题。自己的财富成为同

高怀宾藏品：
第二套人民币拾圆（工农像）票样

辈最羡慕的，是大学时 150 元买的"绿三元"人民币，不仅让很多老前辈觉得我有一定的胆量和水平，更让后辈羡慕不已。

从 2008 年开始，我因工资收入提高，开始专注于现代金银币的研究与收藏，如贵妃醉酒金币、孔雀开屏金币、历史人物金币、生肖 8 克金币、石窟系列金币等，爱不释手，也因此有幸成为一些刊物的特约撰稿人，能与当代钱币收藏领域的诸多前辈同台共策。当然，参与各种钱币交流和展览活动，参加钱币收藏协会，与其他收藏家建立联系，还有参加众多钱币拍卖会、钱币鉴赏会等，都让自己不断提高，学到了更多的知识，结交了一些志同道合的朋友，逐渐具有一定水平去辨别真伪、鉴别品相。

钱币收藏还给我带来了很多乐趣，每一次发现一枚珍贵的钱币，都会让自己感到十分满足。比如，2019 年的一次拍卖会，我买到了一枚 1981 年版 8 克金鼠，当时在拍卖现场至少有十几个人争夺此币，而每举一下牌，我的小心脏就像马上要涌出来一般，真希望没有人再次举牌。还好，最后在十几轮的争夺下我最终得手，那会儿就好像吃了一颗定心丸一样踏实。我相信，钱币这个爱好将会伴随我的一生。

/ 问答录 /

你对今后钱币文化的展望，有什么新想法吗？

钱币文化是历史文化中的重要符号。希望有更多创新的异形设计，包括名画系列在内，发行更多的金银币，让历史文化与现代高端钱币铸造工艺完美结合。

钱币收藏同其他收藏一样，代有新人，你对吸引新人入场有什么期待吗？

钱币文化是一种比较大众但又略显神秘的文化。年青一代注重时尚，结合当代最流行的潮玩将钱币文化融入进去，用"潮"的眼光去包装或者设计钱币，吸引新人入场；对于高端玩家，贵金属金银币应该扩展好熊猫金币的销售与回购渠道，满足更多新人的购藏需求。

前无止境

世界精美钱币是我终生追求

关佰勋　　作者简介

1948年出生，黑龙江哈尔滨人。黑龙江省收藏家协会常务理事。

关佰勋藏品：
法罗群岛1000克朗"大鹏展翅"纸币

我的后半生，是知名钱币专家李铁生给我指的路——一条收藏世界获奖硬币之路。他曾在某刊物上写道："关佰勋是国内世界硬币大奖赛获奖硬币收藏第一人。"本人对此实在不敢当，只是玩世界获奖硬币时间久一点而已。

世界硬币大奖（COTY）始于1984年，由美国克劳斯出版社和《世界硬币新闻》周刊联合发起，有人称之为"硬币奥斯卡奖"。这一评奖活动在世界币友中的影响日渐飙升，从最初的提名60多枚世界各国硬币，仅设六项单项奖，到后来提名100枚硬币，设立十个单项奖。而在该奖获奖的300多种硬币中，我已收藏过半。

2013年4月，我从三亚回到了春暖花开的故乡哈尔滨。喜欢外币收藏的好友们都知道我这个时候会回到故乡，大家总会在一起说说外币尤其是世界获奖硬币的故事。其中，一位币友向我提起一枚蒙古国那一年发行的月下狼嚎镂空镀金纪念银币。根据他的描述，我在纸上画了起来，画完之后眼前一亮，这是一枚创意非常独特的纪念币。我找一个币友打算购买，但币友说此币原计划当年5月供货，因制作工艺太复杂，没有按期交货。而一直到7月初，我才终于盼到了这枚纪念币。币友只卖给我4枚，好说歹说又增加了1枚，共得5枚。但功夫不负有心人，我又请海外朋友一个个帮忙找，终于，我拥有了理想的30枚纪念币了。我高兴坏了，币友们也欢欣鼓舞，大家洋溢着喜悦的心情，重温着月下狼嚎镂空镀金纪念银币那美丽动人的故事。此枚纪念币采用了镀金的精细激光雕刻工艺技术，将野狼刻画得十分逼真，视觉冲击力极强，而发行量只有2500枚。我当时预测2015年世界硬币大奖赛，它将获得最佳创意币奖和年度硬币大奖，最后果然如愿。

除了世界硬币大奖之外，享誉国际的世界级硬币奖项还有世界造币厂厂长会议最佳硬币和《德国硬币杂志》年度硬币排行榜。世界造币厂厂长会议（MDC）是于1962年欧洲国家发起的各国造币厂厂长参加的大会，在瑞士洛桑举办了第一届，每两年举行一次，有40多个国家的代表参加。大会期间，与会者就参加评选的硬币分为流通币、银币和金币三大类进行评选，并选出最佳纪念币和最佳技术创新币。我最喜欢的获奖硬币是第二十三届世界造币厂厂长会议评选六项大奖中的一枚，即最佳纪念银币——新西兰2003年发行的指环王镀金银币。

此外，《德国硬币杂志》评选始于1989年，于每年年末提出候选硬币名单，附以图像和简介，经广大杂志读者（超过万人）评选出10枚硬币，按得票率公开排行榜，并根据投票命中率对评选读者分别发给奖品（一般是金银币）。该奖项我最喜欢的纪念币是奥地利发行的"纪念蒂罗尔哈尔城建城700周年"25欧元银铌双金属币。该币正面图案为从卫星上俯视蒂罗尔城，背面图案为蒂罗尔古币，重量为银9克、铌7.15克，直径3.4厘米，发行量5000枚，是奥地利发行的第一枚银铌纪念币。它具有三个特点：第一枚面额为25欧元的纪念币，第一枚使用金属铌的纪念币，第一枚蓝色的奥地利纪念币。

世界纸币协会是一个比较权威的协会，成立于1961年。该协会从2005年起对世界各国和地区的纸币进行公开投票评选，要求是具有独立发行纸币权力的国家、准国家/地区，所发行纸币设计理念新颖，防伪技术高超。该评选从2005年到2023年共举办19届，获得第一名的纸币共有19张，经多年收藏，如今我已将每年发行的第一名纸币全部集齐。其中最得我心的是2006年的冠军纸币——法罗群岛1000克朗"大鹏展翅"。它以独特的气势、新颖的设计、精美的手工雕刻，打动了所有纸币爱好者的心。

/ 问答录 /

世界精美钱币是一生收藏的追求，是不是目标太高了？对于普通收藏者来说，有什么是可望又可即的？

这是我一生追求的收藏目标。对于普通收藏者来说，可以从了解知识入门，也可以每年收藏一两枚获奖硬币，打开钱币收藏世界的大门，去币上看看这个世界的美好。

近两年有何精彩的世界获奖币，请向大家介绍一下。

在2023年世界硬币大奖赛中，意大利未知宇宙彩色银币获得年度大奖，中国的寸草春晖二盎司银币获得最佳银币奖。在2024年大赛中，意大利黑洞彩色银币获得最佳创意奖，澳大利亚蜜蜂铝青铜币获得最佳流通币奖。它们都值得藏友关注。

前无止境

铜母研究带我走上新高度

郭喜林　作者简介

1946年出生，黑龙江木兰人。曾在黑龙江省从事理论工作15年，从事政策研究工作25年。退休后，在哈尔滨市老科学技术工作者协会作调研工作9年。曾任黑龙江省收藏家协会钱币收藏委员会副主任兼秘书长。

2000年，我把收藏的普品钱币出手变现，为的是积攒资金开始转向精品收藏。

手里有了点钱，我便时常关注自己感兴趣的精品。有一次，我花了500元入藏了一枚北宋元祐通宝折二正字篆书钱。此品精美至极，令我爱不释手。一天，我一边把玩它，一边浏览网上的北宋精品，突然发现某泉社里的一枚元祐钱与手里的这枚一模一样，经仔细比对后，发现其与我所藏确实如出一辙，我顿时纳闷不解……过了些天，我又在古玩城见到了卖家，在交流中得知那条消息是他孩子发到网上的，网上的评论他还不知道呢。原来，此品上网后该泉社随即作出鉴定："北宋元祐通宝、折二、正字、篆书、一级、母钱、珍品。"后来，黑龙江省博物馆举办民间藏品鉴宝活动，省文物司法鉴定所的文物鉴定专家对该钱作出鉴定："这是铸造北宋元祐通宝钱用的母钱，存世不多，极为珍贵。"

两个方面的专家都将这枚钱币鉴定为母钱，但都没谈及如何识别母钱。对此，我请教过本地经验颇丰的宋钱收藏家，他们的回答很干脆：找同版比对。按照他们所指的路，我开始找同版对照品。因其是一级版，存世罕见，普品也难得一见，而且较贵，单枚都在3000元左右。为了研究宋母，我苦苦追寻两年，不惜高价入手了两枚精度不同的同版母钱对照品进行比较——比铜质，比尺寸，比做工，比痕迹。这样，我渐渐地悟出了一些门道，积累了一些心得，于2011年在《西部金融·钱币研究》增刊上发表了文章《在比较中把握母钱的标准》。

我对北宋铜母的研究，有一个由浅入深、由专题研究到系统研究的过程。专家的鉴定、文章的刊发、网络论坛版主的肯定、泉友们的鼓励，都极大地鼓舞了我持续研究北宋铜母的热情。随着实物的增加，研究的不断深入和认识的不断升华，几年的时间里，我在各类钱币刊物上发表北宋铜母研究文章12篇。其中，较有代表性的《比较是认识和鉴别母

/ 问答录 /

缺乏研究是收藏界长期存在的问题，你能以身说法讲几句体会吗？

收藏是基础，研究是关键。研究，说到底是探索文化，传承文明，是更高品位的收藏。钱币研究是薄弱领域，需要强化。

活到老，学到老，研究到老，你能讲几句鼓励后人的话吗？

我坚信，钱币收藏界的精英们，会在钱币研究上下更多功夫，谱写出钱币文化的新篇章。

郭喜林藏品：
北宋崇宁通宝折十铜母钱

钱的一把"钥匙"》一文先由《中国收藏》钱币专刊发表，后入选2016年中国收藏家协会钱币收藏委员会举办的"中国钱币收藏高峰论坛·窑湾论坛"。在此文的基础上，我将专题性研究成果予以整合，进行系统性梳理。边研究边修改，多易其稿，最终形成了自成体系的《北宋铜母论》。在稿件中，我对北宋铜母研究做了以下四点基本结论。

其一，从学术角度界定了北宋铜母钱的概念，即北宋铜母钱是用雕母翻铸出来的，用于铸造北宋铜钱的原模，也称原母。铜母即原母，是标准母钱，是学术研究的对象。

其二，北宋个性铜母应在比较中识别。我探索出了"同版四品比较法"，这一比较法是通过铜钱铸造级次差异的比较，来还原北宋铜母真相，是识别北宋铜母的有效途径。

其三，北宋铜母的共性特征概括来说就是"精制＋雕母留痕"。这一共性特征也是判定北宋铜母的基本标准。

其四，识别北宋铜母要把握细节，细节决定识别的准确度。

我研究北宋铜母还有几点体会："同版四品比较法"是在"同版母子对比"基础上的升级和创新，有效地解决了简单的"母子对比"容易出现的降格对比、错位对比等问题。另外，《北宋铜母论》是我坚持23年研究的成果。能坚持也真的不容易，需要有铜母实物来支撑，需要有一定的理论基础和研究能力，更需要热心、恒心、专心和专业。北宋铜母还有不少未知的东西需要破解。我要活到老，学到老，研究到老，为探索北宋钱币文化贡献自己的微薄之力。

我与元顺兴的缘

元顺兴钱币博物馆是我一生的归属，它就在生我养我的故土。它是清代光绪年间的一处老宅，壁画、砖雕、石雕都十分精美。它还曾是民国时期有名的当铺，能在此办博物馆是我的荣幸和缘分。

我曾在国企负责基层工作，企业改制内退后，加入私企从事商砼行业。与古钱币结缘后，我付出了不少精力和财力，由浅入深耕耘唐朝"开元通宝"专题钱币的收藏、研究。前前后后，我用了近30年。

近年来，我编辑了两集《开元通宝精品集拓》，还出版了《云州元顺兴藏开元通宝集》，以及与陕西收藏家杨槐一起合作，整理了钱币收藏大家杜维善先生的遗作《思古楼集唐钱图录》。另外，我全程参与了日本收藏大咖吉田昭二先生和国内知名收藏大家汪卓先生主编的《新订乾元重宝钱谱》的出版工作。这让我在古泉学术界有了一席之地。

在对个人收藏做了总结后，我就开始筹备建设元顺兴钱币博物馆。当时主管部门让我把博物馆建在市区古城区内，并给予优厚条件，但我建馆初期就想把博物馆建在生我养我的乡村，把自己的爱好变成自己的事业，实实在在地为老百姓办点实事。我想若是把钱币博物馆办起来，就可以把村里的旅游产业带动起来，让老百姓得到实惠，用自己的力量把助推乡村振兴工作落到实处。目标确定后，我开始了艰难的筹备工作，在省、市文物局和当地政府的大力支持下，元顺兴钱币博物馆于2023年4月12日正式开馆了。

元顺兴钱币博物馆是大同首座经省、市文物职能部门批准的私人博物馆。开馆一年来，已累计接待近万人次，来访者有古泉界同人及爱好者，还有十几所学校组织的中小学生。让青少年以及广泛的社会民众观展开眼，开拓了新的知识点，达到了良好的社会效果。同时，随着参观者的增加，博物馆所在的三十里铺村的乡村振兴工作也有了起色。在博物馆所

韩 英 作者简介

1953年出生，山西大同人。大同元顺兴钱币博物馆馆长。

在的这条街上，与之一墙之隔的契合年轻人爱好的娱乐中心也投入了运营。博物馆往东的特色农家乐园在博物馆的影响下，用餐者熙熙攘攘。村里的土特产黄花、苹果采摘园也成了参观博物馆后的必去之地。本村用传统工艺生产的优质豆腐、豆腐干由原来的滞销变成了热销产品，供不应求。

元顺兴钱币博物馆诞生一年以来，除了参观者络绎不绝，新闻媒体也围绕"元顺兴"争相报道，省、市多家期刊、报纸、网站纷纷报道，还有许多网络视频博主来此打卡，真让我获得了意想不到的满足感。这种于历史研究有益、于泉学有益、于乡村振兴有益、于民众普及知识有益的事业，让我信心满满，感觉这么多年来对古钱币收藏研究的执着情感"值啦"！

韩英藏品：
唐开元通宝背蓝三鱼铜钱

/ 问答录 /

在元顺兴钱币博物馆中，你最得意的藏品是哪个？
　　2023年出版的《新编华夏古泉图录》中收录了元顺兴钱币博物馆馆藏的三枚"镇馆之宝"，属国内首次对外披露，它们分别是：开元通宝背周、开元通宝背蓝三花、开元通宝背蓝四鱼。

四个"有益"对一个建在乡村的钱币博物馆来说，功莫大焉。你下一步还有何打算？
　　正在筹建的红色金融钱币展厅，面积180平方米，除布置红色金融展外，该展厅还设计了能容纳100人的研学区域，我们准备把博物馆努力办成党政机关、企事业单位、中小学校的研学基地。如今，当地政府已把元顺兴钱币博物馆列为了云州区旅游景点进行推广。

前无止境

难忘良师益友

我自幼热爱文史地理，却阴差阳错作为"理工男"。是时因缘际会，18 岁时读大学，偶见校门边有贩售清代铜元的，我懵懵懂懂地挑购数枚，后对上钱谱，购价远低于谱价，心中顿时涌起如彩票中奖般的快感，自此，点燃我对中国古代货币的探奇之趣。

1991 年，我调至上海公司服务。闲暇之余，偶至文庙古钱商店，惊见与历史课本图片相同的中国古钱，深感于中华文化的博大精深，开始了中国历代古钱的收藏之旅。后来，有幸结识孙仲汇与施新彪两位老师，对我泉识增进有很大帮助，至今仍感激莫名。

自 2001 年起，我先后结识施诚一、郑仁杰、朱复圭、刘继武等几位台湾铜元收藏大家，以及在上海的周沁园、沈雪明等后起之秀。在施新彪老师的鼓励与指导下，遂兴见贤思齐之心，积极再续铜元收藏之业，在此期间得到陈吉茂、孟雄、高铭隆、詹蔡滨、张洪宝等几位机制币钱商的支持，使得收藏成果日渐丰富。我后来得知，此时流通于各大拍卖公司或钱商的铜元精品，大都来自上海的张璜或马定祥的旧藏。

2004 年年初，经邬显康博士的介绍，我获得在新加坡工作的美籍钱币收藏家巴克博士（Allan Barker）的中国古钱全部集藏。巴克博士不仅收藏中国古钱，其越南古钱的收藏也堪称世界级，其收藏古钱治学的精神，实属令我辈学习。中国古钱源远流长、博大精深，它是我的"旧爱"，虽后来我兴起机制币与银锭的收藏，但始终对其收藏不弃不离。自 2004 年起，先后获得傅华成与周鲲两位古钱专家的协助，使得我的古钱收藏日渐丰富，尤其是周鲲的泉识与人品，是我在古钱收藏事业上的良师益友。

2005 年年底，台湾金银币大藏家刘改造与张秀青先生的部分藏品，先后经陈吉茂转手给我，从此我又加入金银币的收藏队伍。此时大陆的经济突飞猛进，带动以银币为主的中国钱币的收藏热潮，海内外的资深藏家纷纷释出其藏品，

何代水　作者简介

1963 年出生，中国台湾台北人。台湾大学电机研究所硕士，在上海从事 3C 数码相关行业。曾与周沁园合著《百年铜元》，与周鲲合编《知否知否·两宋珍稀泉品选拓》。

后起之秀的新锐藏家也英雄辈出,一时中外的拍卖场好不热闹,我盛逢其会,亲自体会到"盛世中国,盛世收藏"的情境。

2008年8月底,我在香港参加诺曼雅各斯(Norman Jacobs)的收藏品拍卖,获得其大部分的铜元藏品。由其藏品与事迹分析,其铜元大多来自铜元大家伍德华(Tracey Woodward)的旧藏,自此完善我对中国铜元的收藏体系。2011年,应上海科学技术出版社之邀,我与周沁园出版《百年铜元》,应是对中国铜元收藏研究的阶段性总结。

资深钱币收藏家张䌹伯先生有云:"学问之道,往往始于玩好。由玩好而生兴味,由兴味而起研究,由研究而成学问。以玩好始,以学问终。"我收藏中国钱币多年,有幸得到多位良师益友的指导,好奇地追根究底藏品的来龙去脉,渴望地探寻博大精深的相关泉识,因而获得收藏旅程的美妙趣味和无与伦比的快乐。希望未来能有时间整理与分享我在机制币、古钱与银锭上的收藏心得与乐趣。

何代水藏品:
马定祥旧藏的中华民国开国纪念币五十文

/ 问答录 /

良师益友于钱币收藏者来说终身受惠,你的收藏历程也充分说明了这一点。对于这些良师益友,你是否还有话要说?

收藏者的良师益友,如同孔子对益友的定义——"友直、友谅、友多闻",正直的前辈、朋友(友直)与诚信的前辈、朋友(友谅)是我在收藏路途上不可或缺的益友,他们使我少走很多冤枉路,并且也让我少交很多买假、买贵的"学费"。至于泉识广博的老师、朋友(友多闻),则常使我茅塞顿开,享受泉币收藏的乐趣与知识,并激励我汲汲于收藏事业上。

我国台湾的钱币收藏久有声名,现今如何?有何交流渠道可以互惠分享?

我在祖国大陆生活工作30多年,在上海才兴起儿童时的钱币收藏嗜好,后来从上海的收藏界扩展回台湾。两岸同胞都是中国人,两岸的收藏家皆热爱中华文化,所以更利于大家互惠分享。在盛世中国下让民间收藏事业红红火火,是我们中国收藏家的共同愿望。

五分铜币与二十年心血

从2002年开始,我利用业余时间收藏和研究中华苏维埃共和国国家银行发行的流通货币。经过几年的广为收集,从2009年开始,我对中华苏维埃共和国五分铜币进行版式分类研究。

首先,将2000余枚币拍成图片,包括正面与背面。每拍完一枚币,就称重量,量直径和厚度,然后用钱币纸夹封装、编号。随后,我把所拍图片存入电脑中,再将图片进行编号。

接下来是将每枚币的图片制成电子文档。我先把币的正面、背面图裁切,复制粘贴到文档中,文档编号与图片编号要一一对应。然后数清楚正面一圈圆珠的个数,数完圆珠接着数两面的马齿。然后,我认真观看钱币背面岛的形状,数清楚背面左边谷穗中谷粒的个数和排列情况,再数清楚右边麦穗中麦粒的个数和排列情况。最后,将圆珠个数、岛别(分远岛、中岛、近岛、连岛、套岛、无岛六种情形)、马齿个数、重量、直径、厚度、谷粒数量与排列、麦粒数量与排列及其他特殊情况,悉数写入文档中。这样,一枚币的标准文档就算做好了。五分铜币正面最少的62个圆珠,最多的80个圆珠,平均大约75个圆珠。一枚币数3次才算准确,2000枚币×75个圆珠×每枚币数3次,等于共数了45万个圆珠。正面马齿最少的97个,最多的126个;背面马齿最少的97个,最多的121个。当然,能数清楚马齿的只有一半左右。与数圆珠数目情况一样,数马齿也费时费力,至少要数3次才能确定。2000枚币×0.5(一半数量的币)×(正面平均111个马齿+背面平均109个马齿)×每个币数3次,等于共数了66万个马齿。66万个马齿+45万个圆珠等于共徒手数了111万次。

仅此两项工作,起码花去七八个月时间,弄得我腰酸背痛、眼花缭乱,连脖子都僵硬得无法伸直了。这两项工作还没结束,我就得了剧痛难忍的肩周炎,右手无法抬起,严重时连穿衣服都要家人帮忙。虽然做过理疗、打过封闭、吃过

洪荣昌　作者简介

1952年出生,福建武平人。中国收藏家协会红色文化分会副会长兼秘书长、《中国钱币》杂志特聘审稿专家。出版《红色票证》《红色货币》《红色收藏》《中华苏维埃共和国五分铜币研究》等专著。其收藏事迹被《人民日报》报道。

/ 问答录 /

> **你举了一个"五分铜币"的例子，却讲述了收藏和研究的艰辛过程，"六个第一"说明了什么？**
>
> 周卫荣先生是中国钱币学会学术委员会主任，他对《中华苏维埃共和国五分铜币研究》"六个第一"的归纳，表明我对五分铜币的研究处于领先水平。
>
> **下一步还有什么打算？**
>
> 我将开展对中华苏维埃共和国国家银行纸币与银币的研究，为传承红色基因、发扬革命精神作出更大的贡献。

药物、住过医院，但都无济于事，一疼就是两年！其间的痛苦令人难以言表。

最后，在文档做好之后，便进行打印，打印之后进行分类。首先，按圆珠的个数（即62珠、67珠、69珠、71珠、72珠、73珠、74珠、75珠、76珠、77珠、78珠、79珠、80珠）13种情况进行分类。其次，对相同圆珠数的币按六种岛的形状再进行分类。再次，在前面两步的基础上，再根据背面谷粒数和麦粒数进行分类。经过这三步分类，版式区分就变得简单了。因为经过三种情况分类之后，同一类型的币为数不多，币中图形的差异很容易分辨，确定版式就变得简单明了。

洪荣昌藏品：
中华苏维埃共和国五分铜币

为了证明各种原钢模版式币的客观性与科学性以及各种版式币的存世量，从2012年开始，我大约每三天就要上网一次，下载各个网站发布的交易图片，10多年来共下载五分铜币图片6000多张。整理来源于网站下载的图片就花费了我很多时间，原因是网站交易的图片重复现象非常多，剔除重复币的工作量非常大。这6000枚币的图片，同样是按照上述分类方法——数珠、数齿、数谷（麦）粒进行版式确认。所以，这本书仅仅数马齿和圆珠的总数就超过400多万个数据。我将不重复的6000多枚币的图片进行甄别归类，最后确认167个原钢模版式币，然后编制图谱，进行各种版式存世量的分类统计，分析各种版式币的珍稀程度。

《中华苏维埃共和国五分铜币研究》花费了我20年的心血，在此期间虽有说不清的酸楚与痛苦，但得到了认可，心里非常高兴。作为2022年国家重点研究课题，2023年4月经中国钱币学会专家评审，获得一致通过。在此书即将正式出版之际，中国钱币博物馆馆长周卫荣特别为本书撰写序言，称此书有"六个第一"：第一次考证了五分铜币的发行时间；第一次提出了类似植物学分类的版式分类新方法；第一次厘清了五分铜币制作的混配现象，绘制了纷繁复杂的混配链示意图；第一次发现了为印制五分铜币而雕刻的钢模数量；第一次数清了五分铜币马齿的个数；第一部使用大图编制钱谱，探索了钱谱编制新方法。

我的奥林匹克梦

说起我的收藏情缘，还要从小时候开始。那时候父亲经常出国，每次回来总会带一些没有花完的外国硬币给我作为小礼物，而我则将这些硬币视为珍宝，用小纸条写上国名小心翼翼地包裹好，收藏在一个小木盒中。从那时起，一枚枚小小的钱币，以及其方寸间所呈现出的精美图案深深地吸引了我。我没事就拿出来把玩，同时也喜欢上了世界历史和地理。

长大了，我慢慢有了零花钱，每天最开心的事情就是在中午放学的时候到学校旁边的邮局门口，用省下的午饭钱去挑选自己所喜欢的各种外国硬币。参加工作后，每当月底发了工资，我也会到天津的邮币卡市场继续收藏自己所爱的硬币，同时也开启了系统收藏1900年至今世界各国及地区钱币的历程。

2006年德国足球世界杯期间，我在北京通过一次采访，有幸结识了之后的恩师、奥运会和世界杯题材纪念币收藏家梁贻斌。当时他对我说："你既然是个体育媒体人，又喜欢收藏世界钱币，那为什么不收藏体育题材的纪念币呢？比如，奥运会题材纪念币就是个不错的选择。"那时候，我对于奥运纪念币一窍不通，多亏梁老师送给我他撰写的奥运纪念币图录，以及耐心的点拨，帮我走上了奥运纪念币收藏之路。如果当时没有与恩师结缘，也不会有我今日的奥运收藏。

我除了收藏奥运纪念币，更注重于奥林匹克历史和文化的推广与传播，多次在国内各大平台发表奥运钱币收藏类文章，多次应邀参加各种收藏展览。其中，2015年首届中国集藏博览会，我凭借奥运纪念币收藏被评选为中国六大收藏达人之一，并于2017年中国第十届体育收藏博览会获得银奖。我还多次接受电视台、电台、报纸等各种媒体的采访，通过这些平台讲述藏品背后的故事，弘扬奥林匹克精神。我的《历届现代奥林匹克运动会主办国纪念币图录》被誉为较为权威的奥运会纪念币图录，受到业内的一致好评。

黄 通 作者简介

1982年出生，天津人。就职于天津广播电视台，2022年北京冬奥会纪念币设计专家评审组成员。

/ 问答录 /

体育收藏是社会上许多人的追求,你想为他们做些什么吗?

希望今后通过更多的奥运集藏的展览和普及,让更多人喜欢上奥运收藏,从而向更多人传播奥运精神。

世界奥林匹克运动会四年一届,奥运币多多,愿你像老一辈收藏家一样,收藏有序,传承有方,有信心吗?

奥运会每四年一个周期,希望自己的孩子也能喜欢上奥运收藏,我有信心将奥运收藏传承下去。

黄通藏品:
2020年法国发行世界文化遗产纪念币·奥林匹亚考古遗址

收藏之余,自2015年起,我积极推进奥运收藏文化进校园公益活动,带着珍贵的奥运展品配合着精彩的奥运讲座,让学生们近距离感受奥林匹克的魅力,宣传弘扬奥林匹克文化与精神。目前,我已先后走进天津大学、天津师范大学、天津财经大学、南开大学等高校,同时,利用休息时间走进中小学以及社区,将奥运收藏讲座从小学到中学再到大学,形成三个不同的年龄认知体系。

今日之中国都在为实现中华民族伟大复兴而努力,每个人都在追逐自己的中国梦,而我也将继续追逐着属于自己的奥林匹克梦,在百年前中国奥林匹克梦想放飞的地方——天津,努力让奥运精神传承下去,让它生根、发芽、开花、结果。

前无止境

钱币收藏改变了我的人生轨迹

黄建生 作者简介

1969年出生，浙江温州人。广州中孚拍卖董事经理、广东省集藏投资协会执行会长、广州市银海文化发展有限公司董事长。

我自幼就对钱币情有独钟。我刚刚来广州的时候才二十一二岁，那时候刚从学校出来，就是一个普通的打工者。偶然的一次机会，我逛了广州人民公园，那里每个周末会有钱币邮品交易市场，五花八门、种类繁多的各类钱币很吸引我，小时候的爱好在这里得到了充分的满足感。

后来去的多了，我逐渐结识了一些全国各地的币商，在不断交流中我懂得了很多钱币知识，也发现这个领域是有商机的，于是也参与做一些邮票、钱币生意。20世纪90年代初，我主要关注民国纸币以及老版人民币，当时这些钱币的价格还不高，贵的几百元，便宜的才几毛钱。从1992年开始，我就以此为职业了，一边玩，一边收藏，一边赚钱。

随着进一步开展钱币收藏事业，我了解到大量的中国收藏品流失海外，这是国人心中挥之不去的伤痛，从其流失之日起，我们无不希望有朝一日它们能重返祖国的怀抱。我经常去世界的各个地方，每到一处都会尽力去收集精品钱币藏品，投身海外遗珍的寻访，然后将其买下带回。

20世纪90年代初期，在机缘巧合之下，我从一位海外朋友处购得一份清道光三十年粤海关外洋船牌。广州有丰富的海上丝绸之路历史遗存，有已经公布为各级文物保护单位的不可移动文物，也有考古发现的可移动文物——直接通过海上丝绸之路传入中国的舶来品。它的珍贵之处在于是广州海上对外交流的直接见证，见证了广州与海上丝绸之路的繁荣和发展。

我从刚刚开始的好奇之心，到后来越来越喜欢中国的钱币；从开始认识钱币，到一点点了解它们的历史和文化；再到以此为职业，一路走来边工作边学习，整整在这个行业里摸索了30多年，一步一步走到现在。

记得当年看过的讲第一套人民币收藏的一本小书，是杭州余继明先生撰写的，我就按照这本书的指导，有条不紊地收藏。那会儿我收藏了一套第一套人民币，花了2.2万元，后来以2.5万元的价格出手，从中获得的利润再次投入新的藏品上。那时候讲钱币收藏知识的书籍非常少，想要得到"真传"，只能硬着头皮去到处拜访这个行业的前辈专家。在收藏纸币的路上，我得到了很多前辈的指导，像中国香港的倪达彰、陈强、唐达维诸先生，还有中国台湾的谢进祥先生等，在他们身上学到了非常多的经验和知识。

我从当年一个普通打工者，对钱币一无所知的外行，慢慢做到有店铺，后来又成立了拍卖行，可以说，是钱币收藏改变了我的人生轨迹。

黄建生藏品：
清道光三十年粤海关外洋船牌

/ 问答录 /

多年的收藏之路，最值得分享的经验是什么？
  遇到行情不好的时候，自己只能默默坚持、慢慢度过，不能急功近利，更不能把几十年的事业随意放弃。玩收藏其实还是要量力而行，千万不要投机取巧。

现在还有什么想做的事情？
  我想有机会的话还要开一家博物馆，把我收藏的钱币传承下去。我正在向一些私人钱币博物馆学习、取经，为筹建自己的博物馆努力着。

前无止境

一枚古币打开少年心中的历史之门

贾 晖 作者简介

1972年出生,湖南长沙人。华夏古泉网、华夏评级联合创始人。中国收藏家协会钱币分会常务副会长。

    1984年初夏,在长沙矿山设计院宿舍楼建筑工地的堆砂场上,几个十来岁的男孩在挥汗如雨地挖着一种叫"砂泥"的东西,挖到黏黏的砂泥后在手中捏成锅形,猛地反扣在水泥地面上,随着一声闷响,锅底的砂泥炸得四处飞溅,孩子们哄笑成一团,而下一位游戏者则需用自己的砂泥将"破锅"修补完整,这个游戏叫"补锅"。

    游戏中,一个黝黑的少年在砂堆里挖到了一个金属片片,圆形方孔,斑驳的绿锈中透着古意,正面有文字"乾隆通宝",背面两个符号扭来扭去看不明白。孩子们都围了上来,眼中流露着好奇和钦羡,七嘴八舌地讨论着。就是这样一个平静的午后,一份突如其来的幸运,砸中了这个孩子,让人没想到的是,这竟打开了孩子心中的历史之门,并将伴随着他的一生。那个孩子就是我。

    从那以后,古钱币的种子便在我心中生根发芽,从此一发不可收——回农村亲戚家翻箱倒柜地讨要,在湖南文物商店进进出出地淘选,在长沙清水塘市场一遍遍地流连……1996年来到北京工作,德胜门钱币市场便成了我心中的圣地,柜台中北方特有的先秦货币刀、布、圜钱引人入胜。每每遇到藏家和泉商的攀谈,我也站在一旁毕恭毕敬地旁听,乐此不疲。随着1997年北京报国寺钱币交流会的举办,全国泉商蜂拥而至,历代的古钱在地摊上铺陈开来,比拼的是眼力、财力和运气。在市场交流的推动下,新一次钱币文化的高峰就此到来。

    我与友人于2006年在报国寺开店,2009年创办华夏古泉网,2012年创建华夏评级。从1984年第一眼见到古钱至今整整40年来,我对古钱币的热爱矢志不渝,初心未改。在漫长的钱币爱好岁月中,有几枚钱币的收藏让我印象深刻。

    一是卫釿。2006年我在河南洛阳的古玩市场闲逛,经友人介绍在新安县一户农家购得一小袋战国半两,彻夜地拣选,一枚圜钱赫然入目:通体绿锈,篆书"卫釿"两字,直径3.46

厘米，重6克。此钱近十年始有发现，据考为战国时期卫国钱币，现今存世十余枚，可位于先秦大珍之列。卫国是周朝姬姓诸侯国，国力孱弱，先后依附于魏国、秦国，历经41君，国君在秦二世时被贬为庶人，至此秦灭。先秦的众多诸侯国大多湮没于历史的长河中，而小小的卫国依附强权，苟且营生，成为最长寿的诸侯国之一，并发行钱币遗存于世，弥足珍贵。

二是亳百涅。2010年，中国嘉德拍卖成交一枚大型锐角布亳百涅，价格为117.6万元。同年夏，我经友人介绍与澳门老藏家陈萌联系，将他收藏多年的另一枚亳百涅以巨资买下。此钱币长6.9厘米、宽4.5厘米、重19.3克。此品为史上发现的第一枚亳百涅，也是黄锡全、董瑞所著的《先秦货币汇览》一书中的原物，目前已知也仅此两品。布币作为先秦钱币的重要门类品种繁多，而锐角布则是韩魏两国铸造的品种，是先秦钱币文化中的一朵奇葩。

三是义勇金钱背震忠团练。2023年，朋友收藏到一枚"义勇金钱背震忠团练"钱，直径3.8厘米，重18.4克，黄亮熟润，开门见山。此品前谱未载，是清末金钱会钱币中最为珍稀的品种，目前仅见两枚，因我的金钱会钱币收藏已成系列，朋友成人之美惠让于我。金钱会是清代咸丰年间，浙江瑞安的农民起义在前期打着兴办团练的名义，广聚会众，后揭竿而起对抗官府，与太平天国运动遥相呼应。金钱会在历史的长河中只是一朵小小的浪花，却因钱币的存世，让人抚古惜今，感慨万千。

钱币的爱好伴随我从懵懂少年到年过半百，收藏的经历有着不期而遇的喜悦，也有赝品打眼的扼腕，将爱好发展为事业更是我终生的幸福。

贾晖藏品：
战国·韩 亳百涅锐角布

/ 问答录 /

每个人的成长都有机遇，也有必然，从你的经历中，有什么肺腑之言能分享给钱币收藏的后来者呢？

中国古钱币评级是架在收藏者和历史之间的一座桥梁，能推动古钱币的收藏和发展。中国古钱币有别于西方的打制货币，是基于金属铸造的独立体系，所以中国古钱币的评级只能由中国人开创和发展。华夏评级是我有生之年的事业追求，力求以诚信、专业和创新来打造一个民族品牌，承担起我们这一代人的历史责任。

你的收藏成绩斐然，在业界也有一定影响力，下一步想做些什么呢？

对钱币收藏的热爱，源自融于血液的对中国文化的归属感。在民族传统文化复兴的历史背景下，收藏钱币正当其时。收藏钱币应心怀敬畏，坚持长期主义，享受精神愉悦的同时，收获物质财富。

前无止境

一封改变命运的信件

江则昊　　作者简介

1972年出生，广东河源人。广州市越秀区第十六届、第十七届人民代表大会代表，中国民主同盟广东第十六届省委委员。中国收藏家协会钱币分会副会长、广东省集藏投资协会会长、湖南藏金阁贸易有限公司董事长、广州纵原邮币卡收藏品市场董事。

这是一句真话，自然也是一句实话：钱币收藏让我成家立业。从业30余年，行业内所有角色，我基本都做过。从在街边收纪念币，到进入广州邮币卡市场摆摊，再到中国金币特许商，最后再到"钞王"，可以自信地说，我对钱币收藏十分熟悉，万分热爱。而当初进入钱币行业，还是因为一次机缘巧合。

小时候读书，我一有空便喜欢去县里的图书馆看看图书、读读报刊。通过阅读，我对集币有了最初的认识，也在心里埋下了收藏钱币的种子。毕业后有一天，去银行办事的时候，我不经意看到一封落在柜台的信函，来信者想要收购1987年第六届全国运动会的纪念币，该纪念币一套3枚，每枚面值1角，收购价28元/套。

我记得这套纪念币以前是很少有人要的，现在竟然有人要出高价买？我很好奇，立即给对方写信询问收购纪念币的事。其实写信时我手里没货，得到肯定答复之后，我就在街边以4.5元收购了这套纪念币，一共收购了28套，赚了几百元。自此，我发现这是一个巨大的市场，不仅有纪念币，还有各种钱币交易。

1997年邮币卡市场鼎盛时，我在市场见过不少假货骗人的现象，感受到"真"才是最重要的，要做就做老百姓一眼就能看得懂的东西。此后，我便专门做钱币收藏，特别是连体钞。在钱币品种中，连体钞防伪性最好。

我是较早进入连体钞板块的商家。连体钞简单来说就是多张连在一起未经裁切的法定钞票，中国人民银行于1999年开始发行连体钞，至今才17个品种，均为限量发行，非常珍贵。连体钞的收藏价值和艺术价值都高，绝大多数人没有见过。我收藏的连体钞经常参展，每次都能吸引大批观众欣赏。

我收藏了两套罕见的连体钞。一是第四套人民币整版钞10000号（关门号）。其中最特别的是两元的整版带有"福耳"。所谓"福耳",即是钞票的某一边多出一块,一般的"福耳"只出现在单张钞票上,整版连体钞兼"福耳"从未出现过,因此这套钞独一无二。二是2001年澳门10元整版钞00001号(开门号)。此套钞最大亮点是"双错",且整版钞上有三张00001号的钞(冠字号不一样)。

经过长时间的沉淀以及在钱币行业的不断深耕,我越发觉得钱币收藏文化的博大精深,坚定了弘扬钱币收藏文化的决心。

2009年,我与他人合著出版了《中国连体钞》一书;2013年,牵头创立广东省集藏投资协会;2014年,参与由中共广州市委宣传部、广东省收藏家协会、广州市广播电视台联合打造的《大藏家》栏目的拍摄;同年,参与北京电视台《财富故事——钞王传奇》栏目的拍摄;2016年,参与中央电视台《方寸藏金》栏目的拍摄;2021年,打造广州289艺术园区"钱山"网红打卡点(世界各国的整版连体钞一同展出)。

作为广东省集藏投资协会会长,协会非常注重与主流媒体的交流和推广,通过官方纸媒、电视媒体弘扬钱币收藏文化,包括积极配合《南方日报》收藏投资板块"芳姐鉴宝"专栏的编撰,累计编撰文章40多篇;推动并参与广州电视台《咪走宝》节目的制作和录制,邀请收藏行业内的专家参与,向大众展示珍贵、稀有的收藏品以及专家鉴定过程,传播收藏文化的精髓,充分发掘中华传统文化深厚的内涵与魅力。多档节目分别收获了大批忠实观众,有效地扩大了收藏群体,为推动钱币收藏行业的发展,为中华文化大繁荣大发展添了砖、加了瓦。希望借助钱币收藏的宣传推广活动,让更多人认识、了解、喜爱钱币收藏。

江则昊藏品：
第四套人民币整版连体钞装帧套

/ 问答录 /

作为连体钞"钞王",你收藏的哪种连体钞让人眼前一亮?
我算是较早接触连体钞收藏板块的,上手比较多,交易比较多,存量比较多,也收藏了不少精品,比如第四套人民币整版连体钞10000号(关门号)带有"福耳"。

连体钞如何让更多人喜爱?
我们应该重视连体钞文创产品的开发,让纸钞与生活相联系,让文创产品融入生活。

前无止境

代有收藏 譬如积薪

1988年，我出生在中国东海洋面的一座岛屿上——浙江舟山群岛。在那儿，因为一枚小小的钱币和中国最西部的新疆结下了不解之缘。如果要问我的前半生里有没有足以改变我人生轨迹的事，我想可能也只有钱币收藏了。

与圈内绝大多数师友不同的是，我入行的原因起初并不是因为爱好，换句话说，甚至带有点"被迫"的情绪。

我成长在一个收藏世家，父亲蒋海明是一位醉心于西域钱币收藏的学者，他将半辈子的心血都花在了西域历代钱币的研究上。多年的集藏时光，也让其在全国以及省市级以上的刊物陆续发表了近70余篇的学术论文。

30余年来，家父坚持收集并整理了共计6000余枚不同材质的西域历代货币。其中仅蒙古帝国及其四大汗国的货币品种便有近2000枚之多，品种和数量均位居全国私人收藏前列。该项专题收藏为研究中国元史储备了大量的实物资料，并对研究中国元朝的商业贸易、金融货币、边疆历史具有重大的意义。

只可惜在2012年，一场突如其来的重病让父亲丧失了基本的行为能力和大部分语言功能。面对着家中无数的藏品以及父亲尚未完成的著书手稿《大蒙古帝国时期的货币》，我在认真思考了数日后作出了一个艰难的决定——接过他手中未尽的工作和心愿，当作自己的一份人生规划去谱写未来，让"传承"这件事能够顺利地进行下去。

续写书作本就是一件极其困难且耗费精力的事，何况还是专业性极强的学术型论著。这意味着我不但要从零开始学习相关的专业知识，还得花费大量的时间和金钱去收集、整理藏品物证以及查阅史料文献。

为了能够更快地融入钱币收藏圈，同年我辞去原有的工作，在上海云洲古玩城五楼盘下一间6平方米的店铺，正式开启了币商生涯。因为开店的主要目的是奔着学习去的，所以在最初的一段日子里，我的店最多只能时开时关。几乎一

蒋 骋 作者简介

1988年出生，浙江舟山人。舟山市钱币学会理事、舟山市收藏家协会副秘书长。现为上海JBH（Joyful Box House，盒乐屋）评级联合创始人。主打中亚打制币、蒙元汗货币，收藏有蒙元各时期货币6000余枚。

整个白天的时间,我都在各个商户朋友的店铺里转悠。这一方面是为了打探行情、学习经验知识;另一方面是积极找寻并不断补充钱币藏品,为日后的续写书作做好准备。

功夫不负有心人。经过多年的努力,我不但在父亲原有的藏品规模上又增添了近千种与蒙元历史相关的货币藏品,其中包含金、银、铜等各类材质;还通过对这些新增遗珍的比对工作,对现有手稿中的多处纰漏进行了修改完善,补充论证了近十余种新发现的徽记符号及打制的历史信息,可谓是成果满满,为即将面世的新书打下了坚实的基础。

2020年,我很荣幸加入"新浪物以"项目组,开始牵头策划一档关于收藏类专题的短视频节目——物以说。节目内容涵盖钱币、邮票、瓷杂、书画等一系列名珍古玩,并陆续邀请业界知名的专家学者在节目中开设讲堂,用最通俗易懂的语言向收藏爱好者们讲述中国传统文化以及藏品背后的故事。由于这一节目内容题材丰富多样,又完全走的是科普类传播途径,所以在收藏者群体中广受欢迎,赞誉有加。

回想这些年走过的路,其实最令我开心的莫过于结识了一众无私帮助过我的老师和朋友。其中要特别感谢北京的王春利先生和上海的阎峰先生。两位老师虽都是泉界的前辈,但对我这个初来乍到的晚辈丝毫没有顾忌之嫌,纷纷将自己积攒多年的专业知识和人脉关系对我倾囊相授、照顾有加,令人十分感动。

蒋骋藏品:
民国新疆伊犁宁远癸酉年造美丽银局五十两银锭

/ 问答录 /

子承父业,在收藏界并不少见,关键在于承继有方、后来居上。你对《大蒙古帝国时期的货币》新增遗珍进行对比,还补充论证不少徽记符号,能介绍一二吗?

关于察合台汗国,学术界至今还有很多争议。其中被人讨论最多的便是联盟时期海都执政的察合台汗国。因海都是窝阔台家族的继承人,所以传统学术上并未将其划入察合台君主列表。但在新发现的察合台货币上除了联盟徽记外,也有个别从未公开发表的异形徽记,且纪年均显示为海都执政时期。此发现需要进一步的研究论证,才能判断推论的合理性。

"物以说"作为短视频节目,创新不易,如今在普及推广钱币上有何新动作?

这个视频栏目我们做了5年,这5年来我们只做一件事——为中国的好藏品发声。未来我们会继续以这种科普性的小讲座形式,邀请更多的藏家和机构入驻栏目,持续不断地挖掘藏品背后的故事,让真正好的藏品通过人文价值的表现形式被大众接受。

我与天国背圣宝折十型铁钱

1985年初夏的一天，我在逛地摊时，迷恋上了古钱币。生长在辽代钱币的故乡，为了研究它，多年来我经常深入辽代钱币出土地，走访当地的博物馆、考古队、文管所等，并查阅县志，翻阅了大量的历史资料。我还采用科学方法，金属理化分析实验做过成百上千次，并依据科学考古方法收集到大量的数据。由于从历史、科学的角度对藏品进行了许多分析研究，对辽钱的真伪有了一些认知，故而我也为辽钱打假作了很多工作。

话说天国背圣宝折十型铁钱的历史。1853年，太平天国定都南京后开始铸钱，所铸币种很多。按钱文书体它们可分为三大类：第一类是楷书字钱类，第二类是宋体字钱类，第三类是隐起文钱类。其所用材料有金、银、铜、铁、铅等，按制式可分为折一、折五、折十、折五十，另有当百、当千钱属于镇库钱不流通，金银材质钱则作为纪念、赏赐之用。

钱币收藏界前辈马定祥先生在1966年曾有一部分珍贵钱币、资料、书稿散佚，其中就有一枚天国背圣宝折十型铁钱，至今未果。马老在后来所著《太平天国钱币》一书中特别提到有铁质、铅质（包括祖钱）的太平天国钱币，是南京、苏杭等地所铸流通币。

我曾于1998年出差石家庄期间去正定见一藏友，正赶上当地一家祖屋改造。屋主是一位老者，将一些杂物破烂东西摆放在门前出售，我从老者的杂品堆里幸运地淘得一枚天国背圣宝折十型铁钱。该钱币直径3.882厘米、厚0.42厘米、穿0.71厘米，重21.8克，钱体为宽缘，钱币正面为楷体直读"天国"（国中"玉"字无点），背面直读为楷体字"圣宝"，字口较深，字体遒劲有力、恢宏大气，具有名家风范，锈迹古旧自然，厚重老到。

焦 阳　　作者简介

1967年出生，吉林松原人。吉林省收藏家协会理事、吉林省松原市收藏家协会常务秘书长。

/ 问答录 /

作为辽钱打假第一人,有什么典型事例能与大家分享?
2015年5月,我在长春利用科技检测蒸馏法对"辽钱"进行真假检测,令当时的"国宝帮"心服口服。

在钱币收藏领域中,你还有什么梦想?
深入研究,弥补历史空白。

2014年3月29日,我携带此币参加上海钱币学会组织的古钱币鉴定会。经中国知名钱币学家余榴梁先生及多位中国钱币学会专家鉴定,确认该钱币为一级品。而据专家调研,该钱币目前在国内尚无有二。按照鉴定程序,天国背圣宝折十型铁钱由11位专家依次鉴定、评审、表决。因为9位专家从未见过此类钱币,对是否与马定祥那枚钱币同一版式表示疑惑,要求其他专家在会后拿出依据。当晚21时,余榴梁先生打来电话说:"恭喜你,组委会经与马定祥之子马传德先生联系并比对,最后确定此天国背圣宝折十型铁钱与当年马定祥遗失的那枚钱币为同一版式,委员会一致通过此币真品无疑。"最终,这枚非常珍罕的孤品钱币被专家委员会共同认定为一级大珍品。

2013年,上海朵云轩拍卖了辽代大康六年折十钱币,刷新了该公司成立20年来辽代大珍级钱币拍卖纪录。后来,我还发表了《我的"大康六年"珍钱亮相拍场》一文。作为古钱币的收藏者和研究者,我多次发表研究论文,受到泉界同好好评,其中代表作有《辽金故地话"辽钱"》《话说"天国圣宝"折十铁钱我是副标》等。

焦阳藏品:
天国背圣宝折十型铁钱

前无止境

为"钱"打工之快乐

20世纪90年代，我就读于中国美术学院，当时杭州出水了不少历代古钱币。这些品相不错且有金黄色包浆的古钱币，上面的文字书写各异，把篆、楷、行、草等书体运用到了极致。古钱币的包浆、字体以及与生俱来的气息深深吸引我痴迷上了这一独特的"活字帖"。

在我收藏的众多古钱币中，临安府行用铜牌准贰佰文是我最喜欢的一件藏品。它早年现身丁义乌，刚发现时是杭州收藏家章国强先生告诉我的。几经打听后，得知其由东阳泉友韦先生200元购藏。正好他和我较熟，两年后他又以较高价割爱于我。"准贰佰文"是古钱币中的稀缺货。我在杭州收藏品市场有个工作室，有意思的是，该市场俗称"二百大"（杭州第二百货大楼），故而对此钱牌就更为亲切。

寻觅钱币之余，我还把多年的收藏研究整理出版。2023年年初，我开始着手编撰《黄金一斤：余杭汉代陶币汇识》，并计划2024年年底付梓。作为浙江省社科联科普项目之一，该书讲述了杭州两汉400多年间烧制的陶和青瓷币品种。以"上币、下币、不为币"为纲目，用翔实的图文罗列了300多页陶币分类，按陶楚金钣、釉满陶饼、陶白金三品、陶马蹄金、陶制金丸、半两陶忆、五铢问陶、陶桥梁币、压花陶币、王莽陶币系列、不为币系列、钱纹陶罐等章节呈现。该书将由中国美术学院出版社出版，是一部系统的专题钱币工具书，将对汉文化的收藏与研究有所推动。

我现任浙江省收藏协会副秘书长兼钱币委员会主任、浙江省钱币学会理事，还是全形拓非遗传承人、杭州工艺美术师。几乎每天为"钱"打工。在快乐中工作，在快乐中搞"钱"。"泉钞"是国家注册商标，利用杭州收藏品市场内的固定场所，我们在这里不仅举办钱币的展陈活动，还会组织钱币委员会会员学习拓片制作和拓片文化的挖掘。20多年的收藏经历，让我拥有较好的钱币鉴定经验与理论知识，并在《中国

金志昂　作者简介

1975年出生，浙江永康人。浙江省收藏协会副秘书长兼钱币委员会主任、浙江省钱币学会理事。

钱币》《中国收藏》等专业杂志发表文章数篇。《杭州日报》、《都市快报》、浙江电视台经济生活频道、杭州电视台等媒体还就公益鉴宝、捐赠等收藏活动予以报道。收藏之余，我还协助杭州博物馆、杭州西湖博物馆、中国刀剪剑博物馆、杭州京杭大运河博物馆等文博机构征集展品。杭州西湖博物馆、杭帮菜博物馆、杭州老字号博物馆、杭州京杭大运河博物馆、杭州图书馆等单位还给我颁发了文物捐赠证书。

近年来，我还配合政府相关部门、行业协会、高校研究机构等开展项目调查、记录、资料收集（文字与影音）、实物等整理工作。2023年9月，2023汉字艺术三年展"东望西张"在中国国际设计博物馆举行。这个通过艺术展览、学术论坛、文献研究、汉字行动等形式，呈现汉字艺术的多样性、独特性和创造性的活动，格外引人关注。在这之中，我以钱币的形式积极配合，为"汉字艺术三年展"做了相应的资料保存与记录工作。

此外，我还结合钱币研究等感悟，主编了《点线面：良渚文化刻画符号集萃》，并由中国美术学院出版社出版。该书填补了良渚文化黑陶装饰纹集合的空白。

金志昂藏品：
南宋长命富贵背符文

/ 问答录 /

为什么会对古钱币上的文字情有独钟？

古泉上的钱文大都由当时的达官贵人所书写，宋代还流行了御书铸钱。每个钱币上的文字其实都是一本活字帖，制作的拓本就成了字帖集，正所谓我们现在研究的钱币版别。文字采用了金属材质来呈现从而笔画棱角分明、立体感强，其属性更具金石气质。它有别于石碑、石刻因放大而容易失真，导致影响原作呈现的情况，也弥补了石材风化磨损等不足。火红的铜水淌过钱模而铸成钱币，我认为它是有生命的，正如各版别的五铢钱，距千年之后又邂逅了我们。

你为"钱"打工的同时，为社会还做了些什么？

一个主要方面，是为钱币爱好者鉴定钱币及普及钱币知识，为收藏协会钱币委员会成员提供拓片制作咨询、探讨钱币文创产品开发并提供可行性分析，著书立说为大家提供参考资料与建议。每周有一天是我们固定的活动聚会时间，同时，还会不定期组织专题公益活动。

成功是一切努力的结果

20世纪80年代，我就接触了钱币收藏，先后收藏了金、银、铜币近万种以及元代以来发行的纸币一万多种，其中象征中华民族历史文化特色的龙图腾纸币达1200余种。

说起我真正醉心钱币收藏的经历，还要从2005年在北京马甸邮币卡市场购藏两套60张整齐的第一套人民币说起。随着研究的逐步深入，我越来越不满足于手中的藏品，于是带着第一套人民币踏上兑换之旅。我一口气跑了北京、上海、广州、西安和南昌，到处找人兑换品相好以及购买不同的版别。特别是第二次返回北京时，藏友张海春给我介绍了上海收藏家温天源。据他说，温天源自1984年开始收藏的第一套人民币不仅品相好，而且版别多。我们在上海见到了温天源，他揣着其收藏的第一套人民币来旅社和我们见面。一看，整整236张，几乎都是未流通的挺版！"踏破铁鞋无觅处，得来全不费工夫。"我眼前一亮，按捺不住心中的喜悦，尽管张海春之前在飞机上告诉我，温天源开价120万元，且急于筹款购房，可当对方试探性地开出140万元时，我却没有讨价还价，直接买下。就这样，我跑了五个城市，其中北京和上海各跑了两趟，掐指一算，从出发到回家恰好一个月。

后来，我听说新加坡的吕荣熙是收藏第一套人民币的权威人士，便主动和他联系，电话接通后，祖籍福建泉州的吕荣熙激动地说，在异国他乡听到闽南话特别亲切。吕荣熙表示，他的第一套人民币已委托中国嘉德拍卖。几天后，在拍卖会上，我将30多枚自己没有的版别全部拍下。2006年，我又听说四川收藏家唐平欲将其收藏多年的第一套人民币转售上海藏家，第二天我立即赶往唐平家，如愿以偿地将未收藏的版别全部购藏。李高明是收藏第一套人民币不同冠号的大家，几年来，我屡次在拍卖会上邂逅他释出的藏品，只要我没有的版别便全部买下。

第一套人民币是从1948年开始发行流通的，当时正值解放战争时期。其工艺上采用了石印、凹印、凸印、胶印、

柯福晟　　作者简介

1961年出生，福建厦门人。中国钱币学会纸币专业委员会常务委员、福建省收藏家协会钱币委员会主任。

凹凸合印、凸胶合印、凹胶套印等七种技术。因为当时没有统一的调色板，所以颜色有深有浅；纸张未由统一的造纸厂生产，厚薄参差不齐，同一品种既有不设水印的纸张，也有不同水印的纸张；每个印钞厂都有自己的暗记，而且刻板规矩也不统一，这样就造成了第一套人民币版别非常多，这也给收藏带来了无穷的挑战和乐趣。我的第一套人民币收藏主要吸纳了温天源、吕荣熙、唐平、李高明四位收藏大家的精华，加上辗转于钱币市场和拍卖会的补充，历经10年，从60种已增加到700多种不同版别。2015年我带着藏品，参加了在厦门举办的第二届全国钱币收藏博览会，吸引了很多人前来参观。

收藏能给人带来无限快乐，首先可以增加知识，其次可以了解历史，最后可以增强文化素养，而且可以保价增值。我觉得无论多忙碌，也要多走走、多看看、多想想。所有的成功都是努力的结果，你的行程有多远，你的胸襟就有多宽；你的境界有多高，你的世界就有多大。收藏，亦是一种修行，在碌碌红尘中，活出人生真趣，活出海阔天空！

柯福晟藏品：
清咸丰永丰官局铜钱票五百文

/ 问答录 /

有多少付出就有多少收获。第一套人民币的收获历程，富含了多少有心人的情思和心结。还有什么凝练的新感慨吗？我们想听听。

我将出版《红色印证》一书。在中国人的印象里，红色文化是一份独特的情结、一段非凡的记忆。我之所以有这样的动力，正是缘于自己对红色革命的崇敬和对峥嵘岁月的眷恋。透过这些沉甸甸的实物，我仿佛看到了共和国所走过的风雨历程。

据了解，你对在家乡举办的第二届全国钱币收藏博览会给予了大力的支持。今天，博览会已经举办了七届，能给未来的钱币盛会一些寄语吗？

期待钱币盛会能真正成为广大泉友的家园，大家在此共享收藏的乐趣，沉淀温暖的记忆。

前无止境

西藏地方钱币与我的故事

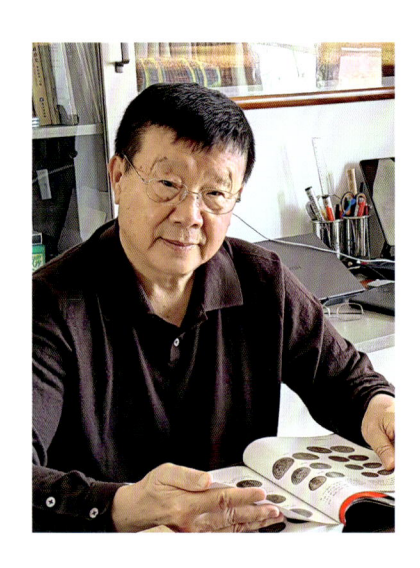

李 才 作者简介

1953年出生，吉林蛟河人。毕业于长春地质学院，教授、博士生导师。1975年自愿要求进藏，供职于西藏自治区地质矿产勘查开发局，后调吉林大学地球科学学院，继续从事青藏高原大地构造研究与教学。发表科研论文230余篇、专著3部。2018年退休后专心研究西藏地方钱币与货币史。

我是从1983年开始集邮的，在集邮的同时，对西藏钱币也感兴趣，当时对西藏地方钱币知之甚少，但是觉得图案迥异的钱币很有趣，偶尔也买几枚欣赏。

1975年底至1988年，我和爱人一直在西藏工作和生活。1988年，因工作需要，我们又一起调回了母校长春地质学院（后并入吉林大学）。调回以后，回想在西藏的13年当中留下了什么东西可以作为纪念呢？想来想去，只有西藏地方钱币具有鲜明的地域特色，从此走上西藏地方钱币收藏之路。

回到母校以后，我对自己的科研发展方向进行了认真的评估，由于在西藏有十多年地质工作经验的积累，将青藏高原基础地质与大地构造研究作为将来科研发展方向是最为合适的。从1989年起，我不断地申请各种科研项目，一直工作到2018年，先后在青藏高原工作了43年。在西藏工作期间，很多业余时间都花在了拉萨八廓街等古董摊、古董店，结交了一些朋友，买了不少西藏钱币。其中结识了地质局实验室总工林烨女士，从她那里见到肖怀远先生的《西藏地方货币史》一书，如获至宝，由此将我引上了西藏货币史的研究之路。

在拉萨，我拜访了藏币泰斗尹正民老师，见了尹老师的藏币收藏，十分震撼，不少以前没有见过的西藏钱币，让我大开眼界。后来认识了知名西藏币商李利山先生，李利山的圈子很广，给我提供了很多钱币品种。钱币古董商布穷、德钦、王宜文夫妇、李俊莉、许翠云、扎桑夫妇等的门店摊位也是我经常光顾的地方。

藏品日丰，泉识见长，泉友联系渐多，我把收藏的眼光投向国内外拍卖市场，同时结交了王春利、高健、翟皞、魏蒙生、谢泽霖、苏雷、夏斌、耿毅、王海燕、蒋劲松、刘瑞等泉友。在他们的帮助下，我多次参加国际拍卖活动，尤其是在2013年8月21日香港举行的斯宾克（SPINK）拍卖，拍下了英国著名钱币收藏家罗德斯的很多藏品。随后，在2014年北京保利拍卖、2017年斯宾克艾利克斯西藏纸币拍卖、

/ 问答录 /

从钱币收藏中,你获得的最大感受是什么?

过去从地质演化角度研究青藏高原,现在从货币学角度认识西藏。

在这个领域中,你还有什么新的想法?

让更多的人认识西藏地方钱币,热爱西藏地方钱币,收藏西藏地方钱币,研究西藏地方钱币,从而更进一步了解西藏,热爱西藏!

2022年斯宾克沃尔夫冈西藏钱币拍卖等拍场,我又拍到了不少心仪的泉品。我还利用假期与翟皞专门去尼泊尔寻钱淘宝。

集腋成裘。近40年的积累,让我的西藏地方钱币收藏比较系统完整,其中不乏一些精品、珍品。2021年,我开始策划《西藏地方钱币——她的历史,我的故事》系列专集,在几十位西藏地方钱币藏家的共同努力下,第一集即将与读者见面。2019年以来,我陆续编写了几十篇西藏钱币的故事,有一部分在西藏钱币相关群中进行了传播,初衷是让更多的西藏钱币爱好者喜欢西藏钱币、热爱西藏钱币、研究西藏钱币,从另一个角度去观察和研究西藏的过去,从而更进一步了解和认识西藏、热爱西藏。

青藏高原世代居住着勤劳勇敢的藏族人民,在历史长河中创造了丰富多彩的藏族文化和艺术宝藏。西藏地方货币是中国货币大系的重要分支,是中国钱币宝库极为宝贵的遗产,更是中国乃至世界钱币百花园中的一朵奇葩。

李才藏品:
西藏铸乾隆宝藏银币

使命和责任

我从小喜爱收藏，童年时代就对粮票、硬币、纸币感兴趣。上小学的时候，我看到家里方桌抽屉里放有铜钱，不知是做什么用的，便请教父母。得知是古钱币后，我就把它们当作宝贝收起来，并不断从他人口中了解这些古钱币背后的历史故事，从那时起我就开始收藏古钱币了。

1985年，我回到地方参加工作，工作之余经常和喜欢收藏的人交流，时间一长，我的收藏思路受到启发，收藏的门类更多了，包括邮票、陶瓷和钱币。当时陶瓷热刚兴起，收藏钱币的人也很多。我不断地学习钱币知识，到各地博物馆观看钱币实物，对各种古钱币，如刀币、布币、方孔钱、银元、铜元、纸币等有了更深的认识。

通过不断的深耕知识、积累经验，2005年我终于收获了一对战国时期中山国虎头桥梁币。此币小巧玲珑，币身规整厚重，满身浮雕纹饰，铸造工艺精美。这对虎头桥梁币极其珍稀，目前存世仅此一对。2015年，我带着这对虎头桥梁币参加京津冀钱币展览，前后还多次参加河北省举办的历代钱币展览，《河北日报》《燕赵晚报》等媒体也对此进行过报道。

我的方孔古钱币收藏中，也有一枚令人难忘的钱币。那是2011年，我到石家庄一个郊县去办事，中途路过一家钱币收藏小店，货架角落放了一个小纸盒，里面有几枚宋代古钱币。我看到有枚元代铜钱混在其中，仔细一看令我非常兴奋，那是一枚大德通宝！我向店老板问了问价格，老板不假思索地说5元一枚吧。就这样，我幸运地得到了一枚元代大德通宝铜币。这枚铜钱铸造极少，字口清晰，包浆自然，十分难得。

在银元收藏板块中，我收藏了几枚自己喜欢的民国军阀人物纪念币，如段祺瑞银质纪念币、黎元洪银质纪念币等。有了这些稀缺钱币，我在同行中小有名气，朋友们逐渐多了起来。

李 峰　作者简介

1964年出生，河北石家庄人。河北省收藏家协会会长、石家庄市大宗地契博物馆馆长、石家庄军事教育博物馆特聘专家、河北传媒学院特聘专家。

李峰藏品：
清光绪三十年湖北省造大清银币库平壹两

2012年，经上级批准成立河北古玩城鉴定委员会，我在该委员会担任副会长兼秘书长。鉴定委员会与《燕赵晚报》合作，共同举办每周日鉴宝活动，为广大藏友提供帮助。这是河北省唯一的由古玩城设立的鉴定机构，在省内影响力很大，且进一步辐射到山东省、山西省。有些外地客户也常到河北来鉴宝。2015年，经河北省收藏家协会批准，河北省收藏家协会钱币专业委员会成立，我担任专委会主任。在此期间，我带领河北省钱币代表参加了全国钱币收藏组织、出席北京、厦门、郑州、西安等城市举办的全国钱币博览会等活动。

"书痴者文必工，艺痴者技必良。"这些年，我带领钱币专业委员会积极举办各种钱币展览达十几次，组织钱币会员到钱币博物馆、到外地参观钱币交流学习多次，让钱币会员开阔眼界，使广大会员成为更专业的钱币收藏者和经营者。由于钱币委员会的队伍日益壮大，会员越来越多，知名度也越来越大。2018年，我担任河北电视台品真栏目组鉴定专家，多次在河北电视台做鉴宝节目。同年，成为河北省文物专家库入库专家，多次参加诸多单位送鉴物品的鉴定、估价工作。2023年，我当选河北省收藏家协会会长，在大家的支持下继续传承和弘扬收藏文化。

我明白自己的责任与使命，为此我将继续努力，在不断深耕钱币文化的同时，积极培养广大青年人热爱钱币，宣传钱币文化，让更多青年钱币爱好者加入收藏行列，为钱币收藏界注入新鲜血液，将中国钱币文化发扬光大。

/ 问答录 /

你为什么喜欢收藏钱币？

我喜欢收藏钱币，不仅仅是因为个人喜好，更是因为每一枚钱币都记载着一段中华民族的历史，它们汇就了中华文明的伟大洪流。传承这种文化是我义不容辞的使命和责任。

下一步有何打算？

我将在不断深耕钱币文化的同时，让更多青年钱币爱好者加入钱币收藏的行列，为钱币收藏界注入新鲜血液，将中国钱币文化发扬光大。

前无止境

收藏流通币就是收藏历史

　　我的父母在原对外经济贸易部工作，那些年父母出国回来时总能剩下一些外国硬币。我第一次见到外国硬币觉得挺新奇，就收了起来，慢慢地越收越多。有一天，我把它们拿出来整理，发现25美分有两种版式，引起了我的极大兴趣。而且许多硬币放在一起时极具观赏性，能让你拿在手上不停地翻来覆去，反复观赏。

　　1989年年底，我开始收藏钱币。不分门类，外国的、中国的都涉足，方孔钱、银元、纸币、外国硬币等，只要没有的统统拿来。当然这些都是一些便宜的通货，贵重的品种还不敢涉足。后来听说琉璃厂有一家店铺叫庆云堂，是北京市文物公司下属的钱币商店，于是我就时不时地到那里买点钱币，在那里也结识了一些钱币收藏爱好者。经他们指点，我得知每周六上午在长安街礼士路站的路北街边，泉友会聚在那儿交流交换。这一下就扩大了我藏品的来源，使藏品不断增加。1992年，我在香港买回一本《世界硬币标准目录》，俗称"克劳斯目录"。有了这本世界硬币收藏的工具书，我的眼界一下开阔了。根据这本书，我开始系统地收藏世界硬币，把收藏范围圈定在1800年以来退出流通的流通币。

　　货币是商品交换的等价物。硬币在使用过程中不断地易手、磨损和氧化，时间越长，磨损和氧化就越严重，也就有了历史的厚重感。那么什么品级的硬币最合适收藏？我认为UNC（全新未流通硬币）不是首选，首选是XF（流通品中较清晰美观者）至AU（近未使用，属美品），这个品级范围内的硬币经过流通，有轻微的磨损，品相非常好。只有经过使用的硬币才能承载商品交换的信息，哪怕买过一次东西，也算是具备了货币的属性。退出流通的流通币本身就是历史的一部分，收藏流通币就是收藏历史，要有岁月的沉淀和历史的厚重感。

　　1993年，我通过"克劳斯目录"上的广告，和美国的一个钱币商M先生取得了联系，他不定期地给我寄来钱币

李　军　　作者简介

　　1953年出生，北京人。毕业于天津纺织工学院电气自动化专业。从事计算机产品营销30年，曾任中国收藏家协会钱币收藏委员会副主任。

李军藏品：
1923年发行的但泽-5荷兰盾

清单。那时互联网没有现在这样普及，往来信息靠寄信和传真。中美之间航空邮件需要 7 天时间才能送达，我收到的清单和他的待售钱币是有时间差的。所以，我时不时就得抓紧时间，一有需求，当晚就得把我想购买的币名列出，发传真给他。第二天，能收到 M 先生回复的传真。他把能卖给我的币列出，并核定金额，同时把这些币封存下来等待我付款。第三天，我去银行开具一张支票，将支票复印件发传真给他，并将支票航空寄出。等到 7 天后他收到支票，再把钱币寄过来。这样，从寄出支票算起大约 14 天，我就能收到钱币了。这样的过程在那个时段里不断重复，使我的藏品不断增加，目标达成非常快。

有一次，我买了 M 先生 300 多美元的硬币，按惯例，将复印件发传真，再将支票寄出。支票寄出后的第 7 天我就收到了钱币，可以推断，M 先生寄出钱币时还没有收到我的支票，说明了他信任我。我也没多想，结果一个月后我收到他的一封信，很郑重地说没收到我的支票！我一下就蒙了，那封航空信我没有挂号！我到邮局咨询，邮局回复：挂号了也不好查找。我二话没说，马上又开了第二张支票，发传真，寄航空、一通操作。我要对得起人家对我的信任，我可以损失钱，但不能损失信用。寄出航空信件后开始数着日子，一个星期过去了，一个月过去了，我没有收到 M 先生的反馈，说明他收到了第二张支票，我多少有点安心。

又过了 3 个月，我收到了 M 先生的一封信，里面是我的第一张支票和信封。信封上收件人的地址被污染了，字迹无法辨认，成为疑难投递的信件，在美国的邮局里耽搁了 3 个月，最终还是送到了 M 先生手里。M 先生没有把这笔钱入账，而是原封不动地退给我，可见 M 先生的人品。几个月来，双方的悬念都落地了，我松了一口气。钱币收藏离不开交易，诚信很重要。

2000 年，我停下了收藏的脚步，开始思考：藏品的归宿是什么？传家还是增值？我觉得这两样都不是我想要的结果。2003 年，我把藏品逐个录入 Excel 电子表格里，经过统计共有 259 个国家和地区发行的 11187 枚硬币。我撰写的《世界钱币——改革开放让我认识你》，刊登在 1999 年 10 月 1 日出版的《中国商报·拍卖收藏周刊》第八版。2015 年，在北京钱币博物馆举办的"钱币上的抗战"展览中，我为展览出具了第二次世界大战期间 16 个国家发行的 124 枚硬币展品。在收藏的同时，让这些藏品发挥更大的社会价值，才是我所愿。

/ 问答录 /

在钱币收藏中，你认为什么最重要？
钱币收藏离不开交易，诚信最重要。

在这个领域中，你还有什么打算？
我希望我的藏品能成为一套相对完整的流通币实物样本，给社会留下。

前无止境

我只是比别人稍微早了那么一点点

我的钱币收藏启蒙于奶奶家里散落的几枚古币。后来，《中国古钱目录》《收藏与鉴赏——中国古币真假辨别入门》等书籍成为我学习古币的入门读物。再后来，北京报国寺、德胜门、大钟寺、马甸等市场又成了我经常"打卡"的地方。

2000年前后，专业钱币收藏论坛出现，我成为网络论坛时代的第一代"玩家"，网名"布衣泉友"。我给自己定了一个收藏座右铭——"方圆世界，规矩人生"，还特意请时年90多岁的钱币界前辈陈达农先生题写了这句话，至今悬挂在我的书房，这也是我"矩堂"斋号的来历。

四年的大学生活，我的课余时间大多是在网络和报国寺度过的。自1997年报国寺举办第一届全国钱币交流会到2020年，每年四次交流会，每周四的大集市，我都是那里的常客。报国寺也是全国古旧书交易的"圣地"。我在钱币收藏的同时，还会在那里选淘各类旧书，并将钱币类书籍作为收藏专题，将自己的书斋定为"古泉书馆"。

2006年前后，我将收集的钱币书籍资料进行分类，编成了《中外钱币图书目录》，分10余大类、20多个小类，汇集各类文献资料5000余种，合计万余册，成为业内较早一批关注文献资料收藏的人。除了"以藏养藏"之外，我又经营了一个钱币类书籍文献的网上小书馆，"以书养书"。我几乎收集到了所有的钱币类文献资料，从稀缺的清代线装本，到民国时期的《泉币》《古泉学》大全套，再到各类中外泉谱、地方钱币期刊等。我专门注册了"古泉书馆"品牌，把"致力于泉币文化收藏和传播"作为口号。

从2004年开始，我在《中国商报》发表"豆腐块"小文，并在《中国收藏》上发表研究类文章，后来陆续在《中国钱币》等国内外核心期刊发表钱币研究论文，到2008年大学毕业时已经写了60多篇、30余万字。我从一个钱币收藏的"小学生"，转变成一个钱币文化传播者。

2006年，成立古泉书馆工作室，我把更多的精力投入

李 维　　作者简介

1985年出生，北京人。北京市钱币学会理事，古泉书馆创始人，拓留泉会发起人。《中国钱币大辞典·清编·制钱卷》特约撰稿人。

/ 问答录 /

从钱币收藏中，你获得的最大感受是什么？

小钱币，大世界。在钱币收藏的过程中，可以收获几千年的历史更迭，领略货币文化，感悟世界文明；可以收获不同领域的人文风物，结交同人同好，尽享往来之美；可以收获大千世界的百味人生，历练心智心态，提升人格品格。

让钱币文化走进生活，你认为业界还要做哪些努力？

小钱币，大文章。要深挖钱币背后的文化价值，找到钱币文化背后巨大的附加值；要提升文化产品的创新力，找到文化创意产品和百姓生活的最佳结合；要培育更多的致力于钱币文化推广的组织和人才，找到钱币文化价值、经济价值、社会价值的多元体现。

钱币文化的推广和传承方面。除了日常的写作之外，我还利用钱币书籍文献传播和推广，一方面与作者合作，另一方面联系国内外钱币收藏爱好者、知名专家学者以及与各大院校图书馆、博物馆，古泉书馆一时成为国内外传播钱币收藏和金石类文献资料的佼佼者，经我们传播出去的各类文献资料超过数十万之多。从2011年起，我们启动钱币周边文创产品的开发和推广，提出"让泉币文化走进生活"的口号，还采用古法工艺创作当代民俗花钱，为行业发展提供新思路。

2015年，我发起了"拓留泉会"公益社群，在推广钱币传拓技艺的同时，为国内外钱币收藏爱好者提供交流平台。我主持编纂了《拓留泉汇》原拓集15期，参与者超过100人。2016年，首次以雅集聚会的形式发起"拓留雅集"，成为一时之风尚。这件事得到了我国著名的古文献版本学家、古钱币学家王贵忱先生的支持和鼓励，并为拓集题签。我又陆续参与和主持编纂了《拓缘斋泉拓集》《华夏泉拓集》《叵居九秩寿泉集拓》等20余部拓集，并启动《古泉书馆泉拓丛刊》的编纂工作，目前已完成14种。2017年4月，我受聘为国家"八五"社科重点项目《中国钱币大辞典·清编·制钱卷》特约撰稿人。2019年，我们团队受邀参展中国国际服务贸易交易会，在国家会议中心展厅现场展示了我们的文创产品和学术成果。知名钱币专家孙仲汇先生为我们题词"薪火相传"，这是我们要为之努力的目标。

一代人有一代人的玩法，这是历史的必然规律。搞收藏就是这样，从小到大，从实物到专著，人们摆脱了金钱的束缚，需要的是更高层次的精神安慰。即便我不来做，也会有人来做。我只是比别人稍微早了那么一点点而已。

李维藏品：
南宋嘉泰元宝背川二卅九铁母

前无止境

揭开古代金锭的神秘面纱

一部纪录片打开了我的收藏之路。2012年夏,中央电视台推出了一档节目《黄金密档》,从中我了解到民国时期生产的金条金锭。纪录片中展示了大量黄金实物,看到那些不同种类的金条金锭,我不禁想民间是否还有类似实物留存,还能否买到一两件民国老金锭。

从那时起,我就不断地在网络上搜寻民国金锭的照片和相关历史资料,也想找一些相关书籍学习,无奈资料甚少,懂的人也很少。一个偶然的机会,我进入当时网上主流钱币论坛,遇到了和我一样喜欢老金锭的藏友,这让我找到了归宿。在论坛里,我从藏友手中购得了生平第一枚民国金锭,至今仍记忆犹新。那是一枚上海裘天宝银楼的金条,重约31克,实物比图片小很多,拿在手里沉甸甸的。金条表面细密的波纹、苍劲有力的字体、老黄金特有的迷人光泽,令人心动不已。

开心之余,又想到有藏友在论坛里买到过当代仿品,怎么辨别是不是真货呢?于是我便心怀忐忑地拿到典当行找师傅看,师傅检验后只告诉我金条的成色是99%,但是年代无法断定。之后的几天,我拿着藏品四处求教,但都没有结论。无奈金锭收藏属于小众收藏,能够确定年代的前辈少之又少,最终还是须求教于论坛。而在大家各执一词的言语中,我更感困惑与无助。后来,我从旧书市场买到了历年各大拍卖公司的图录做比对,才慢慢找到了金锭的一些共同特点,并增强了自己的信心。

爱好是最好的老师,唯有喜欢才会去钻研去学习,主动学习和被动学习的差异很大,做自己喜欢的事情才会有激情。作家格拉德威尔在《异类》一书中指出:"人们眼中的天才之所以卓越非凡,并非天资超人一等,而是付出了持续不断的努力。一万小时的锤炼是任何人从平凡变成世界级大师的必要条件。"这便是所谓的一万小时定律。

之后的几年里,我陆续从藏家手中购得一些品相好的藏

李丙乾　　作者简介

1987年出生,山西太原人,毕业于中国矿业大学。中国钱币学会金银货币专业委员会委员。

品当标准器学习。每收到一件藏品,我都会在论坛中展示出来与藏友交流,逐渐找到了鉴别真伪的规律。日积月累中,我的藏品种类及规模也逐步壮大,认识的圈内外藏友也越来越多,经常会有藏友找我帮忙,我也会比较客观地把我所分析的结果告诉他们。

经过多年的磨砺,我对鉴定民国金锭有了自己的方法与心得,但是在五千年文明的中国,民国只是一瞬,各朝代的黄金称量货币现今也有少许留存。市面留存历代银锭比金锭要多百倍,各时期的金银锭铸造工艺上有很多共同点,研究好银锭对鉴定金锭有很大的帮助。为了能够系统地研究历代黄金称量货币,我进入银锭领域学习。

李丙乾藏品:
老金锭

我所学的专业是机械制造及自动化,金锭收藏原本是工作之余的爱好,但人的精力有限,想做好一件事必须做出选择。在深思熟虑后,我果断地放弃了煤炭科学研究总院的工作,全身心投入自己喜欢的事业。

离职后的几年,我先后受聘于国内几家评级机构做金锭鉴定工作,在专业的领域见到的藏品规模之巨是之前所不敢想象的。过手大量的金银锭,使自己的鉴定水平有了更好的提高。我会定期参与国内各大主流拍卖公司的鉴定工作,也受邀参与了四川彭山江口战场遗址的考古研究,参加了浙江省博物馆南宋金银货币研究等大型研讨会。专业的平台让我迅速成长,所接触到的藏品也越来越广泛。

工作期间,我逐步建立并完善历代金锭图片数据库,将各朝代、各地区的金锭整理成册,现已归类整理高清图片万余张,为今后出书做前期准备。目前国内金锭相关书籍甚少,我愿意将我见到的、学到的东西以书籍的形式呈现给更多爱好者,揭开古代金锭的神秘面纱,帮助更多朋友轻松地进入金锭收藏领域。

/ 问答录 /

从不知到知之不多,又到知之甚多,你能就这条收藏和研究之路谈点感想吗?

做喜欢的事情,人会有无穷的力量。收藏不只是投资,也不是投机,需要我们静下心来去探索自己心中想要的答案,在研究的过程中扩充知识储备,点滴的积累最终会收获硕果。

你能将各朝代、各地区的金锭图片整理成册,令人赞叹。出书的初衷是什么?

希望这本书能作为一本有实用价值的工具书,帮助到所有喜欢金锭收藏的朋友。

受益于人 得益于己

我是喝海河水长大的，家里的长辈和亲戚没有人搞收藏，可我从小就对家里的一些老物件感兴趣，这也许是天性使然吧。1984年，我在姥姥家的写字台抽屉里无意间发现了几枚方孔钱，这是我第一次接触古钱币。工作以后，有了一份稳定的收入，我才慢慢关注钱币，从而走上了钱币收藏之路。自1994年至今，已经30年了。我以收藏铜元、方孔钱为主，搞收藏的人都希望自己能拥有独一无二的藏品，我亦然，可是由于阮囊羞涩，我既无"大珍"又无"名誉"，但是，这并不能阻碍我对钱币收藏的热爱和执迷。

我的好友范君兄，比我的眼力好，财力也比我雄厚。在10年前的一次聊天中，我看到他有两枚中华铜币（横山西）。此种铜元是太原铜元局建厂初期所铸，但是铸造时间不长便更换模具，去掉"山西"二字，重新开铸中华铜币壹枚。由于铸行时间短，所以铸造量不多。这种"横山西"铜元是民国早期唯一一种把省名放在钱币正面两侧的铜元，在民国时期铸行的铜元里面也是极具特色的一个品种。欣赏之后，我便向他求让一枚，他很爽快地答应了，而且是把品相好的一枚以极为低廉的价格给我。

我认识20多年的一位老藏家刘锡福先生，他家距我家不远，没事的时候我们会相约一处聊天。他曾出示一枚天津地方钱局铸造的光绪通宝宝沽局方孔钱。此钱局只在天津的大沽船坞内短暂开设，总体铸造量不大，绝大多数钱体直径在21毫米以下，且字体不清晰，铸造较为粗糙。而刘锡福先生所藏这一枚钱的直径达23毫米，钱文清晰，铸造极为精美，一看便知是头炉所出。虽然此钱级别不高，但是在天津本地也是极难寻觅的。我有意求让，老藏家也是不舍，此事便没有再提。在等待了将近6年后的2022年，老藏家才割爱惠让于我，并说这枚极具家乡特色的钱币留在好友手里也是他的心愿。家人和朋友给予我的支持与帮助，是我在收

李凤池   作者简介

1973年出生，天津人。天津市文物博物馆学会民间收藏专业委员会钱币分会会长。

藏道路上不断前行的最大动力。

本人才疏学浅，天生愚钝。闲暇之余在《天津日报》高级编辑罗文华老师的指点下也写了一些小文。近些年分别在《中国收藏》《中国商报》《天津日报》以及天津的《今晚报》等报刊上发表了《改元从日本令和到大韩禅位》《钱真能掰成两半花》《不标面值的醒狮币》《西班牙本洋》《苏区铜币受珍视》等钱币鉴赏文章。

总之，没有泉友相助，没有家人支持，没有高人指点，收藏者是不能成为收藏领域的佼佼者，钱币收藏亦然。

李凤池藏品：
中华铜币壹枚（横山西）

/ 问答录 /

你在文中说得十分在理，要想收藏好，就要躬身下问，不耻为高。我们想请你在这方面再说几句，以对年轻学子有所帮助和启发。

收藏是一件循序渐进的事情。无论从事哪方面的收藏，都要与藏家多交流、多倾听，自己多看书，然后就是多接触实物，逐步锻炼提升自己的分析能力和鉴赏水平。再有，根据自身状况理性收藏。

你在文中提到了罗文华老师，他在外币收藏方面文章连连，著作等身，他不愿意过多张扬，你帮我们介绍一些他的作品吧。

罗老师不但精于钱币鉴赏，而且著述颇丰。《中国钱币的故事》一书以古代钱币为切入点，深挖其背后所蕴含的时代信息，是一部视点独特的读史随笔。《红楼与中华名物谭》以屏风、如意、茶具、钱币四种《红楼梦》中出现的重要物品为主题，充分挖掘"名物"的历史文献和实物资源，旁征博引，娓娓道来。

开启一扇通往金银锭收藏领域的大门

我和古代货币结缘是在1985年的春天。当时，为了抢救古钱币，国家文物局在国家文物局郑州培训中心（河南省文物研究所）举办了为期100天的"古钱币整理工作骨干人员培训班"，我有幸参加了这期也是唯一一期由国家文物局举办的古钱币培训班。之后，我的工作基本都与馆藏钱币有关，比如，博物馆的钱币陈列工作、整理工作、征集工作等。

2002年至2006年，我被借调到中国财税博物馆，参与该馆的筹建工作，其中一项工作就是征集藏品。由于中国的古代白银货币是见证财税制度最为直接的文物，因此，寻找、征集历代税银成为征集工作中的重中之重。那几年里，我和当时负责业务的领导何馆长等先后到北京华辰、中国嘉德、北京诚轩、上海国拍等拍卖行，寻觅到100多件历代税银。这之中，让我印象深刻的是为博物馆征集到的第一件税银——清代山东厘金局五十两银锭。那是2002年的夏天，接到上海孙仲汇老师打来的电话，他告诉我"有一件山东厘金局五十两银锭"。次日，我们赶到上海，最后购藏到这件罕见的银锭，记得当时的价格是7000元。几年后，北京诚轩拍卖了一件相同的银锭，价格竟高达78万元，让我惊诧不已。

机会总是留给有准备的人，十几年的学习积累沉淀终于迎来了花开结果的时候。2004年4月，我撰写的第一本普及古代金银货币的专著《金银流霞——古代金银货币收藏》由浙江大学出版社出版。古代金银货币属于贵金属称量货币，是中国古代货币体系中的一个重要组成部分。由于其造型原始，铸造缺乏规范，通常又没有明确的铸造时间记录，常常让人百思不得其解。然而，在这些简洁含蓄的铭文背后却隐藏着很深的历史经济背景。解读这些铭文，就是在探求其历史的根源，这就是研究和收藏金银货币的魅力所在。该书的出版，为广大元宝收藏者开启了一扇通往金银锭收藏领域的大门。

李小萍 作者简介

1961年出生，浙江杭州人。浙江省博物馆研究馆员、浙江省文物鉴定委员会委员、中国钱币学会理事、中国钱币学会金银货币专业委员会主任委员兼秘书长。从事文博事业长达40年，撰写学术论文40余篇，曾荣获中国钱币学会金泉奖。撰写及主编学术著作和图录等10余部。

/ 问答录 /

作为一名研究者，你事业有成，著作等身。你想对年轻的钱币收藏研究者说些什么勉励的话呢？

努力发掘中国钱币文化背后的故事，使研究更有意义，使收藏更具魅力。

尽管你已不在工作岗位了，但就收藏研究来说，你却可尽情发挥。我们想听听，你在这一领域还有什么新的打算？

我将努力做好中国钱币学会金银货币专业委员会的工作，营造一个良好的学术研究氛围，让更多的研究者和收藏者进来，把钱币学术研究推向一个新的高度。

| 李小萍编著的部分学术著作

2006年，应浙江大学出版社之邀，我又编写了一本图书——《元宝收藏与鉴赏》。2008年，《尘封千年的国家宝藏·南宋金银货币鉴赏》也应运而生，该书是首次对南宋金银货币进行梳理和研究。同年，我还主编了浙江省博物馆典藏大系之一《泉林剪影》，由浙江古籍出版社出版。2013年，悉心撰写的专著《明代赋税银锭考》由文物出版社出版。出于对中国白银货币研究的热爱与执着，我历时七八年，精心收集和鉴别了现存在文物部门及民间收藏的百余件明代赋税银锭，并查阅了中华人民共和国成立以来的明代银锭的出土报告。在掌握了第一手资料的前提下，我阅读了大量的明代文献史料，将明代的政治经济、各项赋税、市井商业、海外贸易等有序地连接在一起，向世人展示了一幅多姿多彩的白银货币发展的生活画卷，从白银使用的独特视角，折射出大明王朝从兴盛到衰退的历史进程。

2015年，在一批收藏爱好者的支持下，我策划了"银的历程——从银两到银元"的展览，同时还积极筹备成立中国钱币学会金银货币专业委员会。2016年1月15日，这个大展在浙江省博物馆展出，中国钱币学会金银货币专委会成立大会也同时召开。而"银的历程"展览也是该专委会会员的首个藏品精粹展，汇集了我国（包括香港、澳门和台湾）30多位藏家的500余件从唐宋到民国时期的各类银锭银币，首次以社会经济的视角全面展示了中国白银货币的发展进程。展览图录《银的历程》也由文物出版社出版。

之后，我又策划了"金银同辉——南宋金银货币精华展"，并于2019年9月在浙江省博物馆孤山馆区精品馆展出。350件展品中，不仅有博物馆馆藏品、中国钱币学会金银货币专业委员会部分会员的藏品，还不乏南宋沉船"南海一号"出水的金银货币。这是南宋金银货币的第一次集中展出。

2020年，我策划了"丝路流金·丝绸之路上的金银货币"展览，主编《丝路流金》展览图录和论文集（由文物出版社出版）。该展览得到了国内外研究、收藏丝路金银货币学者和收藏者的热情支持，展出了从公元前5世纪到公元16世纪的各国金银货币700枚左右。在中国钱币学会及收藏爱好者的支持下，还举办了研讨会，受到广泛好评。该展览是我退休之前策划的最后一个展览，给我的职业生涯画上了一个完美的句号。

奔忙三十载

我进入钱币领域既有偶然，也是自己的选择。1987年大学毕业，我被分配在中国人民银行北京市分行金融研究所，起初参与北京金融历史档案的整理和《北京金融志》的编写，与北京市钱币学会秘书处同在一间办公室。时任学会副秘书长的正是知名钱币专家程纪中先生。程老师以研究和收藏先秦钱币最为擅长，时常出示几枚战国方足布教我欣赏。我因读书之余爱好书法篆刻，对古钱上先秦篆字可识得大半。每每释读出方足布上的地名文字，都会得到程老师的夸赞。在此期间，还结识了高桂云、董德义、钱卓、吴凤岗等诸多钱币大家，前辈们对我都关爱有加，悉心指导。在他们的鼓励下，我对古钱币的研究和收藏逐渐产生了兴趣。

1991年年初，在程老师的全力推荐下，我正式成为北京市钱币学会的一名工作人员。单位领导与我谈心时指出，做学会工作意味着要放弃所学的专业和个人前途，从头学习新的知识。北京市钱币学会工作的服务对象是民间钱币爱好者，研究内容主要是早已退出流通领域的历史货币，这与中国人民银行的中心工作有较大差距。要禁得住寂寞，甘于坐冷板凳，甘心做好服务工作和大量的事务性工作。我在边学习边工作的过程中，经常得到老一辈钱币专家、钱币收藏家的悉心指点和言传身教，这给了我极大的支持和动力。他们丰富高深的学养，严谨认真的治学精神，以及对钱币的痴迷都时刻感动着我，也坚定了我把学会工作踏踏实实做下去的决心。

回顾30多年来我在北京市钱币学会的工作，自认为做出了一些成绩，主要有以下几个方面。一是发展壮大了会员队伍。学会会员人数从1991年年初不足200人发展到目前的1300多人，其中包括中国古钱币、纸币、机制币、外币、人民币等各方面的钱币研究者、收藏者和爱好者。学会还破格吸收非京籍钱币专家加入学会，或选为理事，或聘为顾问，或成为专题小组骨干。自1993年起，学会顶住压力，开始

李志东 作者简介

1964年出生，北京人。北京市钱币学会副秘书长、中国钱币学会理事。从事钱币专业工作33年，参与编写《北京纸币八百年》《筑起抗战的货币长城》《聚德揽胜话方圆》等书籍，组织举办钱币专题讲座120余期。

李志东藏品：
1979年以色列发行的国际儿童年加盖银币

吸收钱币市场上较有影响、口碑良好的币商加入学会。我们认识到，钱币市场在钱币文化的传播与钱币收藏研究中起着重要作用，是必不可少的环节。钱币学会会员和骨干参与市场经营，有利于引导市场健康发展，更方便为会员服务。二是开发钱币用品。1991 年，学会率先开发了"流通纪念币定位册"，由此引发了流通纪念币收藏热，间接带火了北京月坛邮币市场。三是率先组织举办钱币交流会。1993 年至 1997 年，先后在北京的中国地质大学、德胜门箭楼举办 10 余次钱币交流会，来自全国各地的泉友欢聚一堂，交流藏品和信息，分享知识和心得。后来，北京报国寺钱币活动规模更大，在国内产生了更大反响。四是长期坚持举办钱币专题讲座。从 2010 年 1 月至 2019 年 12 月，坚持每月举办一次钱币讲座活动，共计 120 期。同时，配合钱币讲座，不定期举办会员间的钱币竞买活动。

2012 年，我遵照领导安排开始着手为人民银行北京市分行筹建钱币展室。我以多年积累的钱币知识，撰写了展览大纲，多方征集展品，我还无偿捐赠了 200 余枚中国历代钱币。2018 年 4 月，展室正式布展完成，现已接待银行系统参观者 80 余批，3000 多人次。该展室已成为中国人民银行北京市分行对外进行钱币文化宣传、对内进行钱币文化教育的重要窗口。

在工作之余，我也喜欢收藏一些钱币。1992 年在程纪中、刘建民两位老师的指导下，我在太原钱币市场挑选了十多枚战国方足布、尖足布，由此引发了钱币收藏的兴趣。随着我国对外交流的增加，我开始对丰富多彩的外国钱币产生兴趣，无论是钱币的材质、形制还是工艺、设计，都新颖精致，使人大开眼界。我对世界各国儿童题材钱币尤为喜爱，每遇新品，尽力收藏。其中便有 1979 年以色列发行的国际儿童年加盖银币、美国发行的国际儿童年加盖银币，发行量均为千余枚，较为珍稀。钱币收藏不仅丰富了我的业余生活，增长了专业知识，也使我更加真切地体会到钱币爱好者的感受和需要，能够更贴心地为会员服务。

/ 问答录 /

从钱币收藏中，你获得的最大感受是什么？

古有钱文"小泉直一"，如今我把书斋题名为"小泉居"。30 余年钱币工作和收藏经历，给我最大的感受是：钱虽小，但值得奉献一生去研究、探索和玩味。

在这个领域中，你还有什么新愿望？

希望民间钱币研究收藏团体得到社会各界更多的支持，民间钱币收藏活动的开展有更宽松、优越的社会环境。

走向丝绸之路

林文君

作者简介

1968年出生，陕西西安人。咸阳市沙河古桥遗址博物馆首任馆长、陕西民间艺术收藏品司法鉴定中心司法鉴定执业人。先后出版《丝路古国货币集拓》《丝绸之路钱币鉴赏十六讲》《昭武遗珍——唐安西都护府地区钱币研究》等三部专著，收藏事迹曾被中央电视台、《人民日报》等多家新闻媒体报道。

很多人都问我是什么时候开始收藏钱币的，实话讲，我从小就喜欢，但那时还谈不到"收藏"这个高度。我有两个小妹，女孩子都喜欢踢毽子，我就到处给她们找"麻钱"（陕西话把古代的方孔铜钱叫"麻钱"）。好在我生活在一个著名古城里，"麻钱"还比较好找。那时候我最大的一个"麻钱"是我奶奶给的。当时根本不认识钱上的字，到上初中时才知道，这个大钱是北宋徽宗大观通宝折十钱，到今天我还一直保留着。

我真正对钱币的认知是1984年的夏天，在今天的西安碑林博物馆。当时那里举办了一个展览，我参观完后意外发现在小卖部的地上有一摞杂志，名字是《中国钱币》，封面上是一张古币图片，分别是创刊号和第2期、第3期。我喜出望外，把这3本全买了，回到家就如饥似渴地开读了。刚开始很多文章根本看不懂，幸好我认识陕西历史博物馆的陈尊祥老师，他给了我不少指导，后来又带我认识了陕西省钱币学会的姚世铎老师，姚老师则指导我如何写钱币研究文章。后来得知，两位老师还是中国钱币学会的发起人，同时也是陕西省钱币学会的创始人。得到姚老师的指导，我每年都写几篇钱币研究方面的文章，这让我收藏研究钱币的兴趣更加浓厚，方向更加清晰。

1987年，我应征入伍到宁夏服役，并继续收集钱币。在此期间，我意外获得一枚有外文的"麻钱"。后来我与宁夏钱币学会取得联系，学会的杨学廉会长给我回信，才知道它是唐代突骑施汗国的钱币，这也是我的第一枚丝绸之路钱币。这个时期，《人民军队报》和《宁夏日报》都对我的钱币收藏事迹有过报道。

1999年，我的战友从上海带来一本杜维善先生的著作《丝绸之路古国钱币》，让我对丝绸之路钱币产生了极大的兴趣。我从2001年开始发表研究丝绸之路钱币的文章。杜

/ 问答录 /

你在丝绸之路钱币的收集和研究方面有突出成就，办展收获多多。请介绍几例人所不知的精彩钱币，让大伙开开眼界。

要说丝路上精彩的钱币，首推唐代犍陀罗国旖檀忽哩特勤王的银币。这种银币上有三种文字，其中提到"天可汗授予之"铭文，银币上有戳记，还有嵌金。更有意思的是，它和我们的悟空禅师还有着极深的渊源。

展望未来，有什么新创意、新打算？

遗留至今的丝绸之路钱币，自身包含的信息量很大，只要认真研究其中的任何一种信息，对我们今天都有重要的参考价值和历史价值。

林文君藏品：
唐代罽宾—犍陀罗国拂菻罽婆特勤王银币

维善先生每次来西安我们都会见面，他给了我很多指导。截至 2022 年，我在研究丝绸之路钱币方面先后出版了《丝路古国货币集拓》《丝绸之路钱币鉴赏十六讲》《昭武遗珍——唐安西都护府地区钱币研究》等三部专著。在北京、上海、西安、宁波、成都、郑州、澳门等地举办丝路古国货币展览 12 场，特别是在西安唐皇城墙含光门遗址博物馆展览的 40 多天里，参观人数近 5 万人，中央电视台和地方新闻媒体都作了报道，同年入选"2015 年度全国博物馆展览季活动推介目录"。我个人也获得了陕西省咸阳市文物旅游系统先进个人、咸阳市秦都区德艺双馨文艺工作者等荣誉。

2021 年是中国共产党成立 100 周年，作为一名党员，我无比高兴，遂拿出自己收藏的红色货币近 400 种在陕西省西咸新区沣西新城举办了题为"战旗飘扬下的红色货币"大型展览，新华网、央视网、国家文物局官网和地方新闻等媒体对展览作了报道。

前无止境

清钱，我一生的挚爱

我自幼喜好金石，还记得儿时在废弃的木箱上拆下了两枚乾隆通宝，自此便一发不可收。1993年，因工作需要，我经常去上海，闲暇之余，时常在肇家浜路古玩集市的地摊上一蹲就是半晌，乐此不疲。

2006年，在中国嘉德秋季拍卖会上，我所拍得的"应圣背拾鎏金钱"为本场最高价者，由此我与各大拍卖行结下了不解之缘。自2009年起，我开始清代雕母、母钱及样钱和宝福局钱币的专题收藏，潜心钻研清代钱币生产工艺和宝福局及台湾分局的铸币归类，并发掘出了不少珍稀的钱币版式，论证了若干悬而未决的待考品。而今，清钱也成为古钱币收藏中最热门的品种。

此后，我也多次参加海内外钱币学术交流，频繁出入国内外各大拍卖会，致力于中华文物的海外回流，让漂泊在外的中国古钱币早日归来，并数次将个人藏品展出，做好钱币文化的宣传工作。日积月累，我的藏品渐丰，现藏大字版当三百雕母、星月当百雕母、嘉庆宝福雕母、道光宝源雕母、星月当千母钱、星月当五百试铸母钱、祺祥母钱四品、宝南当十部颁母钱、宝福一百木质雕母、宝福外计重一百样钱、宝福内计重五十母钱、无满文一十试铸样钱、宝福外计重当五黄铜母钱、宝福一百错银刻花，等等，均是清钱史上弥足珍贵之物。

咸丰元宝克勤郡王当三百大字版雕母是我收藏的精品之一。上海博物馆所藏咸丰元宝当三百，为《咸丰泉汇》开篇之物；而此版当三百之雕母，目前仅见。当三百，诸谱均载为：一级，无定价；雕母，乃清钱之祖，元宝大型雕母更是凤毛麟角。此钱集前二者于一身，从前未敢想象之物。此钱文字雕刻，大刀阔斧；铜精如金、沉甸压手；书体取法高古，足具"颜体"之雄浑开阔又兼有"碑体"之朴拙，与常见清

林志坚 作者简介

1974年出生，福建泉州人。多年来致力于钱币文化的传承研究，尤其专注于清代雕母、母钱及样钱和宝福局钱币的收藏与鉴赏。

林志坚藏品：
清咸丰元宝克勤郡王当三百大字版雕母

钱馆阁体大相径庭，可谓似拙实巧、寓清于浊。并与大英博物馆所藏之当二百为同系列，文字风格如出一辙。细看当三百的钱背地章，有铲去星月之痕，也证实了当二百为克勤郡王的铸币，双双印证，难能可贵。

嘉庆通宝宝福试样雕母是我的另一枚所藏精品。地方局雕母屈指可数，而试样雕母更为珍罕，宝福局铜质雕母仅见此一品，为早年从日本回流的。此品雕工登峰造极，极尽精微刀痕化尽；包浆澄润，莹泽似玉。此泉直径硕大、钱体厚实，若依此铸钱恐耗铜过巨，故为试样品。嘉庆宝福，永受嘉福。

2016 年，我受中国钱币博物馆之邀，将个人部分藏品在"精品荟萃 蔚为大观——清朝京局精品展"上展出。此次特展为"中国钱币精品系列展"的首要之作，乃普及钱币知识、传承钱币文化的一次创新之举，对钱币收藏起到了积极的引导作用。

2023 年，时值中国嘉德拍卖 30 周年庆典，与我首次和"嘉德"打交道已时隔 17 年。受到主办方的邀请，我在北京嘉德艺术中心举办了一场钱币收藏领域的展览——"万选——林志坚清代钱币精品个人展"，展出所藏清代精品 277 枚。本次个展不仅迎来了全国各地的众多藏友以及文博系统的专家学者，就连不少久负盛名近年却鲜有露面的收藏大家也前来观展。其中有中国钱币博物馆首任馆长戴志强先生莅临现场，在其戴门弟子的陪同下对展品一一细览；也有久未出行的孙仲汇先生到临并于现场挥毫题字；更有中国嘉德拍卖创始人陈东升的公子陈奕伦先生带领佳士得高管亲临现场并表示祝贺。本场钱币展，受到钱币圈乃至收藏界的广泛好评及众多学者、前辈们的高度赞扬，并有多家媒体先后报道，称之为"汇集中国最美古钱币之展"。

钱币，乃每个时代国家之作品，亦见证了各个时期的兴衰。收藏至今，已有 30 余年，钱币乃是我一生的至爱，我仍将致力于清代"性质钱"（雕母、母钱、样钱）及宝福局专题的收藏与研究，做好钱币文化普及工作，并竭尽所能将流失于海外的重要中国古钱带回家。

/ 问答录 /

中国钱币种类繁多，为何如此钟爱清代雕母、母钱及样钱和宝福局钱币？

清钱是离我们年代最近的古代货币，不仅存量稳定，还有着非常好的群众收藏基础。清代的钱制较前朝而言更为完善，铸钱也最为精整；而且清代雕母、母钱及样钱攸关典制，是清钱之制最好的实物见证。另外，作为土生土长的福建人，我想宝福局钱币也必然会是我的收藏专题之一。

未来，你在钱币收藏方面还有什么计划？

我仍会扎根在清代的"性质钱"和宝福局这两个板块，逐步完善我的钱币世界，并将致力于发掘出其背后所隐藏的时代秘密及学术难点。在通过收藏而有所获时，我也会及时将之公布，回馈给广大泉友。

金银锭收藏：我的自有乐地

刘 翔　作者简介

1976年出生，江西南昌人。中国钱币学会金银货币专业委员会副主任委员、北京钱币学会理事。

刘翔藏品：
金代军饷五十两

我最早接触的是古钱。20世纪七八十年代，家家户户都可以从抽屉里、房梁上或是毽子里找出几枚古钱，上面还有文字或花纹。出于好奇，我便攒了起来。上学后，我发现《新华字典》内附有历史年表，便对着时间顺序分别排列，方孔的用绳子穿好。我的收藏之旅就这样开始了。

我最早关注金银锭是在1998年，受到了一篇文章、一个小掌故的影响。其中一篇文章是：1944年美国钱币学会（ANS）上刊登的有着"中国古钱大王"称誉的张叔驯题为《一枚十二世纪刻字的中国银锭》的文章，这恐怕是最早研究银锭的文章。一个小掌故是：同治元年（1862年），皖南总兵唐义训驻休宁，掘得一窖藏，得银七千两，内有一锭，为南宋宝庆三年进奉给朝廷的大礼银五十两，被安徽独山莫氏获得。后递藏至中国古董收藏大家、金石家、钱币鉴藏家方若。1934年，上海富商陈仁涛以巨资购得方若绝大部分藏泉，亦包括此锭。解放前夕，陈仁涛离沪赴港，所藏也跟随出境。20世纪50年代初，陈氏有意出售其藏品，国家文物局局长郑振铎获悉后，向中央申请专款，最后以80万港元将其藏品带回内地，并入藏国立北京历史博物馆，即今天的中国国家博物馆。徐伯郊是经办人，徐先生还在香港回购了《中秋帖》《伯远帖》等国宝级珍贵文物。该银锭拓款也收录于罗振玉《贞松堂集古遗文》之中，这些都极大地引起了我的兴趣。

除了银锭外，我还收藏有部分古钱与纸币。对古钱文字、锈色包浆、历史的学习于银锭研究颇有裨益。而纸币上，特别是元、明、清古钞上的信息往往与银锭有着重大关联。换句话说，我对古钱及纸币的收藏，是围绕着银锭展开的。例如，银锭与铜钱的关系，可以在中国钱币博物馆馆藏金代银锭上看到有铭文"（银）每两（兑换）钱两贯文"字样。纸币与银锭的关系，可以在清代户部官票上看到"长山县搭解地丁"字样等，相互佐证，相映成趣。

我个人主要还是喜欢宋、金、元、明时期的金银锭，毕竟信息量更大一些。唐代部分存世稀少，难成体系，也可能是缘分未到。关于宋代部分，或许受陈寅恪"华夏民族之文化、历数千载之演进、造极于赵宋之世"话语的影响，关注得更多一些。自己原来也是个"半吊子"文艺青年，宋词元曲看过一些，明清小说评传也读过几部，有过这些历史背景的熏陶，不喜欢也难。金代银铤，当下也被许多藏友忽视，其品种也比较丰富，目前需要进一步整理。蒙元帝国的崛起，影响了世界格局，其地缘政治的影响直至今日。与之相关的文物包括银铤，也是欧亚学者们研究的对象。窝阔台、忽必烈等时期的银铤值得拥有。关于明代，银锭的最高价曾经都是由明锭创造，其品类十分丰富，一直以来是我关注的重点，难点在于品种、品相得兼者难觅。至于清代银锭，只留有少许人无我有的品种，不成体系。不是不喜欢，是前面冲刺了80米，这后面的20米有点体力不支，确切地讲，是财力不支。这些年，很大部分的清代顶级品种都有经手，怎奈"缘深财浅"。当然，君子以成人之美，给其他朋友找到一些好的藏品，也是我的荣誉。

在收藏之余，我还出版了一本书——《宋代银铤考》。兴趣是最好的老师，也是我写作的动力吧。写作期间还得到了浙江省博物馆、上海博物馆、首都博物馆、中国钱币博物馆、中国人民银行及拍卖公司等众多机构的大力支持。经过近5年的整理，2019年，此书最终在文物出版社得以出版。

我想借用古人的两段话来概括我收藏的感受。其一，明代张岱《陶庵梦忆》有云："人无癖不可与交，以其无深情也；人无疵不可与交，以其无真气也。"我是一名理工生，有着近20年制造业系统工程师的经历，高强度工作之余，这些藏品及其背后的文化给予我极大的放松。人需要一些爱好，需要对这个世界抱以热情、好奇。其二，宋代赵希鹄在《洞天清禄集》写道："人生一世间，如白驹过隙，而风雨忧愁辄居三分之二。其间得闲者才三分之一耳，况知之而能享用者，又百之一二，于百一之中，又多以声色为受用，殊不知吾辈自有乐地。"我的自有乐地，便是收藏这个领域。

/ 问答录 /

能介绍几件有代表性的藏品吗？

比如，我收藏的五十两宋代银铤"从事郎隆兴府左司理参军兼金厅监造 公用 赵（戳记）万盛"，是目前仅见的地方性支出经费"公用银"。这就类似于现在的公款。还有清代陕西浦城契税，是清代唯一的契税品种。

如何评判一枚金银锭是否值得收藏？

首先是品种，即其铭文所反映的信息量是否多、是否好，这是它的灵魂所在。其次，需要考虑品相。恰到好处的包浆、耀眼的光泽、规整的器型、深峻大气的戳铭等，都是判断品相的参照。最后，收藏因人而异，萝卜白菜各有所爱，能形成自己的收藏体系就很好，需要百花齐放。

人生一乐复何求

刘 源 作者简介

1975年出生，辽宁大连人。《中国花钱图典》《中国花钱图典续集》副主编，在《中国收藏》等刊物发表文章多篇，对古代民俗钱币的真伪、断代、内涵、炉别等方面有深入考证研究。

刘源藏品：
清紫铜錾刻鎏金天子门生挂钱

　　我的收藏启蒙最初源自我的奶奶，她当时传下两块普通的日本龙洋和一串清代铜钱。小时候不懂事，只知道龙洋是银的，所以值钱，而那些方孔铜钱大都做成毽子玩。20世纪90年代初上了高中，偶然发现邮局前有人摆摊收古钱币，就立即被伪满洲国的铜板、镍币上精美的花纹所吸引。从此就开始用自己少得可怜的零花钱来买这些古币，并和小摊老板们成为好朋友，可以说，这些小摊老板是领我入门的师傅。

　　20世纪90年代中期，我到沈阳农业大学读书，当时父母给的生活费是每月300元。这个生活费也就是普通家庭学生的平均水平吧，很多同学到了月末是没有结余的，而我每个月基本上会结余100元左右，然后用它去沈阳南湖公园的钱币市场买钱币。从学校到南湖公园，坐公交车要一个多小时，有时候为了省点公交费，就会骑一辆破旧的28自行车，猛蹬四五十分钟才能到达。

　　我的校园周末生活，基本上至少有一天是在南湖公园钱币市场度过的。在这里，我记忆最深的是"王大钱"钱币店，店主是一位个子不高、体形清瘦的老者，专门搞批量普通古钱。在他的店里挑大钱，是我学生时代最快乐的事。在他那儿挑的古钱币基本都是几毛钱一枚，他很照顾我这样的穷学生。在整个学生时代，我玩的都是普通古钱币，记忆中单价最高没有超过50元的。这段时期因为过手了大量的汉、宋、清钱，使自己的眼力得到了很好的锻炼，对古钱币的铸造工艺、铜质、书法、锈色等方面有了深刻的认识，为后来研究民俗钱币打下了坚实的基础。

　　20世纪90年代中期参加工作，当时月工资不到400元，除了交给父母一部分，剩下的也基本用来买钱币了。当时认为古钱币已经被先贤研究得比较清楚了，而民俗钱币尚未得到重视，未来研究空间很大，所以逐渐把精力聚焦到民俗钱币上来。当时可参阅的工具书很少，余榴梁等编著的《中国花钱》被我翻阅了无数遍。能买到像《中国钱币》杂志之类

/ 问答录 /

收藏不易，收藏有成更不易，能说几句感悟的话吗？

收藏贵在守心、成于情怀。没有内心执着的挚爱，是很难有所成就的。因为收藏之路，经常会因遇到挫折与诱惑而中止，例如，因不可避免地买到假货、修补品甚至直接被骗而心灰意冷；又如，遇到藏品价格暴涨时，很容易变现获利。

能讲一个花钱考证方面的故事吗？

花钱在研究过程中，有很多以讹传讹的考证，例如，所谓"麻姑献寿""老子讲经"之类，皆属"望图生义"。经过我的考证，上述内容皆为星官（准确说应为寿星）童女童子，属于宋金时期流行的道教题材。

的期刊也是非常快乐的事。

2000年以后，"古泉园地""开元泉社""义和泉苑"等钱币网站兴起，我们这些花钱爱好者如鱼得水，晚上经常泡在论坛里研究争论。当时的研究氛围特别好，为了一个话题会激烈争论好多天，可以说是网络推动了花钱研究的快速发展。这一时期，开启了花钱关于版模、年代、内涵、炉别、性质等细分领域的研究。我通过网络有幸结识了郑轶伟、陆昕、郭宜岭、郭健、赵阳、方称宇、孙爽、牛志新、刘春声、胡坚、陈宝祥、王明灿、范宁、叶迎君等大藏家，也和周玺、刘路等花钱大泉商交情甚笃，看到他们的藏品以后，我的见识和眼力有了快速提升。郑轶伟博士当时是美国圣云大学哲学教授，对我来说是亦师亦友。相识之初，他得到一枚孤品紫铜錾刻天子门生挂钱，因我喜爱毅然转赠予我，至今珍藏匣中已二十余载。2004年，我们共同编著了《中国花钱图典》，两年后又出版了《中国花钱图典续集》，是当时收录花钱品类最多的图谱。今天看来，这两本书中的谬误及不尽如人意之处很多，但对花钱的研究推动毕竟起到了积极作用。

2005年，在陆昕、刘春声以及"义和泉苑"倡议下，我们这些花钱爱好者齐聚北京召开了第一届花钱研讨会，并内部印刷研讨会文集，后来又陆续出版了6期文集。我陆续发表了几篇前人没有涉猎的文章，如《驮经图花钱考》《花说二郎》《宋金时期本命星官、本命元神及寿星考》《清代云贵炉花钱初探》《苏炉花钱初探》《粤炉花钱浅析》《东北地区的一些民国花钱》等，在中古神怪花钱题材和清代花钱炉别等方面做了有益的文化传播。

30年转瞬一刹那。今天的民俗钱币无论是研究成果还是市场价格，都发生了翻天覆地的变化，我们这些坚持收藏研究民俗钱币的人也都不同程度享受了时代红利。对于我来说，因钱结缘，收获了藏品，陶冶了性情，结交了好友，感悟了人生，幸甚至哉！虽然收藏的过程中我也不可避免地被骗过、被误解过、被骂过……但是这些负面小插曲在积极意义面前淡如云烟，反而助力我反省己过，提升境界。

人生一乐，夫复何求！

前无止境

不仅做一位名列前茅的授权经销商

刘德龙　作者简介

1980年出生，黑龙江尚志人。德泉缘创始人、海南德泉缘钱币博物馆馆长、中国收藏家协会钱币分会副会长、全国工商联民间文物艺术品商会钱币专业委员会副会长。

童年时期，奶奶送给我两块银元，一个"袁世凯像大头"，一个"孙中山像小头"，那时候我才知道当年用来交易的钱币不是当下流通的纸币，而是有着相当精美铸造工艺的真金白银。接到手里那沉甸甸的感觉，那立体精美的铸造工艺，那栩栩如生的人物形象，立刻吸引了我。当时就有一种非常神奇的感觉。就这样，带着种种好奇和疑问，我开始了钱币收藏之路。

当时，我在国内一直没有找到一家针对古钱币做专门鉴定评估的权威机构。直到2006年，我来到当时号称钱币收藏界的"黄埔军校"——北京报国寺。在这里，我结识了同乡徐东。徐东收藏机制币较早，当年在报国寺也是重量级藏家，当时还是美国PCGS钱币评级服务公司最早的一批中国籍会员之一。他建议我把奶奶留给我的钱币送到美国PCGS做鉴定评级，后来又推荐我成为美国PCGS的会员，教我送评流程。我在他的扶持下，在报国寺开了古钱币收藏店，开启了我的钱币职业生涯。

谈到PCGS评级，一开始我是帮助比较熟的朋友免费送评，但随着人们生活水平的不断提高，收藏钱币的队伍不断壮大，就有更多钱币收藏爱好者找到我帮他们送评。通过此举，我结识了全国各地收藏界的朋友，送评数量自然也变多了，很快我就被美国PCGS总部所重视。在一次香港国际钱币交流会上，当时的PCGS总裁Don Willis约我见面，通过愉快的交谈后，总裁当时就决定在PCGS官网上发布：授权我为中国北京PCGS特许经销商，在标签上标注我为PCGS收藏家。在PCGS的推广下，我的代理送评数量越来越多，迄今为止我一直是PCGS官网公布的排名第一的授权经销商。

为了能更好地为泉友服务，我在2011年创办了德泉缘。当时的想法是：具有品德高尚的有识之士通过共同爱好成为泉友，有缘相聚，发挥各自的能量，共同努力打造健康、和谐、多品类的鉴定收藏服务平台，帮助更多的收藏爱好者一起开心快乐地学习成长，为中国乃至全世界的收藏爱好者做好服务。美国 PCGS 总部也专门为德泉缘设计发行了"德"字中国龙的专属标签。

近年，随着国家文物政策的优化，政府不断推出利好政策，推动着文物艺术品市场的健康发展。在此情形下，民营博物馆如雨后春笋般建立，但其中以钱币类为主的却屈指可数；同时，民营博物馆主要集中在北京、上海、江苏、浙江、广东、重庆等经济较为发达的地方。于是，作为多年收藏钱币的人，我慢慢地在心里萌发一个梦想——建立一座有特色的中国历代钱币博物馆。

海南省作为全国唯一的国际自由贸易港示范区，这些年发展迅猛。同时，海南当地文化政策十分利好，非常鼓励民营文化机构的建立和发展。因此，在众多条件汇集之后，便让我决心在海南实现建造博物馆的梦想。

2021年，在当地政府的扶持下、在我的恩师的指导下、在全国收藏界同人的大力支持下，海南德泉缘钱币博物馆孕育而生，儿时的梦想终于成真！博物馆坐落在海口著名旅游打卡地——"华谊冯小刚电影公社"南阳街区 4-5 栋，这里拥有得天独厚的人文地理环境，也是海南省第一家民营钱币类博物馆。博物馆为两栋四层，藏品近千件。除本人部分藏品以外，大多数来自世界各地知名钱币收藏家的捐赠。馆内藏品几乎涵盖中国历代货币品类，如贝币、刀币、布币、金银锭、金银币、纸币、铜币、镍币等，还有数枚未发行的珍贵样币，亦有部分外国钱币，品种丰富，形式多样。

博物馆秉持初心，以弘扬中国钱币历史文化为核心宗旨，充分展示钱币文化魅力、科普钱币知识，并作相关学术研究和科学研究。同时，作为民营博物馆，我们充分利用自身优势，填补地方文化圈层的不足，积极履行社会责任与功能，丰富公共文化服务，一步一个脚印，认真书写中国历代钱币的美好篇章。

| 海南德泉缘钱币博物馆

/ 问答录 /

在与国外同行的交流合作中，你有什么理性的感悟？

国内钱币收藏行业的兴起较晚，我们在与国外友人的合作中，不断汲取他们超前的收藏理念，学习他们成体系的鉴定标准，推动国内钱币领域向国际看齐，走出一条属于我们自己的收藏之路。

你觉得博物馆最大的意义体现在哪里？

收藏可以减轻压力、带来快乐、增进友谊、丰富知识、增加财富，收藏可以让我们的心态变得越来越年轻。基于此，我建立德泉缘钱币博物馆，是希望把钱币收藏的那份美好带给更多的朋友，带给我们新一代的收藏爱好者。

前无止境

钱币，可为国家扩大更多影响的话题

到中华人民共和国外交部后，或长期在驻外使馆工作，或到国外出差，经停许多国家，接触最多的普通之物是钱币，特别是硬币，从材质、造型到不同色泽和图案，吸引了我的注意力，逐渐产生了收藏兴趣。

各国钱币，仿佛是一本永远读不完的大百科全书，涵盖政治、经济、文化、历史、信仰、物产、民俗等各个方面。钱币本身涉及材质、科技、工艺、设计理念、防伪、经济状况和社会发展水平等诸多方面。这些知识与外交密不可分，因为外交工作涉及人类社会、大千世界的方方面面，外交人员必须具备广博的知识并触类旁通，而钱币是文明社会流通最为频仍的中介物，所以它成为游向知识海洋的一个重要的入口，是我汲取各类知识的一个跳板。我在对外交往中，无论对方来自哪个国度，也无论他从事的是什么职业、有什么专长，都可以找到双方感兴趣的话题，拉近彼此的距离，为国家扩大更多的影响，争取更多的利益。

我在驻约旦使馆工作期间有个小插曲：一般情况下，两国元首在建交纪念日时会互致贺电；为多做工作，我建议大使借鉴约旦国王侯赛因逢新年向外国驻约旦使节发签名贺信的做法，在他加冕日以大使名义致贺。国王1952年8月11日登基接替其生病的父王，但继续在英国的学业，1953年5月2日方正式加冕为约旦国王。我的几位同事对加冕日有异议，我遂展示我收集的加冕纪念币予以佐证。

东地中海地区是欧美硬币的发祥地，以人物、神祇、兵器及动植物为主的图像令人眼花缭乱，大多觉得陌生。"兴趣是知识的捷径。"每每下班后，我便挤时间理理钱币。清洗之后，为弄清图像，查遍各类工具书，当时刚出版的《大英百科全书》令我受益最多，上班时繁忙工作带来的疲劳消失殆尽。我刚起步收藏外币时，主要是通过在各使馆工作的熟人朋友，或跑遍全世界的外交信使。第一次收集朝鲜硬币，是通过在对外友协的朋友，托他在驻朝使馆工作的夫人休假时带回北京，让他的女儿交给同校的我的女儿。当我从女儿

刘振堂　作者简介

1945年出生，辽宁凤城人。1969年毕业于北京第二外国语学院。1972年进入中华人民共和国外交部，历任中国驻黎巴嫩大使、中国驻伊朗大使，曾任外交部集币协会秘书长，现任中国钱币学会理事。

刘振堂藏品：
约旦国王侯赛因登基25周年纪念币

手中接过后发现少了一枚一钱铝币。一个星期后，我到外交部附近的朝内菜市场买菜，服务员找零时，竟有一枚朝鲜一钱铝币！苍天在上，这枚硬币没准儿就是我失落的那枚硬币呢。

无独有偶。不少国家因通货膨胀，小面值硬币淡出市场。我为收藏突尼斯1米利姆硬币，拜托我在突尼斯工作的同事。他到突尼斯名胜迦太基游览时，偶然发现路旁土里露出半截硬币，他拿起来一看，恰恰是我托他找的突尼斯1米利姆硬币！

1990年，外交部几位世界硬币收藏者搞了一次内部硬币展览，之后我与另外三位同事发起成立外交部集币协会，由外交部工会监理，由一位外交部领导出任会长，并于1992年以集体会员身份加入中国钱币学会。

外交部集币协会成立后，吸收了150多名成员，搞了不少颇具口碑的公益活动。

1991年12月3日，在上海举办首次外国钱币展，由钱其琛外长题名"万国铸币展"，首任会长杨福昌副部长出席开幕式并致辞。随后又在深圳、北京和广州等地举办了展览，对全国外币收藏起到了推波助澜的作用。

为配合外币收藏，协会编印《世界现行硬币图册》《世界流通铸币》等。

我在黎巴嫩工作期间，结识了一些钱币收藏界朋友，借机为中国钱币博物馆购买了一些罗马、拜占庭和腓尼基硬币，以及部分中东国家的钱币图书。我在伊朗工作期间，与伊朗国家钱币博物馆协调，促成中国钱币学会代表团和部分外币收藏者访问伊朗，与伊朗方建立了长期合作关系。

几十年的钱币收藏，我积累了200多个国家和地区流通硬币以及部分国家的纪念硬币与纸币，我充分享受了集藏的过程，而这些藏品何去何从，如何让更多人收益，理所当然成为我考虑的问题。经与家乡沟通决定，将这些硬币、纸币和有代表性的中国古币以及外交签名封，包括基辛格等人签名的纪念封，悉数捐出，在家乡丹东凤城市文体活动中心专辟"刘振堂世界钱币馆"，作为青少年教育基地组成部分和邻近4A级景区凤凰山的旅游景点之一。

/ 问答录 /

收藏外国钱币，你获得的最大乐趣是什么？

我收藏外国钱币，最大的乐趣是广结世缘，拓宽视野，充实长期单调的驻外生涯，积累了更多的国际知识，提高了对外交往的能力和水平，悦己利国益他人。

你对年轻收藏家有什么建言？

我对年轻收藏家的建言是，将收藏与研究、求索有机结合，在知识海洋里畅游；人的精力有限，宜选适合自己的专题深耕；勿急于求成，多请教，多积累相关知识和经验，一步一个脚印积土成山；要量力而行，充分享受集藏的过程，切莫掉进"钱眼"里。

民俗钱币与我终身相伴

陆 昕 作者简介

1967年出生，北京人。中国民主建国会第十一、第十二届北京市委文化委员会委员，中国收藏家协会理事，中国钱币学会理事，全联民俗钱币文化中心理事长，新加坡钱币学会顾问，吉林省收藏家协会名誉会长。

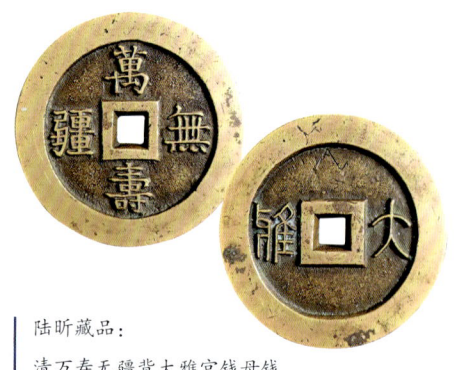

陆昕藏品：
清万寿无疆背大雅宫钱母钱

我对钱币的爱好始于20世纪80年代初。记得在我家附近的邮局前有块空地，是集邮爱好者交换交易的场所，里面也掺杂着一些售卖古钱币的地摊。当时没有古钱币方面的参考资料，全凭自己摸索，我的眼力也靠着一次次的"打眼""交学费"逐步练就而成。进入20世纪90年代，古玩市场的形成是钱币收藏的契机，特别是1997年北京报国寺收藏市场的开放，吸引了各地泉友纷至沓来，使之成为全国首屈一指的古钱币集散地。

我的一些重要藏品也淘自报国寺，当时我已经把收藏方向设定在民俗钱。受到钱币圈传统观念的影响，那时的民俗钱还未得到应有的重视，价格也起不来。因为收藏民俗钱的人相对较少，和我竞争的人也有限，就有机会挑选。我记得在报国寺有很多好钱摆在泉商的柜台里几年没有卖掉，我就有机会一遍遍上手揣摩学习，商谈价格，最终收入囊中。现在让我总结经验，我认为收藏不能只赶时髦，对一些冷门品种要多加关注，逢低吸纳，预见到它们未来的发展潜力和空间。

古钱币收藏的第二次飞跃是21世纪初互联网的出现。钱币网站、论坛在极短时间内就积累了海量的钱币信息，论坛里的探讨交流也极大地促进了钱币知识的传播，我对钱币的认知得到了迅速提高。钱币网站营造的圈子，使泉友的交流更加便捷，相互交易也越发精准。这种变化对我的收藏也产生了极大的影响，网上交易逐步替代市场交易。然而由于信息的透明使捡漏变得更加困难，新的交易模式也推高了钱币的整体价格。这个时期我的收藏策略是集中优势"兵力"拿下精品。

2003年，网络拍卖刚刚显现，在开元泉社网站的拍卖上出现了一枚清万寿无疆背大雅宫钱母钱。该钱为慈禧太后六十大寿所特铸，用来赏赐臣属，是公认的大名誉品。这枚钱的主人是一位加拿大的华人藏家，这位藏家已将此钱珍藏了18年，对它的价值也非常了解。他设定以底价7万元起拍，这个价格在当时可谓天价。因为当时市场上极美品光绪通宝背天下太平宫钱的成交价仅为2000元，而普通的道光背天下太平也仅为

350元。对于如此高标的拍品，网站提供的有关这枚钱的信息仅仅是一张图片，而且偏色严重。很多人在网上论坛讨论此钱，由于未能看到实物，使得说法不一，真伪难辨。回想当时为何能坚信自己的判断，一举拍下这枚大珍，我认为首先是信息的积累以及知识的储备，当年曾经上手过大量的宫钱，对宫钱所具备的特征和气韵可以说是了然于胸。其次是魄力，顶级珍品一定是贵的，一定是需要付出代价的。但往往珍品的历史价值、学术价值和未来的经济回报都是最高的。遵循收藏精品的原则，我陆续以收藏各个时代有代表性的民俗钱为目标，构架自己的收藏体系。经过近40年的努力，藏品基本涵盖了各个时期的民俗钱精品。

近年来，民俗钱币的收藏和研究越来越受到重视。我的藏品也陆续在中国钱币博物馆、浙江省博物馆等机构展出并获观众的好评。在对民俗钱币的探索和研究上，我在《人民日报》《中国收藏》等主流专业媒体，以及《中国钱币论文集》《中国民俗钱币研讨会文集》等资料上发表论文80余篇，并担任《中国民俗钱币研讨会文集》《南宋钱汇·民俗钱编》等资料的主编。我还多次参加国家博物馆举办的钱币学术研讨会，宣读了《两宋宫钱述要》《清代中晚期钱币收藏圈与收藏观》等多篇论文，受到与会专家学者的重视。

此外，在对贵州民俗钱币的研究中，我们发现贵州黔南地区的某些民俗钱上带有水族文字和纹饰。于是自2015年开始，通过多次走访水族地区拜访水书先生和专家学者，对水书民俗钱的断代、性质、用途等方面进行了系统研究。同时，联合中国钱币学会和国家质检总局艺术品备案中心为至今发现的所有水书民俗钱币做了专项鉴定和备案。这项工作得到了贵州省水书申遗办公室的高度认可，为助力水书申办世界记忆遗产作出了贡献。

近年来，我的研究方向还涉及对清代至民国钱币收藏史的研究，陆续收藏了50余位金石学家、钱币学家的往来信札及文章手稿数百件。通过对这些珍贵文献的研究，我撰写了《戴葆庭致骆泽民信札解读》等文章，发表在《戴门弟子藏泉及文选》一书中。以收藏和研究相伴始终，这无疑是令我获益终身、享受终身的事业。

/ 问答录 /

在民俗钱币收藏方面，你有引人注目的成就，能谈谈你在组织这支队伍的活动中取得了哪些成绩吗？

我从2007年起发起成立中国民俗钱的专业团体。经过藏友前后16年来的不懈努力，通过召开学术研讨会、出版论文集深入挖掘民俗钱币的传统文化内涵，建立了民俗钱币的学术框架体系。借助传统渠道以及新媒体立体化的传播，努力讲好钱币故事，活跃收藏氛围，同时影响和带动更多的年青一代喜爱钱币，将华夏文明之火传承和发展下去。

万寿无疆背大雅宫钱是为慈禧太后六十大寿所特铸，虽已时过境迁，但其铸造过程一定有引人入胜的故事，能介绍一些吗？

清代宫钱主要有赏赐、祝寿、祭祀、上梁、坠袱、挂灯等用途，一般由造办处委托钱局铸造。宫钱的铜质精良，至少要六炼以上，形制大小、厚度也有特别规制，要经皇帝亲自审验通过。万寿无疆背大雅宫钱母钱符合清晚期宫钱规制，且因为是母钱，其内穿、字口均经过精修，较普通宫钱更加精美、细挺，是目前仅见的珍品。

爱上"西域瑰宝"

我出生在安徽省合肥市的一户普通人家，童年所在的小院子与李鸿章故居仅"一墙之隔"。到现在，我还能清楚地记得修建故居时带领小伙伴"翻砖头、捡瓦片"的经历，或许从那时起我便与历史结缘。小时候，妈妈常带我去外婆家，每每那时我便"翻箱倒柜"搜罗各种老物件，有像章、小铜钱、老信封、旧邮票等，慢慢从中便开始产生了对老物件的热爱。我人生中收藏的第一枚古钱币便是在外婆家里收获的新莽"大泉五十"。据妈妈说，那是她小时候"踢毽子"的遗留产物。然而将锈迹斑驳的钱币清理干净后，年幼的我仍然认不出里面的文字。在一番"自我推理"加"查阅字典后"，将其误识为隋文帝"大业十年"钱币，还产生了一段笑话，直到我上大学借阅了第一本古钱币书籍，才识得"庐山真面目"。

我正式开始古钱币收藏是在来到上海以后。大学时，我家搬到了宝山的大华地区，在大上海终于有了一个安稳的港湾。巧的是，家的附近就有聚奇古玩城，无意间的路过促使我机缘巧合地"闯"进了一家钱币店。店主姓方，白白净净、斯斯文文，满墙的古钱币顿时吸引了我。在那里，我购藏了一枚新莽之作——货泉。其外圆内方，字口犀利，悬针篆字，委婉悠扬，既有伫立的风骨，又有婀娜的身姿，仅10元便收入囊中。从此，小小的古币蕴含的历史知识、文化积淀、书法艺术便深深地吸引了我，成为我收藏的主要方向。

起初，我收藏钱币的主题是"历朝历代"，从西周的贝币开始，到民国的银元结束，风风雨雨的华夏历史便尽收眼底，也促使我完整学习古钱币知识，积淀了较好的历代纲目品种框架。通过清理、保养锈蚀严重的钱币，我有效地提升了自己的鉴定水平和辨伪能力，因为在那个裸币交易的年代，一旦"打眼""吃药"，损失的是自己。翡翠般锈色的先秦刀币、艺术巅峰的徽宗瘦金体、较为少见的明代隆庆大明通宝背帅、黄亮的咸丰当五十及当百大钱都是我喜爱的藏品。

母 帅 作者简介

1987年出生，上海人，华东理工大学电子通信专业硕士研究生。喜爱收藏中国历代古钱币，尤爱新疆地区的"西域瑰宝"，是《中国收藏》《宁夏钱币》等杂志长期撰稿人。

/ 问答录 /

> **你不仅热爱收藏,也在做研究,请问在新疆钱币的收藏方面,有什么心得体会?**
>
> 在互联网信息发达的今天,收藏一枚精美的新疆钱币并非难事,但收藏一套品相好兼具品种优的新疆钱币却实属不易,这也正是我热爱新疆、热爱新疆钱币的原因之一。
>
> **"掌柜泉社"的成员都是哪个年龄阶段的人群?这个人群对钱币收藏有什么共同理念?**
>
> 社群的成员从十几岁到七八十岁不等,都热衷于中国古代钱币收藏。大家普遍认为,当今社会进步快,学习、探索中国优秀传统文化尤为重要,古钱币是一个很好的载体,是今人与古人文化沟通的桥梁。

我曾在"古泉园地"网站上看到一位老藏家展示他全部的乾隆红钱。起初,我认为新疆钱币地处偏远、工艺粗糙,不愿涉及。直到我工作后,有机会接触新疆,了解独特的西域历史文化,才深深地爱上了这片土地,才找到收藏的更高境界,那就是"漂亮的内地钱往往有钱可买,精美的新疆币一枚难求"。新疆由于它的特殊性,致使钱币品种多、做工糙、铸量少,品相好的钱币十分难得,而稀有品种加好品相更是有钱也买不到,想要收集好的新疆古币及银币,是需要更多的热爱、关注和耐心的。于是,我回归到了收藏的本源。

在我收藏的新疆银币中,有一枚"疆银之王"——新疆喀什道大清银币湘平壹两。此钱包浆醇厚,打制清晰,十分罕见,与我收藏的另一枚湘平二钱,如同爷孙,相映成辉。湘平二钱的获得是个偶然的机会,因为是辅币,钱体很小,加之新疆币比较冷门,店主也就很少拿出。我是与其攀谈很久后在一个小册子内发现的。其龙鳞清晰,身小头大,双眸上翻,着实可爱,我也以较低的价格捡漏成功。而我最喜欢的红钱是一枚新疆阿克苏造的咸丰元宝当百大钱。此钱为传世状态,红润有光泽,字口十分犀利,一笔一画清晰有力,边道上还有铸造时留下的搓痕,完整地保留了铸造工艺,属于未流通状态。

在闲暇之余,我还十分乐意与同好藏友们交流。在上海的藏友圈子里,组建了"掌柜泉社",每月热爱古钱币的朋友雅集,相互分享,交流藏品,真是不亦乐乎。从2018年8月成立至今,上海掌柜泉社已举办了近百场活动,促成几十位藏友上台分享,成为沪上藏友交流的一方乐土。

母帅藏品:
新疆红钱咸丰元宝背阿克苏当百

前无止境

历经三届纸币展

"宇宙星云皆电迹,天涯海角尽邮踪。"廖沫沙先生的这句话,让我对邮票有了最初的收集冲动。宇宙星云,天涯海角,对于年少的我是无尽的浪漫想象。我依稀记得,每次我拿着新的邮票,都会缠着父亲给我讲其背后的寓意以及它独有的故事。而随着对集邮的深入了解,我的兴趣又延伸开来。在一次与父亲的聊天中,他与我讲了钱币的由来和发展过程。那一次,我脑海中仿佛升起了一盏灯塔,集邮给予了我热忱,但钱币的出现指引了我未来的发展方向。我开始对钱币进行深入的了解,"传承延续"时至今日。在我年过半百之际,回想起这四个字,依旧能感到热血在我心中沸腾。

学习的过程并非一朝一夕,在这个过程中,我方知硬币与纸币并非同一门类,于是选择了对古代纸钞和天津地方纸钞做更深一步的收藏研究。抑或是纸钞选择了我,似缘分一般,我看着一张张钞票时,仿佛看到了其设计者、制造者、使用者和拥有者内心的千山万壑,仿佛置身其中,知其然,我更想知其所以然。学习研究近几十载,我才觉得自己仅仅学到了一些皮毛。随着对其了解的深入,才感知到一幕幕历史的发展,就是纸钞的更迭。

2009年,中国历代纸币展举办。作为发起人之一,我切身地感受到了传承的重要性。每一张钱币,都是一个时代的名片,是一段历史的缩影,是一段时期的见证者。不同的朝代,所使用的钱币符号名称、版别样式、制钞方式都有所不同。每一张钱币除了在某一特定时期所具有的支付功能之外,更是一件精美的工艺品。第一次展览的圆满成功让我坚定了传承延续的初心,也吸引了更多志同道合的朋友。此次展览,让我对纸币的了解更加深刻。我认为纸币收藏的价值不光在于它的价格,还在于其艺术欣赏功能。无论是古代钞票还是近代钱币,无论是已经退出流通领域的纸钞还是现时流通的人民币,它们的图案中不仅有代表性的历史人物,也有名山大川、风景名胜、万草千花。这些艺术图案都是经过

马长海 作者简介

1972年出生,天津人。中国钱币学会纸币专业委员会副秘书长、天津市钱币学会理事、第一届中国历代纸币展发起人、第二届及第三届中国历代纸币展策展人。

知名艺术家们反复揣摩、精心设计的，是一幅幅精美绝伦的艺术品，有着极高的艺术价值和欣赏价值。

2013年，第二届中国历代纸币展举办。作为策展人之一，我依旧又经历了一次学习的过程。随着与来自五湖四海的朋友们的沟通与交流，我对天津地方纸钞也有了更深的了解，同时也是带有浓厚的故乡情结，对家乡相关的藏品倍加喜爱。

2017年，第三届中国历代纸币展举办，盛会临门，门庭若市。那次中央电视台对我进行了采访，我感到了喜悦且惶恐。喜悦的是，多年为传承延续的努力终再升华；惶恐的是，自己并未触及高峰，一直处于学习的阶段。在采访中，我说道，纸币既能够让我们回顾过去，感受历史在岁月长河里的变迁，又能够丰富我们的生活情趣，陶冶情操，而更为重要的是，它是一种文化的延续和知识的传承。

时过境迁，于纸币收藏行业我也学习了30多年，时间刹那至今。当下，纸币的发展与历史作用已通过越来越多的渠道为大众所知。我参加了不计其数的展会与拍卖，见证了各种各样的钱币的流通运转以及其价值被认可的过程。我与钱币为伴，从中学，从中得，从中不断地丰富自己，始终不忘传承与延续的初心。掌中"轻如鸿毛"的小小纸币，它背后一路演变的厚重历史，才是传承的价值，才是延续的意义，才是中华上下五千年华夏儿女智慧的结晶。

马长海藏品：
清光绪丙午年造李鸿章像北洋经武银号库平足银壹两

/ 问答录 /

作为发起人和策展人，你觉得中国历代纸币展成功的关键是什么？

纸币展以年代为主线，涵盖古代纸币到现代纸币精品3000种以上，并同期推出各类专题展览。每次展览的成功都少不了同好的齐心协力和藏友的大力支持。

你围绕"传承延续"谈了许多，对今后个人有什么展望吗？

今后，我的主要精力还是放在纸币上，认真努力地做好推动纸币行业发展的各项工作，让更多人了解中国纸币文化的博大精深。通过线下与线上相结合的方式，传播和发扬中国纸币文化。

愿做研究河北纸币的"拓荒牛"

　　1975年年初,我来到河北省无极县泗水公社当了一位放映员。公社放映队住在公社大院,同大院的除了公社秘书处还有武装部、妇联和信用社。信用社的信用员每周下乡几乎都会收回来一麻袋一麻袋的"老票子",就扔在信用社邻屋的"仓库"里,这里也不上锁,也没人对这些花花绿绿的"老票子"感兴趣,可我却很喜欢,于是一样一张地挑品相好的收集。日久天长,竟也收集了好几十种"老票子"。

　　1977年1月,我应征入伍要去天津当兵,临走的时候将这些"老票子"郑重其事地交给了我的母亲。直到1981年年底我复员回到了家乡石家庄,并进入中国人民银行工作,才又想起了我那些"老票子"。母亲从大衣柜的最底层谨小慎微地拿出来一个小包袱,并小心翼翼地一层层打开,我交给她的那些"老票子"依旧原封不动地夹在书里,一时间我被感动得差点落泪。从此,我的纸币收藏正式起步了。

　　20世纪80年代,人们刚刚开始有些集邮的意识,却还不知道收集钱币和废旧纸品,而银行还可以收到和兑换"老票子"。1993年,一个偶然的机会,我认识了中国纸币收藏大家徐枫和赵隆业先生,从此我的纸币收藏开始走向"专业"。在他们的悉心指导下,我开始专心收集和研究河北历代纸币,特别关注晋察冀边区货币。30多年来,我不但寻遍了晋察冀所有的收藏市场和藏家,更是跑遍了冀中各县。

　　2010年10月,在河北省博物馆新馆开馆之际,我将自己寻觅、珍藏了30多年的"晋察冀革命根据地货币"藏品集入藏了该馆,其中包含一对于1944年发行的晋察冀边区银行兑换券,它不仅珍稀罕见,而且流传有序。晋察冀边区银行兑换券共有两种,面值分别为壹仟圆和伍仟圆,设计印刷年号为1944年,1945年春开始对外发行。但是就在壹仟圆券刚刚发行不久、伍仟圆券还未扩大发行之际,中国的抗日战争就取得了全面胜利,中国的时局也发生了巨大变化。这种以筹集资金为目的的兑换券随之失去了原本的意义,边区银行即

牛双跃

作者简介

　　1956年出生,河北无极人。中国收藏家协会理事,河北省钱币学会学术委员,白毛女艺术陈列馆名誉馆长。出版著述10部,文章或著作多次获奖。《晋察冀边区货币图鉴》《冀南银行货币图鉴》等著作入藏多家国家级博物馆和纪念馆。

牛双跃藏品：
民国三十三年晋察冀边区银行兑换券壹仟圆券和伍仟圆券

令停止发行，同时拿出其中一个号段打孔 PAID 作为"票样"存档。因此，这两种兑换券存世都颇为稀少。

在 1966 年以前，徐枫听说有位银行领导手里有两张晋察冀边区银行兑换券，就跑去找他。得到这两张兑换券不久，徐枫因和周璇主演过电影《渔光曲》受到冲击。面对自己心爱的纸币，他只好拿油纸包好深埋到公园的一角，这才让其躲过一劫。20 世纪 90 年代初，我和徐枫在北京相识，当时就得知徐枫手里藏有这两张晋察冀边区银行兑换券。我一下子就"瞄"上了。从北京南礼士路花园市场追到月坛市场，继而德胜门、中国地质大学，一直追到报国寺收藏市场，最终才如愿以偿。

在我的藏品中，除了这两张兑换券，晋察冀边区银行发行的第一枚纸币壹圆券"小黑马"、晋察冀边区银行发行的"铜牛贰角""割稻图壹佰元未加盖冀中分行"币以及冀中区各县农村合作社流通券中的"徐水1940 年伍分券""壹角券""贰角券""博野县 1940 年伍角券""深县 1940 年伍分券""无极县 1939 年壹角券""贰角券"等，都是极难得的珍品。

我收藏和研究边区纸币主要缘于三种情结：第一是历史情结，主要是为了见证无数革命战士在极为残酷的战争环境中，为边区金融事业作出的巨大贡献；第二是责任情结，晋察冀边区纸币实物收集困难，如果我们在盛世收藏中肩负起一种责任，就会最大限度地保护这些珍贵的革命文物；第三是故乡情结。我生在河北，根在冀中，一个钟情收藏的人，首先应该收藏他故乡的历史。

在收藏的同时我还注重研究，多年以来写出了很多有关纸币研究的文章发表在报纸杂志上。如今，我已经完成了计划中的"河北历代纸币丛书"，目前正在努力完成我的专题集钞系列。

收集河北历代纸币只为我研究所用，也许有一天它还会散落到有缘人的手里，但是研究河北历代纸币并著书立说是我一生的追求。为此，我愿做研究河北纸币的"拓荒牛"！

/ 问答录 /

敢问"拓荒牛"，你的纸币作品出版后产生了良好社会影响，你有过满足吗？
俗话说"活到老，学到老"而"学无止境"，我还要继续努力。

作为一位知名的收藏者，你对全国钱币收藏事业有何展望和期待？
我对全国钱币收藏事业是充满信心的。其一，钱币收藏不单民间组织健全、活动频繁，而且官方也一直在极力参与和推动。其二，钱币收藏不但后继有人，而且后来居上。

爱"钱"如命

钱立新

作者简介

1941年出生，浙江嘉兴人。中国铁道科学研究院研究员、博士生导师、名誉首席专家。获得国家级有突出贡献中青年专家称号。曾获国家科技进步奖一等奖、二等奖、三等奖各一项，主编出版的《世界高速铁路技术》一书获第14届中国图书奖。

我的家乡在浙江嘉兴。从嘉兴秀州中学完成高中学业，考入上海交通大学机车车辆系，1964年毕业后在中国铁道科学研究院工作。50多年来一直从事铁路高速、重载关键技术的研究开发，对我国铁路发展充满着感情。尤其是改革开放以后，1981年，我获得全国第二批赴美国进修访问的机会，正是这次赴美进修，不仅丰富了我的铁路专业知识，也引发了我对铁路钱币集藏的兴趣。

起初，我去美国邮币卡商店买邮票，惊奇地发现这里居然还有钱币在卖，铸造精美的"小钢镚"立刻就成为我的新宠。花了不多的钱，我就将1938年至1981年每年的美国林肯像1美分币都收全了。收藏有了兴趣就一发不可收，我将各国流通币收了一大堆，也包括一些国家发行的铁路纪念币。回国后，我结识了收藏和研究外币的专家傅惟慈教授、李铁生教授，还有人物币集藏大家范贵林先生。在他们的启发帮助下，我从泛泛集币转向专业集币，毫无疑问，我的专业所长——铁路有关的钱币就纳入我的主题收藏范围。

30多年来，我投入了极大的精力收藏铁路币，虽然成绩斐然，但也充满了艰辛和曲折，尤其是追寻了20年之久的世界上第一枚铁路币，这是1918年德国开姆尼茨地方政府发行的一种铁质代用币。对此，我特别请教傅惟慈教授，他对德国的钱币历史非常了解。他说记得德国在第一次世界大战末期发行过一批紧急时期代用币，隐约记得其中有铁路的代用币。这使我更有信心追寻这枚币。因为这是全球第一枚铁路币，我绝对不能放弃。"功夫不负有心人"，2002年，北京报国寺一位老币友从北欧寻找到一批欧洲各国的代用币，看了之后我凭直觉，果断地将其全部打包拿下。果然，我在里面发现了这枚铁质代用币，20年梦想一朝得圆，自然心中无比喜悦。

收藏钱币其实就是传承文化，钱币除了具有实用价值外,它能把特定时间、文化以及曾经发生的历史永远凝固在上面,一代又一代顽强地传递下去,它是一座小小的丰碑,永远不会倒塌。据美国克劳斯《世界硬币标准目录》的统计,目前已有 51 个国家和地区发行了以铁路为主题的硬币 130 种,我已收藏了 43 个国家和地区的铁路为主题的硬币 110 种。在中国钱币博物馆的主持下,2013 年 6 月 18 日,"硬币上的世界铁路——钱立新钱币收藏展"在该馆开幕,中国钱币博物馆馆长周卫荣致开幕词。原铁道部部长傅志寰作为嘉宾发言调侃说:钱立新是一个爱"钱"如命的人,所以能有今天这么高的成就,并希望现场的观众"向钱看齐"。展览之后,2015 年,我的专著《硬币上的世界铁路》由中国铁道出版社出版发行,这是国内第一部铁路钱币专著。

在收藏铁路币的同时,我的另一个方向是收藏人物币,重点是收藏科学家、文学家、美术家、音乐家。我正在撰写《世界硬币上的科学家》《世界硬币上的文学家》《世界硬币上的美术家》《世界硬币上的音乐家和表演艺术家》四部书,任务虽很艰巨,但我还是有信心的。

钱立新藏品:
1987 年詹天佑诞辰 125 周年纪念银币

/ 问答录 /

从铁路技术研究开发专家到铁路钱币收藏专家,其中的关联不言而喻。能举例谈谈关联之中的收获和价值吗?

铁路的技术进步在小小的钱币上都真实地、艺术地反映出来,也使艺术和科学在钱币上汇集成一体。

以铁路为主题的世界钱币,你收藏了大部分,有信心在不久的未来收藏齐全吗?

现在已经收集了 90% 左右,相信终有一天会集齐。

前无止境

由钱币实物教具说开去

我从1981年开始古钱币收藏，至今已有40余年。

1980年师范毕业后，我担任中学历史教师，那时的中学历史课本上就有秦始皇统一货币的内容。在历史教学中时常会有学生问我："战国刀币有多大呀？""秦国的半两钱有多重啊？和我们现在的半两一样重吗？"说实在的，在那个年代，教师也没有见过这些货币的实物，相关资料也匮乏，面对学生的提问，我会感到尴尬并为之而困惑。

我想起了毕业典礼上校长的话，"要想给学生一碗水，咱们教师就要有一缸水的储备"，从而萌生了找实物货币标本做教具，用实物教具教学的念头。我课余时间跑到废品收购站，正好赶上收购站有一批七八十斤西汉到宋辽金时代的古币，还有一批400多斤明清时期的货币，这对于我来说太解渴了。从那以后，我就经常跑收购站。功夫不负有心人，在1986年河北省中学创优教具评比活动中，我收集制作的"中国历代钱币"实物册荣获一等奖。我的历史教学工作也取得了优异的成绩。历史教学工作的需要，让我与古钱币的收藏结下了不解之缘。

1998年，我加入了中国收藏家协会；2015年，参与筹建了高碑店市收藏协会，并担任副会长；2015年5月，河北省收藏家协会钱币委员会成立，我任副秘书长，后任钱币委员会副主任；2024年，任河北省收藏家协会理事，兼任钱币委员会副主任。

2001年至2003年，我先后应邀给河北职工大学、河北工程技术职业学院的旅游文物鉴定专业讲授了"中国历代货币收藏与鉴赏""瓷器鉴赏与收藏"课程。当时没有合适的教材，我就自编讲义，自带实物教具。2016年，我在河北省高碑店市举办了"高碑店市首届中国历代钱币精品展"，一些媒体进行了报道。2015年9月，中国收藏家协会组织在石家庄举办中国"第十四届民间收藏文化高层（河北）论坛"暨京、津、冀、鲁、豫、内蒙古、晋七省市文物精品联展，

祁新玲　　作者简介

1960年出生，河北高碑店人。河北省收藏家协会理事兼钱币委员会副主任。

我展出的战国刀币钱范一组荣获银质奖。2016年，我任副主编参与组织编写了《高碑店收藏》，由新华出版社出版。

2023年1月，在河北省高碑店市我用自己的藏品创办了钱币博物馆，馆藏有战国钱范等铸钱工具、各种贝币、布币、刀币等，种类全、数量多，不乏有填补钱币史空白的品种。这里还有秦、汉至明、清、民国时期的铜币、银币、金币和纸币。馆藏中最具特色的当数战国时期的钱范、铸钱炉等铸钱工具，尤其是模压、陶范砖等的发现为研究钱币铸造史增添了新的史料，填补了一大实物空白。

我收藏的尖足布"阳邑半"也是目前已知范围内的孤品。阳邑多以方足布的形状出现，尖足布阳邑在国内估计存世十枚以内，而尖足布阳邑半目前是已知的孤品。在我的藏品中还有一枚燕明刀币，其"日"字里面有一圆点，"月"字里面有一竖画，它是燕刀上的文字确定为"明"字的最有力佐证。我还藏有一枚尖足布平阳，较为罕见，关于它的研究还有待于我的进一步探索。

通过几十年的技术积累和不断的摸索创新，我还设计制作了中国历代钱币实物大镜匾、钱币手提箱套装等一系列创新的古钱币收藏品。这些创新的展现形式，让更多人可以方便地鉴赏古钱币。

几十年的钱币收藏之路，让我从中收获了很多快乐与感悟。中国钱币历史悠久，品种繁多，是中华民族传统文化的瑰宝，我深感作为一名钱币收藏家肩负民族传统文化传承的使命感。我会继续利用自己的收藏经验和藏品，以古钱币收藏为窗口，大力弘扬传统文化，为民族文化自信与传承贡献一份力量。

祁新玲藏品：
战国尖足布平阳

/ 问答录 /

你在教学中善于调动学生对古钱币的兴趣，能举一两个实例吗？

比如在讲到秦始皇统一货币和度量衡时，我会问学生：统一货币之后的半两钱有多重？在学生思考的同时，我便拿出几枚秦半两实物，让学生亲手触摸，感受重量。1985年中考，历史试卷中有一道题目——画出半两钱的图形，我的学生没有一个画不出来的。很多学生受到我的影响，后来也成了古钱币收藏爱好者。

你创新的古钱币收藏品可以让更多人方便地鉴赏古钱币，也举一两个实例好吗？

主要有历代古币礼盒套装、历代古币镜匾大全套、历史朝代数轴配各朝铸行钱币，以及各种用古钱币制作的艺术品。我自己原创设计制作的"中国历代货币实物真品鉴赏"大镜匾，涵盖了历朝历代有代表性的古钱币。从中，我们可以感知中国传统文化的博大精深。

我的两种钱和两本书

任双伟　作者简介

1992年出生，陕西乾县人。秦汉钱币研究者，著有《货币里的中国史》《永通万国：货币与历代兴衰》等，编辑或参编各类钱币书籍数十部。其著作曾获中国图书评论学会评选的"2018年度中国好书"、中国出版协会主办评选的"2018年中国三十本好书"。

　　我的祖父是一位钱币收藏者，他主要收藏的种类为银元，尤其是龙洋，兼涉及历代古钱，这对于我走向钱币收藏和研究之路有着极深的影响。在我上小学时，祖父曾赠予我一枚汉代的四铢半两钱，这是我与古钱币的首次接触。上中学后，我在西安八仙庵古玩市场买到了一枚北宋熙宁通宝折二钱，这是我自购的第一枚藏品。我的收藏生涯，便是从这两枚钱币开始的。

　　上大学后，我常在济南的药王楼古玩市场摆摊售钱。这个摆摊经历，让我结识了一批本地藏家和泉商，通过以藏换藏，也让我有了一批价格不太高，但数量颇多的"原始"藏品。同时，当时各类网络论坛聚集了大量的钱币爱好者，我也浸淫其中，我的主阵地是年轻人居多的百度贴吧。在那里，我与同好共赏钱币、帮助新手鉴定、分享收藏趣事，颇为活跃。不到两年间，我便成为有着20万用户关注的古钱币交流专用吧吧主。细想起来，这已经是10年前的事情了。

　　赴京工作以后，我结识了一批国内顶尖的钱币专家、藏家、商家，这也是我收藏、研究钱币的成熟期。这段经历可以概括为两种钱和两本书。

　　首先是第一种钱——五铢钱。五铢钱算是钱币专题里的冷门品种。由于我在药王楼的摆摊经历，手中囤有一大批五铢钱，所以有了研究、收藏五铢钱的条件。我广泛阅读关于五铢钱的经典论著，如蒋若是的《秦汉钱币研究》、杜维善的《五铢图考》等，对五铢钱的品种有了大致了解。后又认识了一批五铢钱同好，大量购藏，查漏补缺，大概凑齐了纲目品种。我经王泰初先生介绍，认识了五铢钱收藏前辈杜维善先生，多次请益，又有精进。

　　我的五铢钱收藏代表藏品是南朝梁公式女钱和双柱五铢钱。2017年，五铢钱界通过南京瓦官寺的五铢钱出土情况，判断出千年来只见史载、不见实物的南朝梁公式女钱的实际样貌，这种南京版公式女钱，当时所知只有20余枚。我侥幸集得十数枚，其中有一枚面鱼和一枚面大吉，皆为孤品。近年来，又有一些南京版公式女钱面世，然而数量依然极少。南朝梁双柱五铢钱是五铢钱里的昂贵品种，一品五铢钱价格只在几元甚至几角时，一品梁双柱的价格已经破千。我在多年间收藏了大概百枚梁双柱，这样的收藏规模，应该是独一份的。

然后是第二种钱——"鬼脸钱"。"鬼脸钱"是我近些年的藏趣，手中的好品"鬼脸钱"有千枚以上。彭信威《中国货币史》配图中的"鬼脸钱"种类我已尽有；黄锡全《先秦货币通论》中藏格极高的"鬼脸钱"（拓片）种类，我也已有大部分。收藏"鬼脸钱"时，我的收藏心态已经全然变了，不为求美、求奇、求珍，而是不为物役，随缘而已。

我的第一本书《货币里的中国史》出版于2018年，戴志强、杜维善先生是本书的推荐人。由于题材新颖、行文通俗，此书获得了国家级荣誉，也因此得以和钱币圈外的学术界、出版界、新闻界建立联系。我开始思考钱币学、货币史之外的收藏意义。我的答案是：以钱币分析王朝盛衰，以知兴替。

我的第二本书《永通万国：货币与历代兴衰》是我近五年的货币思考。我想，这五年间，潮汹汹然、风蓬蓬然，这不正与中国钱币凭借自身三千年一线之延的传统与洋钱比权量力、生存竞争的钱史同出一辙吗？多少先辈义士挽狂澜于既倒，起神州之陆沉。我深入剖析贝、铜、金、银、纸等货币与历代兴衰的内在理路、逻辑，最终，裒辑出30万字规模的《永通万国：货币与历代兴衰》。我在2024年1月12日举办纪念纸币千年暨新书发布会上，邀请到许多专家学者一同畅谈，20余万人线上观看了发布会。此书出版后月余，首印1万册便已售罄，又加印了1万册。我想，能以这种方式致敬纸币千年、致敬自己钟爱的钱币收藏，这是我的幸运。我深深珍视，并永以为念。

任双伟藏品：
南朝梁公式女钱面鱼

/ 问答录 /

你的两本著作兼具专业性和可读性，在业内外都得到了充分的肯定。作为一个年轻而颇有成就的钱币收藏和研究者，你对钱币收藏事业有什么建议吗？

一是钱币的收藏和研究能进一步突出中华文明的若干特性；二是希望钱币的收藏和研究能助力"一带一路"建设、助力中外文化的传播与交流。

接下来你还会深入研究新的钱币专题吗？

下一阶段，在钱币研究方面，我的主要方向更偏向于中国钱币的世界贡献。即中国钱币对东亚乃至世界的影响，世界货币对中国货币乃至经济、文化的影响。

前无止境

藏家即是过客

邵钦邦 作者简介

1968年出生，上海人。从事收藏近30年，专注于第一套人民币版式收藏研究。全联民间文物艺术品商会钱币专业委员会监事、中国钱币学会金银货币专委会委员、青岛金融博物馆首任馆长，在各类媒体发表数十篇收藏类文章。

我的爷爷系上海麦加利银行（今渣打银行）的襄理，喜欢收藏，涉猎广泛，在我记忆中似乎什么都有。父亲大学毕业支边到哈尔滨，也喜欢收藏。也许是受家族的影响，我从小就喜欢集邮，每每从信封上取下带着油墨芬芳的邮票，或是从小伙伴手里换取心仪之物，那种感觉足以冲淡物质的贫瘠、岁月的风霜。集邮的爱好延续到大学时代，我当时上的是军校，每月的津贴还有父母给的零花钱，基本都消耗在收藏上。记得1987年刚入学津贴每月有9元，我总是第一时间去集邮公司买上一版生肖票。上大学时，爷爷送的一部商埠邮票集子，至今还珍藏着，不时拿出来翻翻。

1991年大学毕业，我跟着女朋友来到青岛，每逢周末便徜徉于集邮公司、大花沟市场（今老舍公园），当时的主要目标还是集中于自己缺少的"老纪特"、JT"筋票"，查漏补缺。集钞的转机出现在那年的8月份，适逢女朋友过生日，准备送她一件长款的大毛衣当作生日礼物，商场标价400元。当时部队的工资算是不低，每月120元，外加35元补助。但是毛衣的价格依然让我捉襟见肘，于是想卖些藏品应急。但是邮票作为心爱之物又舍不得，恰好翻出当年爷爷送的中国实业银行样票，拿到市场上问价，最终换回800元，解了燃眉之急。之后几个币商一直询问我手里还有没有老钞票，他们高价收购，于是我开始关注集钞并有意识地去收集。当时的资料很有限，我基本上就是按照坊间编写的小册子按图索骥，从此踏上集钞之路，一直坚持到今天。

百达翡丽有个广告语很经典："没人能拥有百达翡丽，只不过为下一代保管而已。"我们都知道纸钞类藏品可以保存八九百年，机制币可以保存几千年，相比它们，我们这些藏家才是过客。传统的收藏理念都是希望好的藏品能薪火赓续、代代相传，然而却往往难遂心愿。那么在短暂的拥有岁月里，好好研究它、好好挖掘它、好好爱护它、好好传承它，自然也就成为藏家的使命。以往财不露白、信息孤岛等做法已经不适应新媒体时代的需求了。最近几年，我在很多线上平台做公益直播分享，还应邀给银行系统、大专院校做专题讲座，都收到了很好的效果。

目前，我的泉友遍布线上线下，各种交流如饮甘醴，大家其乐融融。此外，钱币收藏也带来了丰厚的物质回报。2023年在上海泓盛拍卖公司拍出的一枚军阀币回报率达到了2000倍。快乐收藏，收藏快乐，此间乐，不思蜀。

邵钦邦藏品：
第一套人民币伍万圆（收割机）

/ 问答录 /

在钱币收藏中，你的感悟必定很多，谈一点听听。

钱币收藏，不是简单的收集。一张纸钞薄如蝉翼，重不及两，其承载的历史、经济、文化却十分厚重，尤其是一些发行背景由于兵燹战乱，甚至档案缺失的钞票，都需要藏家去解读厘清，填补空白。每每破解，其欢愉程度无以言表，这也许是只有藏家才能体会的快乐。

在这个领域，还有什么新的打算？

我们正在编写《云上第一套人民币》，将打破以往教科书式的编辑模式，采取当下年轻人喜闻乐见的形式，线上线下交相辉映，全方位展现第一套人民币的独特魅力。我们的目标是书籍50年内不会被超越，这是发心也是初心，争取2024年付梓。

将国宝抢救回国

沈 杰 作者简介

1973年出生，湖北武汉人。湖北省钱币学会理事、湖北省收藏家协会钱币分会副会长。钟情于钱币的版式研究与辨伪，对于日本、朝鲜、越南珍稀钱币有一定的研究。

我的父亲是一名集邮爱好者，受其影响，我也多次随他逛邮票市场和古玩市场。偶然发现一枚小巧精美的康熙钱币，店主介绍这是一枚铜钱牌，因为时间久了，钱币周圈黄亮润泽，地章呈原色状。我便当即买下带回家，参阅史书，竟发现了清代钱币版别之众，其背后故事、历史价值深深地吸引了我，自此对邮票的喜爱"移情别恋"至古钱币。

1996年至1999年，我赴日本学习工作。日本有许多古玩店，里面有不少中国古代的文物，抱着"将国宝抢救回国"的念头，我开始陆续购藏。这几年的研修收入，几乎都投在了抢购流失的文物里面。我多次参加日本的钱币拍卖会和交流会，那里参与竞拍的中国人很多，有留学生，也有经商者，还有在日本边学习边打工的研修青年，我也参与其中。为了节省开支，我经常在午夜向国内同行打越洋电话探讨同样物品的价格，分析、判断物品的真假特征等。在这几年间，我不但买到了很多藏品，还结识了一批日本钱币收藏者、书画家等，收罗了大量日本研究东亚古钱方面的资料，先后购得日本名家小川浩、平尾赞平、三浦清吾等名家的原书、原物。

在收藏过程中，我也曾遇到许多有趣的事情。有一次，在一个古玩市场上发现了一枚品相极好的方足布，但卖家要价过高。经过一番讨价还价，最终我们达成了一致。当我准备付款时，却发现身上现金不足。无奈之下，我只好向朋友借钱才得以购得这枚珍贵的方足布。此币见证了战国时期的政治、经济和文化状况，通过它可以了解到当时的社会分工、货币制度、艺术风格等。它不仅丰富了我的收藏，更深化了我对古代货币文化的理解，激发了我对历史的浓厚兴趣，提升了我的文化素养。

我还遇到过许多挑战，也积累了不少经验。对于初学者的我，不可避免地买到假币，因此，我不断地学习相关知识，

/ 问答录 /

如何在收藏钱币的时候少走弯路?

对于刚刚踏进钱币收藏的朋友,我觉得还是先要多看各方面的钱币书籍,多看看实物,从普通钱币入手,循序渐进,不要一开始就去盲目追求大珍品。此外,多交一些靠得住的泉友,多听一些泉友的意见,然后自我消化,找出正确的思路。不盲目崇拜,也不盲目跟风,把自身的书本知识和实物相结合。

对中国钱币收藏的发展前景,你有何看法?

中国钱币收藏由于种种原因在20世纪80年代才开始慢慢恢复,而且参与的人不多,到21世纪终于出现了收藏钱币的潮流。大量的新泉友参与进来,让中国钱币收藏再次绽放光芒。希望以后中国钱币收藏能够走向世界,让世界人民都能感受到中华文明之璀璨。

了解钱币的历史背景和文化内涵,感受钱币背后的历史沧桑和文化底蕴。在上当受骗的过程中学习钱币的真伪比对、鉴别。在辨伪的同时不断地学习和尝试钱币版别分类及如何妥善保存。

经过多年的学习,我还撰写了一些关于钱币见解的文章,发表在相应的报刊或交流资料上,如《开元时节谈开元》《中日泉界之现状》《古钱作伪之我见》等。此外,我还为《咸丰重宝宝武局当十版式谈》《中国同盟会铸造的方孔货币》《异国花钱——朝鲜篇》《中国钱币大辞典·元明编》《中国钱币大辞典·压胜钱编》《中国珍稀货币钱币图典·古钱卷》《乾隆通宝钱谱》等提供藏品拓片。

沈杰藏品:
南宋华衍千春宫钱

前无止境

我辈应尽的责任

宋 捷 作者简介

1974年出生,陕西西安人。陕西省收藏家协会钱币专委会主任、《中国钱币大辞典·元明编》副主编、"古泉文库系列丛书"编委会主任。主持编、译、出版中外钱币著作50余部。

本人深受外祖父的影响,当时新中国的生产建设如火如荼,陕西是文物大省,各个历史时期的遗址墓葬更是随处可见,每当城市基建或农村水利建设时,多少都会发现遗址、墓葬与文物。外祖父对这些深感兴趣,工作之余,他的足迹遍布西安各地建筑工地,宣传文物知识,及时上报出土信息,并将所见所闻投稿专业杂志。由于成绩显著,他被《考古》《文物》杂志聘为特约通讯员。

在外祖父的书架上,一期不落地排满了《考古》《文物》杂志,还有不少其他有关传统文化与文物方面的著作。我从小就在这样的环境中成长,从识字起,就像一株幼小的禾苗,在外祖父的书架上疯狂地汲取各种养料。对于钱币最初的认知,并不是一开始看到实物,而是在20世纪70年代的某期《文物》杂志中,看到郭沫若《出土文物二三事》中对日本银币"和同开宝"的问题提出的讨论。那时,我应该是上小学一年级。

初中时期开设了历史课。很幸运,我的第一位历史老师是一位钱币爱好者。从他口中,我不仅知道了战国货币的不同形状,从秦始皇的书同文、车同轨的规定中知道了秦半两的来由,还亲手触摸到了他收藏的北周布泉和清代乾隆通宝。初中毕业那年,一次偶尔的同学聚会,在约定的地点我第一次看到路边一个小摊上,几串古钱静悄悄地摆在上面。从此,我和古钱之间就有了说不完的故事。

当时古钱的价格很亲民,5分钱一个,随便挑。我买了一枚货泉和四枚宋钱。宋钱是因为上面有我熟悉的历史年号;货泉是因为上面的文字是我看不懂的篆书,当时我自以为捡漏了一枚战国好钱。拥有了实物,就想知道和这些钱币有关的历史、文化,就想了解和它们关联的其他钱币品种,就想找到这种钱币中最为稀少的版别。有人知道我喜欢钱币,送我了一本丁福保先生的《历代古钱图说》。有如神助,不到一周时间,我居然将书里的内容和价格全部背了下来。所有的课余时间,我不是去钱币摊上看钱币,就是泡在图书馆看五花八门的书籍。幸

宋捷藏品:
汉五铢四联钱

运的是，我遇到了班长刘飞燕这个知音，在我的影响下，他也喜欢上了钱币收藏。于是每到周末，我们就相约骑着自行车，拿着《历代古钱图说》下乡收钱币，这是一段快乐的时光。没想到的是，在之后的人生道路上，我们都走向了与钱币相关的职业。

1995年大学毕业后，我离开西安去了广东汕头工作，我和刘飞燕、霍利峰合作的"开元泉社"也在西安开业，店铺设在当时的中北市场，同时印制泉刊（钱币拓片、价格表）邮寄各地。在汕头，我很快就因为钱币收藏的爱好找到了组织，还结识了当时刚刚毕业、正处于创业之初的广银阁老总陈浩敏。1999年，我创办了专业钱币网站"开元泉社"，利用聊天室、论坛等互联网平台，增强各地泉友互动，促进钱币文化发展。"开元泉社"邀请孙仲汇先生在论坛开展系列讲座、召开每年一次全国范围的泉友聚会、出版每年一本的开元泉刊（钱币文集）和泉友集拓等，在当时都是开风气之先的创举。在广东的这段时间，我有幸经常亲聆著名钱币学家、古籍版本学家王贵忱先生的教诲。他在钱币文献和安南钱收藏方面给了很多指导性的意见和帮助，让我至今受益。通过钱币收藏、开设网站让我眼界大开，认识、交往到各地的泉界前辈、高手，很多都成为二三十年的好朋友。

2006年，受孙仲汇先生委托，我接手《中国钱币大辞典·元明编》的负责工作，和《中国钱币大辞典》编辑部的吴革胜先生一起，足迹遍及十余个省份，联络各地泉友制作拓片，分类整理。《中国钱币大辞典·元明编》的编撰工作历经前辈数人，最终能在我手中完成（后期整理归类刘英杰），不胜殊荣。通过对大辞典的编辑工作，增加了我在图书编辑、审校方面的经验，为后来的"古泉文库系列丛书"的编纂与出版打下了基础。通过20多年的不断积累，我收藏的清代至民国与近现代珍贵钱币文献达数百种，名家拓本数万件，囊括清中期以来具代表性的钱币书籍、知名泉家原拓与手迹等。20世纪90年代，王贵忱、戴志强先生曾编纂"中国历代钱币文献丛书"，计划出版30余种，实际出版了10多种。出于对两位前辈的尊重和对钱币文化的热爱，2019年，由我提议，与赵梓凯、贾晖、艾亮等人发起古泉文库钱币文献的复制计划，初衷是以我和赵梓凯手上收藏的文献资料为基础，继续前辈们的事业，将湮没于世的珍贵文献复制出来供泉友们分享、学习。没想到这一做下去，困难要远超想象，但成绩也算斐然。创办不到5年时间，"古泉文库系列丛书"出版钱币图书已达37部，共计近百册，协助出版钱币图书10余种。

/ 问答录 /

收藏成家，除了个人执着之外，也要有朋友相助，请你在这方面谈谈体会。

钱币收藏，不是一个人苦心钻研就能够有所成就的。收藏道路上不能缺少在眼界、眼力、学识等方面对你能够提供帮助的良师益友。

30年钱币收藏生涯，让你有何领悟？

人生短暂，古物有缘，拥有只是暂时。在拥有的时候，如何能够充分保护、研究和利用，让其发挥出更大的作用，才是我辈应尽的责任。

中国图录应该由中国人编写

我生长在南京傅厚岗省级机关家属大院，这里是民国时期购地兴建的官邸大院群。中国银行曾在此办公、开会。我的启蒙老师是住在对面院子的吴怡芳先生。由于祖父曾是印刷技术负责人，外祖父是负责印钞的特务连武工队领导，随二野文新大队在南京的前进印刷厂和人民印刷厂从事新华社文化和新闻工作。所以，受童年生活环境耳濡目染的影响，加上曾从事文物工作10年的缘故，我开始从收集近代纸币进入近代史及货币的资料整理和研究。

由于受1970年美国史密夫出版的《中国纸币》的影响，我认为《中国纸币标准图录》应该由中国人自己来系统编写，随即开始从事专业的中国纸币研究。2009年，我在北京首都博物馆的中国历代纸币展担任组织工作后，于2010年创办中华纸币研究网，2012年开始编写《中国纸币标准图录》系列。《中国纸币标准图录》目前已收录纸币三万种，还在陆续编写出版中。2014年1月出版《中央银行纸币（壹）》，2015年5月出版《北海银行纸币》，2016年11月出版《云南纸币》，2018年作为主笔参与中国钱币学会课题《陕西纸币》的出版，2021年7月出版《中央银行纸币·国币券(贰)》。2022年，我还策划了杭州亚运会邮币展。

货币和我们的生活息息相关，大到国际影响，小到生活点滴。人是社会性的，货币是人在社会交换中的必需品，实质是资本调控社会生产力和社会关系的那只看得见的"手"，是人类世界财富的分配、利用、再生的社会实践，货币研究是研究主宰人类文明演化的"魔力"。其反映了历史的兴衰更替、人类的命运走向，即

苏 骏 作者简介

1974年出生，江苏南京人。从事中国近代纸币收藏研究30年。2010年创办中华纸币研究网，担任中国嘉德、北京保利、英国斯宾克、美国海瑞得等多家拍卖公司学术顾问。

意识的"生产力"。钱币收藏就是从为生活赚钱走出来，自娱自乐，乐趣中发现价值，认识世界的"智育"运动。

近代史离我们不远，货币的考据工作惠及后世，当下的日记也是后世的史记。但是将史料汇编成集，在当下出一份力，宣传钱币知识和推广钱币文化，有利于后辈传承和弘扬。养鱼先养水，梦想是在科学的知识理论上，一步一个基石，形成一个干净的环境和氛围，星星之火，可以燎原。

我想，收藏最终还是文化和社会圈层地位的认同。学习非常重要，文物的价值发现需要大量专业知识积累，比"十年寒窗苦"艰苦很多。文化的博大，注定"学海无涯"。收藏人生是种"无涯"的修行，有目标就很充实。

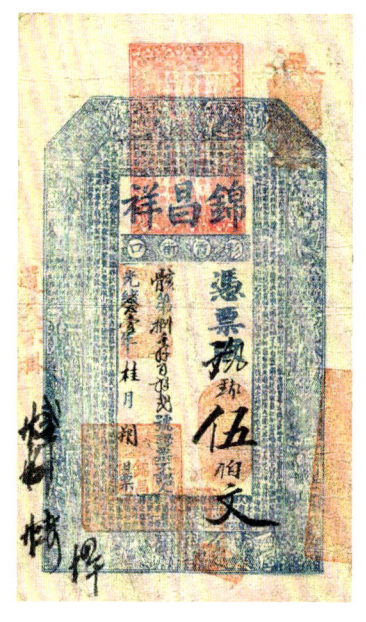

苏骏藏品：

清光绪二十一年江宁彩霞街口

锦昌祥制钱票伍佰文

/ 问答录 /

你认为《中国纸币标准图录》应该由中国人自己来编写。现在，图录已收录三万种，离目标还有多远？

目前的三万种可能不到总数的一半。以南京为例，所收钱庄实物不到十分之一。上百家钱庄有实物不足十家，缺口非常大。我见到实物就考证收录。有资料没实物的、有实物没资料的比例都很大。

你文中谈的问题很有见地，有认识、有理论才有动力。收藏者在自己的兴趣和爱好中是不是应该多想想，走好每一步。

可能每一个钱币收藏者开始都是驾着一叶孤舟，遇到有着共同追求的人，最后合力出海，才有了航海家。物是触手可及的缘分，每天进步一点点，只要确定正确的目标前行就可以。每一步都是看风景，可以苦、可以累，但是不能不快乐。

西域泉缘

苏军飞 作者简介

1983年出生,甘肃会宁人,大学本科学历。除发表钱币学术文章外,还举办个人钱币展,并在中国军网及各类报纸杂志刊登文章,筹建开办个人"文化润疆"公益钱币展厅。

苏军飞藏品:
民国三十八年新疆省银行陆拾亿圆

还记得儿时的我,胸前挂着一枚清代咸丰元宝宝巩当百大钱,那是奶奶给父亲留下的唯一的念想。上小学的时候,我特别喜欢古钱币,常跟着同学们一起去附近的北宋遗址"郭蛤蟆城"玩耍。那里有很多北宋钱币,但我那时还不懂钱币的版别和等级,一上午的时间捡到20余枚北宋钱币,从中挑出一些非常精美的留下,从此开始了自己的钱币收藏之路。

1999年12月我光荣入伍,来到了美丽的第二故乡库车市。2003年初夏的一天,我看到一篇报道,提到新疆钱币是国内外钱币爱好者的珍爱之品,当时已开始限制文物及钱币外流。在军旅生活之余,我找到了别样的爱好乐趣,开始收集新疆铸造的钱币。每逢周末我都去巴扎逛古玩店和地摊,得知新疆有中国最大面额的纸币,面额达陆拾亿,维吾尔族老乡称它为"九个零"。有一次巧遇一个老乡拿着一沓纸币,大部分是民国时期新疆发行的纸币,当时我不会维吾尔语,沟通交流受到限制,旁边的朋友看了看说这个估计没人要,那位老乡便离开了。到了晚上,有个摆地摊的朋友打来电话,说他手里有一张"九个零",问我要不要,我立刻回答要。第二天上午,他送到我的单位门口,我很确定东西的真假,以3500元购藏。

2012年6月通过朋友介绍,我认识了薛德林老师。通过交流,我们成了很好的朋友,他多次带我去拜访《新疆红钱大全图说》作者、资深钱币收藏家杜坚毅老师,探讨交流新疆红钱的版别和中亚丝路货币的收藏知识。通过两位老师的带领和培养,不仅让我在新疆钱币收藏方面有了很大进步,同时在钱币的鉴别和了解货币历史背景方面有了质的提升。

在我的新疆历史货币藏品体系中,每个时期均按照系列板块配套收集。从汉唐时期至明清时期,每前进一步都是十分艰难的,可谓一枚枚古西域货币都来之不易。2021年秋,一次偶然的机会,我结识了网名叫"老木"的收藏家,他为我的收藏经历所感动,把他手里仅有的一枚"汉佉二体钱"(俗称"和田马钱")里最珍稀的"骆驼六铢钱"廉价卖给了我,

/ 问答录 /

是什么原因使你提出把蒙古帝国货币从中亚丝路货币中分离出来？

陆地"丝绸之路"途经西域诸多属国重镇。20世纪初期，钱币收藏热潮开始以来，研究西域铸币的专家学者屈指可数，有些学者受西方学者著作的影响，错误地将西域货币纳入丝路货币体系，我们要把它分离出来，还原祖国货币大系。

新疆钱币体现了西域与中原地区的货币文化体系一脉相承，请举几个例子。

比如汉代"汉佉二体钱"，其不但使用汉字，就连计值单位也是使用当时中原地区的货币"五铢"钱的重量单位"铢"。再比如魏晋南北朝时期，龟兹自铸货币——圆形方孔龟兹五铢钱，形制和铸造工艺源于中原地区，反映了新疆地区与中原地区的经济文化交流密不可分。还有隋唐时期地方政权麴氏高昌王国铸造的"高昌吉利"钱，不但使用中原钱币形制"圆形方孔"铸造，而且钱的文字也完全使用汉字。

同时还转让给我一枚稀少的"于阗大王"钱币，弥补了我系列收藏的空缺。

自2015年9月起，我重点研究新疆地区历史货币和中原地区历史货币的深层次关系，尤其是对新疆地区的历史货币和新疆近代纸（布）币有较为深入的研究。比如，在钱币界我是第一个提出把蒙古帝国货币从中亚丝路货币中分离出来的，突出西域铸币的研究，得到了蒙古帝国货币收藏爱好者的支持与认同。再比如，唐代铸币、唐代西域货币，铸有"乾元重宝""开元通宝""大历元宝""建中通宝"的和中字钱、元字钱、无文钱、"天子建号"等系列钱币，数据显示，它们大多数都是出土于龟兹地区，特别是从新和县通古斯巴西城址和库车市博其罕那佛寺遗址出土。我通过查找相关资料和实地考证，按照十多个遗址出土货币进行分析论证，上述钱币铸造于古代西域龟兹地区（现新疆库车市），铸造时间认定为大历十三年到建中二年（公元778年至781年），铜质检测为纯红铜质，字体风格、铸造形制与唐时期铸币基本一致，也就是仿照中央铸币开炉铸币的本质所在。

我先后在钱币类报刊撰写发表相关论文十余篇。代表性学术论文有《"福聚成"票贴考》《"日月光金"钱币新考》《突骑施钱渊源及铭文再探讨》，力图通过西域历史货币这一"铁证"，铸牢中华民族共同体意识。

自2013年以来，在薛德林老师的悉心策划指导下，我多次举办钱币展览；2021年又在战友的支持和帮助下，策划筹建开办"文化润疆"公益活动展厅。

天圆地方见证祖国统一，学史明理践行文化润疆。在新疆这片神奇的土地上，先民用勤劳与智慧创造了具有鲜明地域特色的新疆历代货币，西域与中原地区的货币文化体制一脉相承，是中央王朝在新疆有效行使主权的历史铁证。

收藏私钞百千万

我与中华人民共和国同龄，早年毕业于沈阳鲁迅美术学院。由于学美术，所以对于美的向往异常强烈。1965年，开始收集邮票，后来收集纸币、研究纸币，主攻方向是私钞。

20世纪80年代，我经常到北京月坛邮票市场，在补齐了自己缺少的邮票后发现，纸币的图案也是那么美丽，并且数量还比邮票多出了几个级别，因此转而收藏纸币，同时注重研究纸币的大头——私钞。经过与钱币界资深人士吴筹中、徐枫、赵隆业诸先生研讨，中国纸币的类别总数约有10万种，而官钞不足1万种，私钞应该占九成以上。

明清时期，农业、手工业得到迅速发展，商品经济日趋繁荣，国内银钱并用和国外银元的流入，直接推动了货币经济的发展，同时也对货币金融业提出了新的要求。现兑店已不能适应当时的需要，于是钱庄、账局和票号等金融机构也随之产生和发展起来。清代后期的道光、咸丰、同治和光绪年间，钱庄、银号、票号等民间金融机构已普遍建立，全国票据业迅速发展，各类凭帖、兑票、成票、汇票等在民间大量发行和流通。大量与钱业无关的行业也竞相发钞，以此牟利。盛极之时，就连包子铺、理发店都发行钱票。一时间，举国上下，千城万店，皆出钱票；官商民绅，竞相发钞，正可谓"三百六十行，行行出纸钞"。

为了收藏，30多年来我跑了全国的19个省，基本上收藏市场都有涉足，收藏了各种私钞及史料1万余种（件）。当看过全国100多位纸币收藏家的私钞，可以确定，存世的民间私钞中我有百分之八十。

不但如此，与私钞有关的印版和印章，我也收藏，印版总计有150多块。这些钞版和印章往往比纸钞更珍贵。如乾隆年间的钞版，目前是仅见。民间私钞虽只在一定范围内流通，但它的设计、印制却十分讲究。无论是书法、花纹图案还是印章，都充满了艺术气息。私钞上一般都盖有抬头章、压款章和落地章，多数还有防伪章、骑缝章。印章的

石长有　作者简介

1949年出生，辽宁抚顺人。高级工程师，曾任中国人民武装警察部队学院科研所所长。中国钱币学会学术委员会委员、北京市钱币学会常务理事及专家委员会委员，《中国钱币大辞典·民国编》副主编。发表钱币类文章40多篇，出版专著10多部。

材质有硬木和牛角，形状有圆形、方形、菱形、椭圆形、树叶形等。这样的印章我收藏有1000多枚。由于我收藏的印版、印章、纸钞形成了100、1000、10000的数目，被藏友概括为"收藏私钞百千万"。

收藏的尽头是研究。私钞是收藏品，也就是我们说的文物，属于物质文化。文物有历史价值、科学价值、艺术价值。当我们面对自己的收藏品时，总想着要发掘其中的价值，增加社会的知识，这就是研究。当收藏品达到峰值时，这种想法会更为执着与强烈。

我举办过多次专题展览，在中央电视台、北京电视台做过多次专题讲座。在《中国钱币》等刊物发表论文几十篇，出版有《民国地方钱票图录》《清代地方私帖图录》《假钞揭秘》《纸币图解（景物篇）》《纸币三百六十行》《北京纸币八百年》等专著（合著），特别是参与了《中国钱币大辞典》的编纂，从2000年开始为《中国钱币大辞典》提供15000多种中央银行、中国银行、交通银行、中国农民银行及各省市、县乡（私钞）、商业银行、军事部门等相关的民国纸币和清代纸币。虽未全部采用，但作为收藏者，是被引用纸币藏品最多的。《中国钱币大辞典·民国编》纸币的5卷7册于2019年已全部出齐，清代纸币不久就要完稿。作为民国编的副主编，参与大辞典编纂20余年，让我感慨良多。我们克服很多困难，几乎倾其所有，去编纂一部辞书，完成一本又一本著作，可谓功在当代，利在千秋。

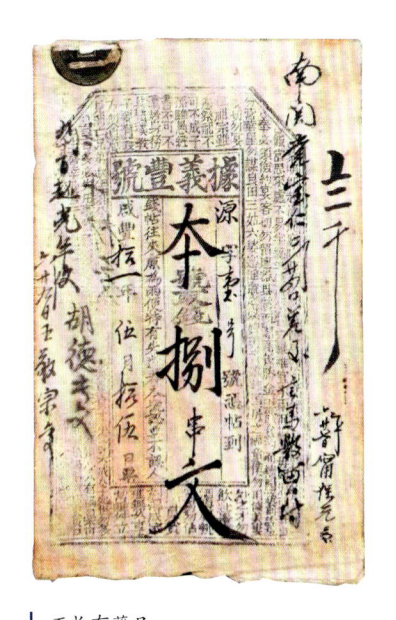

石长有藏品：
咸丰十一年据义丰号钱帖捌串文布票

/ 问答录 /

你说过，纸钞寸纸沧桑，带着人们指尖的温度，承载着无数动人的故事。作为一代人，你想说点什么？

一代人有一代人的职责。改革开放数十年，经济发展，收藏事业大兴。同时，全国旧房改造、拆迁，出现了许多历史纸币。两相结合，形成了纸币收藏的黄金期。我们处于这么一个时期，完成了时代赋予我们的任务，即把新出现的历史纸币收集、整理，做初步研究，并把它们传给后来者。

你说过，纸币是文化历史的凝缩，是我们收藏者手中的瑰宝、研究者心中的圣物。你对传承有什么看法？

研究的尽头是传承。由于精力有限，本人做研究工作越来越少，我可以通过不同渠道把自己的藏品和藏书转让给喜欢它们的人。这样，他人可以继续研究。

巴蜀货币的痴迷者

我与收藏的结缘，受家庭影响较深，1984年启蒙于集邮，1989年开始收藏钱币。那时候，重庆的钱币收藏爱好者不多，交易市场也仅仅局限于几个大的邮局门口。20世纪90年代初，重庆在市区的群众艺术馆开办了第一个古玩交易市场。与此同时，全国各地的古玩交易市场也相继开放，钱币收藏逐渐正规化和市场化。在我的藏品中，许多基础的钱币品种都是在这个时期购藏的。也正是经历了这个阶段的摸爬滚打，自己的眼力才得以磨炼和提升。

从2000年开始，互联网获得了迅猛发展，古泉园地、开元泉社、钱币天堂等钱币专业网站陆续上线，使钱币收藏进入了崭新的网络时代。那时候，我每天的业余时间都基本停留在电脑前，讨论区学习交流、交易区还价捡漏、聊天室拍卖竞价，可谓快乐又充实。在此期间，我在国内外各大钱币专业网站发帖发文百余篇，与大家一起分享收藏心得和研究成果。也正是借助网络，我有幸结识了全国各地的众多泉友，大家取长补短、互通有无，受益匪浅。

生活在重庆，感受着巴蜀文化的沁润，当然就有机会接触到非常多的巴蜀钱币，这也让我在平时的钱币收藏过程中，特意专注四川和重庆本地钱币的实物与相关史料的收集。四川历代货币品种众多，版式变化繁复，历史背景曲折复杂，在中国历代货币浩瀚的海洋中独树一帜。现如今，借助网络和大数据时代的到来，我与众多泉友一道，把巴蜀货币的收藏与研究共同推向了新的高度。

历年来，关于巴蜀货币的研究成果层出不穷，多部巴蜀货币专著不断问世。我也尽我所能，积极参与了《川龙荟萃》第二版和第三版的审稿；作为编委，参与编写了马兰钱专著《幽兰识》和《巴蜀泉集·古钱篇》；无偿提供藏品图片或拓片，收录于《中国钱币大辞典》《清宝川局铸套子钱汇考》《川龙荟萃》《四川藏洋》《清末四川铜元》《川康银锭》《川盐与川锭》《幽兰识》《藏洋图志》《巴蜀泉集》

孙炳路　　作者简介

1977年出生，重庆人。毕业于中国民航飞行学院，中国国际航空公司机长、飞行教员，就职于中国国际货运航空公司。全国工商联民间文物艺术品商会钱币专业委员会理事。

《川花：军政府造川铭嘉禾铜元》等钱币专业书籍。看着研究巴蜀货币的专著不断问世，看着越来越多的朋友加入到收藏和研究巴蜀货币的群体中来，我感到无比欣慰。

同时，作为巴蜀货币收藏和研究的一分子，我意识到应该把巴蜀货币的历史和文化加以提升和传播，让它被更多的人所了解。基于此，我在2018年参与了中国钱币博物馆在重庆举办的"孔方春秋——中华钱币文化之旅（重庆站）"，并提供了"历代重庆地区货币"板块的全部展品，第一次将重庆本地的货币文化系统完整地展现给观众。2019年，受重庆经济广播电台的邀请，我在《大话收藏》栏目制作了两期钱币收藏的专题节目，向广大听众详细介绍了巴蜀货币的收藏体会。2020年12月，受北京钱币学会的邀请，我在德胜门的北京市古代钱币展览馆做了以"马兰花香"为主题的马兰钱专题讲座，解读了若干年来关于马兰钱的种种疑惑，让大家豁然开朗。

从2020年到2022年，在重庆市人民政府和重庆市文旅委的部署下，"重庆金融博物馆"和"重庆金融历史博物馆"规划筹建。受重庆钱币学会的委托，我参与了这两个金融博物馆的筹建工作。经过一番努力，现如今，这两座分别展现重庆历代金融历史和重庆开埠后近现代金融历史的博物馆，已经成功地向社会免费开放。巴蜀货币文化作为巴蜀金融历史的重要组成部分，也充分发挥了教科书、宣传册的作用，为重庆又增添了一个闪亮的打卡点。

孙炳路藏品：
"青蚨飞去复飞来"马兰钱

收藏钱币30多年，一路走来，饱受苦辣辛酸，个中滋味，只有自己心里最为清楚。不过，能把钱币收藏和货币文化进行更加深入的推广和传播，也是我们肩上的责任感与使命感。同时，我们也期待能有更多的年青一代加入，让中国的钱币文化，生生不息，代代相传。

/ 问答录 /

能简单介绍一下你在巴蜀钱币收藏方面的成果吗？

在我的藏品中，有成系列收藏的巴蜀行用钱、川炉套子钱、川炉花钱、四川龙洋银币、四川军政府银币、四川藏洋、四川清代和民国铜元、四川银锭、四川纸币等，可以说涉及了与四川相关的几乎所有钱币门类和品种，这也是我数十年如一日，坚持不懈日积月累的成果。

近年来，你印象最深刻的一次钱币活动是什么？

2023年6月，为了纪念"交子发行一千年"，我们在重庆召开了"巴蜀历代纸币研讨会"，国内外纸币界的专家、学者、藏家悉数到场。为期三天的活动，有参观交流、有研究讨论、有学术争鸣，不失为2023年度纸币界空前的一次盛会。世界最早的纸币诞生在四川，能在重庆举办这次盛会，也再次将巴蜀货币文化推向了世界。

前无止境

努力站在钱币研究的最前沿

我从1990年开始喜欢钱币,当时主要是整理家中的存留老币。1995年,我购买了华光普编著的古币、铜元、银元图录和中国人民银行货币发行司编写的《人民币图册》等工具书,一边学习一边购买钱币,涉及范围很广,只要经济条件允许,我喜欢什么钱币,就查一下工具书,看看钱币的背景资料,买下来继续研究,分门别类。

1997年之后,钱币行情下跌,但丝毫不影响我的收藏热情。钱币收藏对我而言是爱好,只买不卖,没有盈亏的概念,那时候很多现代金币的价格大概是1克100元,非常便宜。机制银币在当时也很便宜,"军阀币"只要几千元一枚,但我不懂真假,只能选择在拍卖会上购买,觉得拍卖会保真的程度会高于一般的收藏品市场。那段时间,我的购买方向比较凌乱,机制币、金银币以及第一、第二、第三套人民币等,东一榔头、西一棒槌,喜欢啥就买啥。

2005年,我在网上看到了一篇有关精制币的文章,发现很多品种的普通纪念币都有对应的精制币发行,并被其精美的铸造工艺和稀缺的发行量所吸引,于是开始了精制币的收藏。受限于没有相关书籍,也没有资料可查,只能从收藏前辈们那里去打听有关精制币的情况,特别是早期的精制币,不知道有哪些品种,不知道长啥模样,不知道购买渠道。对此,我前前后后用了半年左右的时间,才把主要问题搞明白,并把当时已知的精制币品种收齐。在此期间,我学到了很多知识,积累了许多收藏体会,于是有了写文章给报社投稿的想法。

第一篇文章《早期精制币的探讨》,很快发表了,一下子给了我信心,随后就写成了系列文章。把我的研究成果写出来与大家分享,是一件很快乐的事情,我开始大胆地给《集邮报》《建设银行报》等多家报社投稿,都获得了发表。此时,众多泉友开始鼓励我,希望我能写本书来弥补无精制币工具书的空白,便于让后来者快速入门。于是,2006年,我写了

孙克勤 作者简介

1963年出生,北京人。现代钱币网创始人、北京市钱币学会理事、全联民间文物艺术品商会钱币专业委员会执行副会长。编著有《中国精制普通纪念币图录》《中国普通纪念币珍品图录》《中国现代流通硬币标准目录》《现代钱币收藏与投资》等。

/ 问答录 /

在这个领域中，你还有什么打算和想法？

钱币收藏成为大、中、小学生的选修课，为学生义务讲述钱币知识；建立一家现代钱币博物馆，并当讲解员。

钱币收藏给你带来了多大影响？

由业余爱好变成职业是幸福的，钱币收藏改变了我后半生的工作与生活方式。

《中国精制普通纪念币图录》一书，把我收集到的所有精制普通纪念币以图录的形式表现出来。这本书虽未公开出版发行，但极受欢迎，成为当时唯一的精制币工具书。

2008年，我将市面上可见的普通纪念币样币和精制样币收齐，将普通纪念币重新梳理归纳，编写了《中国普通纪念币珍品图录》一书，由北京教育出版社出版发行。普通纪念币的版别理论从此建立，普制币、精制币、样币、精制样币四个基本版别得到了广泛认可，具有里程碑意义。

2010年，我创建了现代钱币网，其成为专业的现代钱币拍卖、交易、学术、论坛的网站，集中了现代流通币领域顶级的收藏家和学术专家，对流通币进行深入研究与探讨，网站的拍卖也具有了一定的社会代表性。

2012年，我萌生了一个想法，把中华人民共和国成立后的所有流通硬币汇编在一起，按照版别划分，标注发行量或者铸造量，标注价格，并把每一个币对应一个单独编号，不重复，写一本全面概括中国流通币的工具书。于是，我编写了《中国现代流通硬币标准目录》一书，由上海科技出版社出版发行，把所有流通属性的硬币全部纳入其中，引发了广大现代币藏友对中国流通币研究的热潮。

在这之后，中国现代流通硬币飞速发展，收藏与研究群体不断扩大，一个重要原因就是《中国现代流通硬币标准目录》这本书使得流通硬币的品种与版别透明、发行量与铸造量透明、价格透明，特别是这本书的钱币编号设计得巧妙合理，实现了现代流通硬币的科学分类，成为多家钱币评级公司的评级参考书。后来美国PCGS钱币评级服务公司将这本书的钱币标号打印在评级标签上，更使得版别划分一目了然。

我一直认为，中国现代流通硬币还有许多未解之谜，需要广大藏友共同努力。这些年研究成果不断，每年都有新的版别被发现，有新的研究成果出炉，《中国现代流通硬币标准目录》不断补充新的内容，2015年出版第二版，2020年出版第三版，2023年出版第四版，我将一直努力站在收藏研究的最前沿。

孙克勤藏品：
1987年发行的内蒙古自治区成立四十周年纪念币

是"也许"也是注定

踢毽子、砸钱摞、铲铜板是儿时常玩的项目，铜钱、铜板则是主要玩伴。口袋里或书包里总有几枚铜钱铜板，随时随地可以玩起来。为了玩，就收集了不少铜钱铜板，也许由此与古钱币结下了缘，也许这就是我钱币收藏的起步。

到了青少年时期，从书刊报纸中，零星得到一些古钱币知识，如"秦半两汉五铢""等价交换物""宝货制"等，还发现历史书上的朝代名与铜钱铜板上的文字有联系，也许这就是钱币文化对我的启蒙，也许这就是钱币文化给我留下的烙印。

盛世兴收藏。20世纪末，机缘巧合，我偶然看到中国人民银行发行的普通纪念币，一下子激发了我内心深处对钱币收藏的兴趣。于是翻箱倒柜，将我少年时期收集的铜钱、铜板全部找了出来；工作之余，我到古玩市场了解铜钱、铜板的行情，到书店购买钱币收藏的相关书籍，边学习、边了解、边研究、边购买、边清理、边入册，业余生活充满乐趣。几年的工夫，我收集了不少古钱币、铜元、银元、纪念币、外国钱币等，也写了几篇学习体会。然而细细整理自己收集的这些钱币，没有珍品、精品极少、普品一堆，且钱币收集品种杂乱、难以求全，钱币文化研究力不从心，有点儿进退两难的迷茫。

直到21世纪初，我读了几本介绍中国花钱的著作，又购买了数枚花钱进行品赏，才重新确立收藏方向。花钱的文字、图饰、形制、年代、炉别无一不令人深入思考，其典故、渊源、寓意、民俗、功能无一不诱人研究。确立了新的藏研方向，我开始专注于花钱的收藏与赏析，并将花钱按照外观、形式、内容等进行分类，再一类一类地收藏，同时兼顾品相。业余时间潜心学习研究花钱所蕴含的文化，在电脑键盘上不断地敲下我的学习体会与研究思考成果，这也成为我退休前后的主要兴趣爱好，每天都要赏析花钱，日子过得既充实又踏实。

童 骋 作者简介

1957年出生，江苏盐城人。编著出版《花泉涌菁——从花钱看中国传统民俗》。

我从接触花钱到爱上花钱,并最终甘心为之付出。这个付出,既是经济方面的付出,更是精力上的付出。为了拓宽花钱的视野,我多次走南访北,到收藏花钱的老藏家中去拜访学习、欣赏藏品,徐州、无锡、北京、上海等多地都留下了我的足迹。在网上结交藏研花钱的泉友,借助泉友的力量,使我不断提高花钱藏研的素养。

在收藏钱币的同时,我比较注重钱币文化的学习研究与交流宣传。早期,我在新浪博客上发表自己的赏析文章,后来开创微信公众号"童心驰骋品泉",主要发表花钱赏析的文章。到目前为止,公众号已发表文章900多篇,其中原创文章700多篇;在《中国商报》《中国收藏》《艺术市场》等多家报纸杂志及多家网站、公众号上发表了花钱赏析文章近200篇;担任了《中国花钱大典·镂空卷》的副主编,编著出版了《花泉涌菁——从花钱看中国传统民俗》。

收藏,就是将自己喜欢的物品收而藏之,藏品档次由财力、眼力决定。收藏不独享,文化惠四方。让更多的人欣赏花钱精彩之处,使更多的人知晓花钱文化内涵,视宣传民俗花钱文化为己任,岂不快哉!

想不到步入中老年后,青少年时期的"也许"会渐渐地生根发芽、破土而出、茁壮成长,成为我现在生活中须臾不可缺少的重要组成部分。

| 童骋编著的钱币专著

/ 问答录 /

在钱币收藏中,你获得最大的感受是什么?
精美绝伦的中国花钱,是中华钱币文化的奇葩,是中华民俗文化的瑰宝。

在这个领域中,你还有什么梦想?
赏析更多的中国花钱,发掘其更多的文化内涵。

前无止境

从"壮泉"到"六泉"

童德明　　作者简介

1948年出生，上海人。陕西省钱币学会专家委员会主任委员、西安市收藏协会常务副会长兼钱币专业委员会主任、陕西省收藏家协会副秘书长。

余自幼嗜好收藏，1968年从上海船舶学校毕业到西安参加工作后，先是无意间得到了几枚古钱币，后又在废品回收站发现有古钱币的踪迹，由此引发了对古钱币收藏的极大兴趣。西安曾为十三朝古都，收藏古钱有着得天独厚的条件。20世纪七八十年代，我的月工资40多元，然而兴趣使然，硬是省吃俭用，到处搜寻钱币藏品，不断向量多质高的方向发展。

由于每年要回上海探亲，上海的古玩地摊、集市是我最爱去的地方，在那里可以结识很多钱币圈的朋友，如孙仲汇、余榴梁、朱作鹏、沈鸣镝、施志铭、徐晓岳等，后经朋友介绍认识了马定祥先生，每有好钱，到了上海就去马老府上，呈上泉品，拜请解惑。马老认真端详，详细评价。有一次，马老看了良久，最后说："让我打张拓片好吗？"闻此言，我很感动，钱币大师就是这样认真做事，平易近人。

钱币收藏，贵在执着，还要有运气。做钱币收藏的人都知道，有些东西该是你的跑不掉，不该是你的，在身边也可能会失去。收藏入门上瘾后，有些心仪的钱币做梦都想得到，当年"永通万国"（北周静帝宇文阐时期铸造）就是我朝思暮想的东西，终有一天，梦想成真，令众泉友羡慕至极。1988年是我颇为顺遂的一年。那一年我40岁，得到了一枚"壮泉四十"（西汉末年王莽政权所铸造的六泉之一），所谓人处壮年得"壮泉"，人生之幸事也。正因为得了这一枚"壮泉四十"，让我萌发了集全"六泉十布"（指新朝王莽时期发行的钱币，包括六种方孔圆钱和十种布币）的梦想。经多年努力，终于在1995年将王莽新朝的"六泉十布"配全。2007年，中央电视台《鉴宝》栏目走进陕西，在节目中，我收藏的"六泉十布"被戴志强先生评价为：品相一流，版别一致，是他所见过的天衣无缝的藏品。因陕西是王莽的故乡，新朝在西安建都，当年能顺利集全"六泉十布"其实也在情理之中，毕竟"近水楼台先得月"嘛！

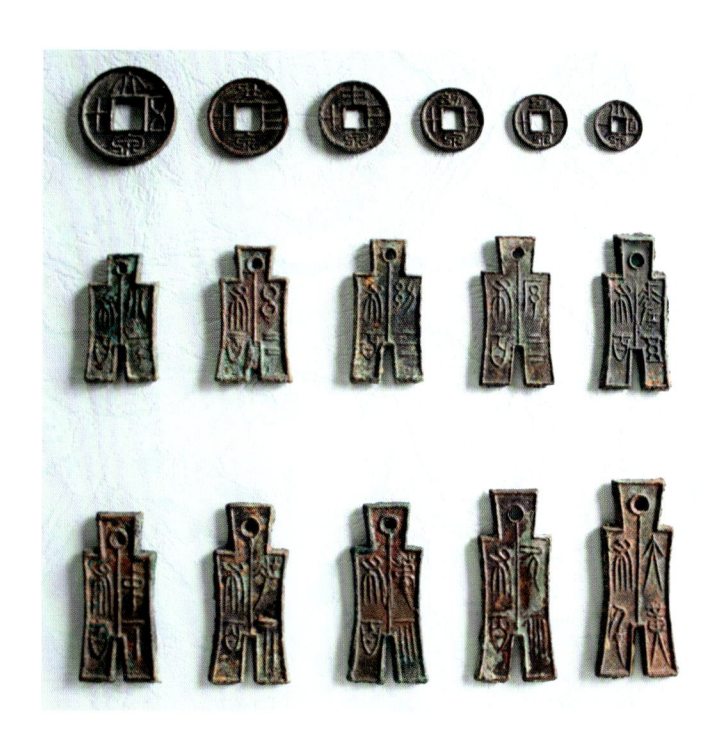

童德明藏品：
新朝王莽时期发行的"六泉十布"

余玩钱四十余载，近年精力、视力均已受限，钱币收藏也该放于一旁了。回想这么多年来，为了收藏钱币，从手里只有微薄的工资收入开始起步，整个过程有高兴，有失落，有痛苦，有愉悦，虽不比那些家有万贯、一掷千金的富豪，但还是实实在在地享受了多次收获的惊喜，悟懂了些许做人做事的真谛，藏品也得到了意料之外的升值。多年来，各收藏组织给我颁发了许多奖牌，最后那项终身成就奖，是我享受收藏过程的一块"丰碑"。

/ 问答录 /

钱币收藏要执着还要有运气，这是你也是不少收藏者的共同认识。能结合你自身的经历再谈谈体会吗？

常言道：机会是留给有准备的人。收藏业界瞬息万变，行情有起有落，在行情低迷时持币而沽，遇到精品果断出手，将心仪之物收入囊中，这就成为日后"炫耀"的资本。

你对年轻人有什么期待和希望？

收藏爱好者一定要有精品意识，精品作为优质资产可以抗贬保值，目前是择优选购的好时机；同时保持淡定，坚持收藏理念，不忘初心，方得始终。

从专题收藏到创办钱币博物馆

我出生于上海，成长于历史文化名城扬州。扬州是江南人文荟萃之地。在其漫长的发展过程中，伴随着经济的几度繁荣，积淀了厚重璀璨的扬州文化。

扬州留下的众多文化古迹、园林亭台、历史文物，给少年时代的我留下了不可磨灭的印象，也使我产生了浓厚的兴趣。更因为祖辈、父辈的影响，我自上学就喜爱上了文物研究和收藏，扬州的文物市场和文物商店是我开始学习文物艺术品知识的入门"老师"。后来，为了提高自己的鉴赏水平和眼界，20世纪90年代，我报名参加了国家文物局原扬州培训中心开放的培训课程。这是国家文物局专门为全国各地区的文物鉴定机构、国营文物企事业单位所设立的培训机构。在培训中心，我曾受到过耿宝昌等鉴赏大家的当面授课指导，极大地开阔了我的眼界，丰富了我的知识。

在众多的文物艺术品门类中，钱币看起来很不起眼，但却一直是我个人的心头好，从少年时代开始，我就有意收集中国各类钱币。小小的铜钱，方不盈寸，但是它伴随着中华文明一路走来，见证了王朝的兴衰成败，是辉煌灿烂的中华文化的宝贵遗存。

在收集中国历代古钱币若干年以后，在参照了国内外大藏家的收藏历程后，我觉得如果要让自己的收藏体系更有深度和影响力，必须要走专题收藏的路子，因此在随后的几年里，我转向了江苏地区货币的专题收藏，并一发不可收。尤其是清代江苏地区的流通货币和民俗花钱，让我十分着迷。我把商业上赚到的大量资金投入到这个时期的钱币收藏，遇到自己没有的钱币品种，总是不惜高价想方设法将它收入囊中。

2014年，经过多年积累，我个人在扬州博物馆举办了"苏泉大观"特展，集中展示了江苏地区尤其是清代时期的各类流通货币和民俗花钱，取得了良好的社会反响。在成功举办展览以后，我萌生了开办私人博物馆的念头，并开始计划实施。

汪 洋　　作者简介

1976年出生，上海人。中国钱币学会专家库成员，国家"八五"社科重点项目《中国钱币大辞典·清编·制钱卷》副主编。先后受聘为扬州大学、扬州工业职业技术学院、上海城建职业学院客座教授，任内蒙古重点文化项目永盛钱币博物馆馆长。出版专著《咸丰宝苏钱币图说》《宝苏泉汇》。

开办江苏钱币主题的博物馆,如果有一枚镇馆之宝那就是画龙点睛了,那么去哪里找到这个宝物呢?缘分天注定,清代江苏钱币的龙头——清代咸丰元宝宝苏局当千钱(下文称为"宝苏当千")孤品露出了它的真容。

"宝苏当千"在民国时期被戴葆庭前辈在苏北地区遇到,然而并没有买到,仅留下记录。目前存世仅见的这枚"宝苏当千"于20世纪90年代在江苏淮阴民间发现,1999年被上海藏家施志民得知消息后,连夜租车赶赴苏北将其买下,从此深锁柜中,秘不示人。10余年后,在我举办展览时,施先生将其借展于我,一见此钱,令我魂牵梦萦,欲罢不能。经过我无数次的诚意拜访,尤其是在得知我计划开办博物馆的事情后,施先生最终将其转让与我,并嘱托我好好保存。

经过数年精心选址、认真筹备,这家以地方省局货币研究为主题的民营博物馆——"清代苏局钱币艺术馆"(后更名为"闻德钱币艺术馆")正式成立。该博物馆一经成立,就成为业内人士必到的打卡地和学习宝库,并先后接待了中国钱币学会领导,上海博物馆、浙江省博物馆等研究机构学者,我国以及美国、日本等同行,而那枚"宝苏当千"孤品更是观众们必看的展品之一。因为社会反响良好,该博物馆也顺利加入了中国博物馆协会。

对我来说,中国钱币收藏和研究路很长,道很远,我会砥砺前行,继续奋进。

汪洋藏品:
清代咸丰元宝宝苏局当千钱

/ 问答录 /

"宝苏当千"乃镇馆之宝,我们还想听听关于它的更多故事。

户部宝泉局、工部宝源局在清代咸丰三年(1853年)开始铸造当五百大钱。咸丰四年(1854年),户部要求几大地方局铸行当五百、当千大钱,彭信威先生在《中国货币史》中明确提到宝苏局铸造了当五百、当千大钱。由于当时宝苏当百大钱已遭拒用,宝苏局应该只是铸造了当千的试铸样钱,并未正式流通发行。目前"宝苏当千"应为孤品存世。

你创办了中国第一家以地方省局货币研究为主题的私人博物馆,你觉得这个博物馆最大的意义是什么?

闻德钱币艺术馆以清代江苏省所铸之行用钱、苏炉官铸花钱、清代江苏钱币铸造史料等藏品为主,为研究地方经济货币史、地方民俗文化提供了宝贵资料,为中国钱币的横向或纵向的分类收藏指明了一条全新的道路。

我愿泛起一叶"孤舟"

2006年,我如愿来到北京上大学。北京这座城市给我的钱币收藏之路提供了得天独厚的优势,不仅让我儿时的爱好得以延续,还让我的钱币学识从业余过渡到专业。那时候,"西报国""北马甸"是我周末最喜欢待的地儿,也是从那时候起,在众多的钱币收藏板块中,我开始痴迷朝鲜钱币,且一发不可收。

收藏得越多,疑问也就越多,而且当时的钱币收藏市场完全找不到一本关于朝鲜现代货币的资料。要解惑就得延伸思维、拓展阅读,所以我不得不在工作之余,常常借机去辽宁丹东和江西吉安的图书馆、档案馆。后来创业,又先后去过朝鲜和韩国,这些经历让我对朝鲜货币的了解越来越立体了。就这样,不知不觉间,我慢慢地转向了专业研究。

朝鲜钱币的收藏之路刚开始是十分孤独的,因为不论是在互联网还是在收藏市场,鲜有人对朝鲜钱币感兴趣。因为我对中朝之间的交往史、边界史以及人文历史有一定的了解,从那时起,我开始撰稿发表,并在互联网上与大家交流心得,分享研究成果。很多现代朝鲜钱币的简称(如"47100""925""9210")、俗称(如"镍币三雄""肥徽""瘦徽""弃核")、版别(如"正版圆""错版圆""粗发版""精发版""珐琅版""彩漆版")、版本(如"棉纸版""光面纸版""方形红戳""方形绿戳""菱形红戳""菱形蓝戳""窄顶版""高顶版")等,都是在这个时期我根据中国收藏市场的形态拟定的,后来大家也喜闻乐"用",大部分都成为现在朝鲜钱币这个板块内约定俗成的专业术语。

随着发表的文章逐渐增多,越来越多的收藏爱好者开始收藏朝鲜钱币,甚至重新审视朝鲜钱币的收藏研究价值。到2015年,多年的努力终于小有结果,"小媳妇"好像快熬成了"婆"。我得到了很多鼓励:政府部门的爱护、相关院校的邀请以及中国收藏家协会钱币分会领导的提携,开始频繁受邀访问朝鲜,被院校聘请为特邀研究员,完成国家相

王 彪　　作者简介

1987年出生,陕西西安人。中国收藏家协会钱币分会副会长、通化师范学院朝鲜半岛经济文化研究中心特邀研究员。先后出版《朝鲜民主主义人民共和国纪念币精品选》《朝鲜货币概论》《朝鲜钱币标准目录》等著作。

关课题，在业内担任社会职务等。人生的际遇仿佛是被提前安排好的，正是在这个阶段，老会长在北京报国寺为我打开一扇新的大门，有幸成为中国钱币界"黄埔军校"最后一届的学生。在这里，我得以安心编写《朝鲜民主主义人民共和国纪念币精品选》，完成《朝鲜货币标准目录》初稿。在这里，很多朝鲜钱币类的鉴赏、分析、研究文章得以发表。在这里，我认识了更多同好前辈与朋友，我们一起努力，促成了PCGS（Professional Coin Grading Service）、PMG（Paper Money Guaranty）/NGC（Numismatic Guaranty Corporation）美国两大评级公司在中国对朝鲜钱币的接纳与评级。也是在这里，完成了中央电视台节目讲座《朝鲜钱币收藏在中国发展的主要历程》和《神秘的朝鲜纪念钱币》的录制。

2019年年末，我从报国寺——这所中国钱币界的"黄埔军校""毕业"了。新的里程，新的征程，TQG（Top Quality Guaranty）评级顺利被我引进中国，幸运地成为外国钱币鉴定评级在中国最为专业的品牌之一。《朝鲜货币标准目录》初稿一分为二地成为《朝鲜钱币标准目录·纸币》和《朝鲜钱币标准目录·硬币》的基础。经过多年的等待，终于获批将由中国金融出版社出版发行。我愿做中朝友谊的一个小小使者，在朝鲜现代货币研究领域发挥最大的作用。

王彪创立的评级公司所评级的朝鲜钱币

/ 问答录 /

朝鲜钱币你藏有所得，并作出了贡献，能谈谈其中的意义吗？

任何人文历史都需要传承，朝鲜作为我国近邻，对它的研究，哪怕是极小的角度、极窄的范围，都会使我们更加立体地去了解它，对我国自身的人文传承也大有裨益。

朝鲜钱币是外国钱币的一部分，你作为外国钱币收藏的负责人之一，有何展望和希冀？

中国钱币收藏市场的体量未来还会持续增大，像朝鲜钱币这样的外国钱币收藏群体也会持续增长，我很看好这个板块，也将持续关注、支持这个板块的发展。

新媒体助力币文化

人类对于物件的集藏应该是刻在骨子里的基因。古钱币作为人类文明的现象坐标点，常伴了我们的文明三千年。所以，钱币作为一种文化现象，随着对它的认知、理解、研究的深入，逐渐成为一种重要的收藏行为。

我的故乡，甘肃省临夏市，是个四季分明、文化积淀深厚的小城。从仰韶文化到马家窑文化，再到齐家文化，构建了中华文明早期发展的脉络之一。中国最早的青铜器（青铜刀）、中国最早的铜镜（齐家镜），皆出自我的家乡。或许有了这样的文化积淀，临夏人对于古物的集藏向来已久。我就是在这样的氛围里长大的，自幼目睹了很多古物的集市地摊，久而久之对此产生了浓厚的兴趣。

对古钱的爱好起源于小学时期，那是大概 2004 年的事情。那时古钱便宜，存量巨大。我花五角钱就可以买到一枚宋代或清代钱币。但由于对钱币认知不足的问题，时常出现困惑，最大的难题在于文字。直到后来买到人生第一本工具书《历代古钱图说》，才逐渐对钱币产生理性认知。伴随着对于钱币的喜爱，高中就立志学习考古学专业，想对其进行深入、科学的研究。高三那年，参与了四川大学"双特生"的自主招生选拔，以"出类拔萃"的评语如愿参学。而后的学习过程，让我更觉得古钱币研究犹如滔滔之江水、浩瀚之星辰，绝非辨认真伪、区分版式之简单。大学之际，在学好专业课程的同时，加深了对考古学、冶金学、方志学、货币史等方面的综合学习。2014 年大学毕业，参加工作。先后就职于四川师范大学文理学院、四川文化产业学院，主授课"文物保护与修复"专业金属器课程。时至如今，共计向文博行业输送专业人才 600 余人。

高校育人责任重大，但如何为钱币收藏市场提供人才，更是我的所思所想。伴随着新媒体传播方式的迅速普及，我将一部分时间放至钱币文化的推广与传播。2019 年，与南京保粹文化服务有限公司（简称保粹评级）携手入驻快手平台，

王 刚　　作者简介

1992 年出生，甘肃临夏人。四川成都川江钱币博物馆副馆长、南京保粹文化服务有限公司执行副总裁。参与河南舞阳贾湖遗址考古发掘。系统性集藏中国古代钱币 20 年，尤其喜爱清代母样、历代纲目。

/ 问答录 /

从高校育人到为钱币收藏市场输送人才，你对钱币文化推广所作的贡献有目共睹。请再介绍几枚你收藏的重要藏品吧。

一枚新莽·一刀平五千，俗称"金错刀"，为中国古钱名品，更为王莽铸币代表之作，见证了王莽的币制改革。此品通体绿锈，刀身锉痕犹现，"一刀"二字，犹抱琵琶半遮面。金错刀更是我儿时梦想之物，而立之年所得。

另一枚道光通宝·阿克苏部颁样母钱也是我的心头之好。清代钱币母样板块常为市场关注焦点，部颁样钱为难得之物，部颁样钱之母钱更是难得之难得。此品为郭若愚先生之旧藏，名家递藏，且品相极佳。2022年中国嘉德秋拍所得，成交价格59.8万元。

听说你还有一枚光绪通宝宝泉局雕母，其中也有来历，说说看。

雕母为清钱之祖，历来为藏家所重。我收藏的这枚雕母为光绪朝宝泉局北厂之雕母，刀法精湛，铜质细腻。此品为张建国先生之旧藏。我与先生相识偶然，而先生对我之教导犹如醍醐灌顶，更为而后事业发展奠定了方法论。见此雕母，犹见先生如面。器物具表，更为情义之铭记。

王刚藏品：
清光绪通宝宝泉局雕母

为网友普及钱币知识及线上钱币鉴定，通过短视频播放及知识内容输出，让更多人了解钱币。时至如今，快手平台共计粉丝35万余人。随着对钱币文化普及的需求，2022年正式入驻抖音平台，并于2023年创立"泉行中国"栏目。走遍华夏大地，遍访泉家名友。在做好钱币文化宣传的同时，也让钱币文化逐渐破圈，让更多人了解钱币、认识钱币、收藏钱币，现今，积累粉丝58万人。在此期间，参与编著了《北宋铜钱·增订本》《清钱版别图鉴》《新订乾元重宝钱谱》《思古楼泉集·唐钱图录》等。

伴随着互联网的发展，各项传统收藏类目皆可有蓬勃发展之潜力。但需新人不断为钱币普及而助力，更需老人不断为行业正本而清源。时至今日，钱币收藏人群与日俱增，收藏群体的年轻化、理性化、科学化与日俱增。人工智能更将会为钱币行业带来助力。我们的行业正在传统与科技之间演进。作为一个钱币人，期望我们的行业蓬勃发展，更希望钱币文化成为我们民族文化自信的重要载体。

前无止境

"因为我无知"

王 伟　作者简介

1969年出生，吉林长春人。天津城建学院毕业，取得澳大利亚南澳大学、吉林大学、清华大学三所大学的管理学硕士，正高级工程师，中国第一部燃气技术法规（GB 50494—2009）起草人之一。全国工商联民间文物艺术品商会常务会长、吉林省工商业联合会第十一届副主席。

很多人面对我收藏的钱币，满脸疑惑地问我，你为什么收藏钱币呢？我每次都带着感慨却坦然地说："因为我无知！"

我出生在吉林长春双阳的一个小山村，13岁离开乡村。那之前，我满脑子都是大山、小河沟、山野菜，后来通过考试考进县城天然气公司做了一名技术操作工。由于表现突出，被公司委托送到天津城建学院读燃气专科。毕业后由于工作，经常出差至全国各地，也去过欧洲，在增长见识的同时也认识到自己过去的无知。

一次偶然的机会，我送朋友礼物，朋友回赠我一本书和一包古钱币。放置了一段时间后，偶然间翻看到丁福保原编、马定祥批注的《历代古钱图说》。一部中国史跃然纸上，从此便开始收集中国古钱币，且一发不可收。

沿着朋友的线索，我先后结识了天津市钱币研究会理事、《中国钱币大辞典》副主编、曾任百苑文艺出版社编辑邱思达先生及其子，以及黄旭先生和几位钱币收藏爱好者，也通过他们快速、准确地获取钱币收藏的各种知识。到2019年，黄旭先生说我收藏的名誉品在全国已经名列前茅了。我学会了按历史年代、材质、包浆、纹饰、铭文、流通领域、出土方位等方面欣赏和研究古钱币，也了解到不同历史时期的政治、经济、生活状况。一枚钱币背后折射出的是一段历史。

通过一枚布币，我了解到钱不是货币的本名，是以按照代表当时生产力水平的农具名称代货币名称而做成的货币。一对西周、东周的圜钱让我明白，当时的钱币制式反映的是人们对世界的认知，外环代表日，内环代表月。一枚"牟"字背一两三孔布，在圆肩圆足布的基础上增加三个孔，告诉我们，当年的中山国被魏国、赵国统治过，所以虽然存世200年，也保持了行政区域的相对独立，但是思维和行为依然受魏赵的影响。

好一个亘古未有的"造币狂人"王莽，利用金、银、龟、贝、铜5种材质，造就28类钱币品种，改钱为泉，以水为财。一枚北宋靖康通宝折三篆书钱的收藏，让我充分了解了北宋的历史以及宋徽宗赵佶、宋钦宗赵桓父子的人生。一枚清代"万寿无疆"背大雅宫钱，让我了解慈禧和她的大雅斋，也知道这枚钱和慈禧的关联，因具有极强的专属性而存世极少，且具皇家风范，非一般宫钱可比。还有五枚吉林的厂平银币，是吉林将军府（现吉林、辽宁、黑龙江、内蒙古）在光绪十年铸造的厂平柒钱银币，也是中国正式开启机器铸币时代的第一枚银币，由吉林机器官局监制、清代金石学家吴大徵设计。铸好后，由于面值不符合民间使用习惯，所以未能盛行便被废止，现今极为罕见。

每一枚钱币的背后，都有能带我感受历史的点滴，从秦皇汉武到唐宗宋祖历历在目。收藏钱币，也让我学习了历史。钱币上的铭文从甲骨文到金文、大篆、小篆、楷书、草书、行书一脉相承。钱币收藏填补了我的无知，为我铸起中华民族的魂。

王伟藏品：
战国·赵 大型"榆即"尖足布

/ 问答录 /

收藏钱币对你的事业有什么帮助吗？

通过对钱币铭文的研究，我将甲骨文作为文创开发，为国内很多景区开发了"一字IP"，比如为吉林省、长春市分别开发设计了"吉"和"㐰"一字IP。一方面助力我的事业发展，另一方面也传承了传统文化，我很为此骄傲。

你说无知，却并非无知；人说有知，也未必有知。你能从钱币收藏角度，说说其中的辩证关系吗？

知识为明，未知为道，为学者日增，为道者日损。

前无止境

在钱币收藏的天空里流连忘返

王春利　作者简介

1969年出生，北京人。1993年毕业于大连外国语学院。2012年创办北京华龙盛世钱币艺术品鉴定有限公司。先后出版《中国吉林银圆图谱》《中国金银币目录：1791—1949》。国家发展和改革委员会价格认定中心专家组专家、北京市钱币学会理事、中国收藏家协会钱币分会副会长。中央电视台财经频道《一槌定音》栏目组特邀专家。

　　从儿时起，我对历史就有浓厚的兴趣，似乎是没有理由的喜欢，当触及那些跟历史相关的物件时，似乎一切都开始变得活灵活现。记得小学时同学在一起互相交换东西，我用两枚带龙纹的钱币（后来才知道是伪满洲国镍币）和一名同学交换了一枚带人头像的贰角银币。因对方的币是银币且币上有外文（现在回想起来那枚币应该是签字版的"大头贰角"），所以两枚换一枚。我的钱币收藏生涯就这样奇妙地开始了。

　　1993年大学毕业后，我被分配到北京工作，工作闲暇之余去了北京有名的月坛公园，开始有机会接触到更多的银币，才知道当时那枚银币应该是很难见到的一枚样币——"大头签字版两角"。1995年，我和朋友从外地买了10麻袋的1分钱纸币，之后以几倍的价格卖出。尽管袋子是沉重的，但我们的心里却是充实而满足的。这次小试牛刀之后，我开始有了更多的兴趣，也有了更大的信心。但我始终不能忘怀儿时的梦想，依然对银币情有独钟，于是以银币为中心，开始了我的收藏之路。

　　因为当时信息交流和交通都不那么发达，所以在市场上看不到太多可以收藏的银币，于是每逢喜欢的银币就赶紧买入收藏。然而，当时大学刚毕业不久，没有太多积蓄，所以很多时候只能望梅止渴。慢慢地，随着工作的稳定和发展，我开始像其他收藏前辈一样，走上了以藏养藏的收藏之路。

　　后来，出于工作的原因，经常出差到外地，这样便有更多的时间和机会从全国各地购买自己喜欢的银币。同时，在北京的报国寺，我还做过几年币商。做币商的这几年，是我最快乐的日子，工作中的压力和不快在收藏与欣赏银币时完全被稀释掉了。在收藏银币的过程中，我对吉林省造的银元产生了浓厚的兴趣，也许是它独有的龙凤交织的图案和丰富的版别深深地吸引了我。我于2010年出版了《中国吉林银圆图谱》。

| 问答录 |

在钱币收藏这个领域中，你还有什么梦想？

2012年，本着中国的钱币中国人自己来评，创立国产品牌的目标，我发起设立了北京华龙盛世钱币艺术品鉴定有限公司。这些年，我一直为此而努力，这也是我的一个梦想。希望吾辈同人共同努力，最终实现我们大家共同的梦想。

钱币收藏给你的人生带来了多大影响？

钱币收藏丰富了我的人生，开阔了我的视野，最重要的是，满足了我从小到大对于历史的好奇心。那些钱币像是漫漫历史长河中点缀的星光，我在这片收藏的天空里流连忘返。

王春利编著：
《中国金银币目录：1791—1949》

随着银元收藏群体的扩大，大家对银元工具书的质量要求也越来越高，我便以自己多年收藏的银币为基础，加上国内外收藏界先辈的图片和资料，于2012年出版了《中国金银币目录：1791—1949》。这本书出版至今已成为银币收藏爱好者必不可少的工具书。2022年，我又编著了《中国金银币目录：1791—1949》第二版，对第一版的版别进行了完善，并对市场参考价格进行了与时俱进的调整，使其更贴近市场，更好地起到工具书的作用。这三本书，均是以最原始的方式出版的，书中90%以上的钱币图片都来自我自己收藏的钱币。出版这三本书，可以说耗费心力。

第一本书《中国吉林银圆图谱》出版时，我几乎跑遍了东北的各个城市，致使很多人以为我是吉林人。第二本书《中国金银币目录：1791—1949》中的一些钱币价格不能完全代表市场价格；而后来第二版书中市场参考价格是在报国寺各位同人的帮助下共同制定的，体现了集体的力量。也是基于这些小小的成绩，我先后加入了中国收藏家协会钱币收藏委员会（并推荐行业优秀者入会，现均已成为骨干力量）、北京钱币学会、国家发展和改革委员会价格认证中心专家组，并应邀参加了中央电视台、北京电视台相关钱币收藏节目的制作，在更广泛的领域推广钱币知识，宣传钱币文化。

回首往事，思绪万千。30多年的钱币收藏不仅满足了我对于历史的好奇心，更是充满愉悦，充实了自我。在收藏中认识了那么多的朋友，是我人生的一大幸事，收藏中的点点滴滴更是难以忘怀。收藏大业永无止境，余年愿与收藏界的各位同人共同努力。

我的钱币研究之路

我和钱币结缘应该要从孩提时代算起。小时候在农村，家家户户夏季编织屋门悬挂的竹帘子，为了便于麻绳反复绞织，都用一枚铜钱坠在麻绳一端。因为觉得这个物件有趣，我就开始喜欢上铜钱，去邻居家张手讨要。回家之后，缠着爸爸妈妈告诉我上面印着什么字。很可惜，知识不够丰富的爸妈也无法给我一个完美的答案。想来，这应该算我钱币收藏的萌芽吧！时至今日，这些不起眼的铜钱一直伴我左右，历经求学、工作，反复搬家。

上学之后，尤其是进入中学，因为喜欢历史和地理，喜欢唐诗宋词，所以开始偏爱文科。进入大学之后，越发痴迷考古文物，沉溺其中，不能自拔。记得本科阶段，学校开设中国古代钱币必修课，老师是吴荣曾先生，印象最深的就是期末考试，有一名词解释——"北周三品"，先生要求配图。最后得多少分不记得了，只记得那三枚钱币上的文字太难写了。也就是从那时起，我开始意识到，要想认识钱币，必须反复观看、临摹钱币拓片。我的硕士学位论文题目是《燕国明刀币分期研究》，记得当时一边写论文，一边在北京大学赛克勒考古与艺术博物馆整理馆藏钱币实物。现在想来，正是因为上学期间打下的理论基础，毕业之后才能做到理论和实际的完美结合。

走出校门，我的第一份工作开始于北京市古代钱币展览馆。作为北京市文物局直属文博单位，在那里，我接受了正规的文博行业知识培训和指导。20世纪90年代中期，钱币收藏开始如火如荼地展开，博物馆设立的德胜门古币交易市场和每年组织的春秋钱币交流会在全国有口皆碑，人潮如织。那时的钱币价格和现在相比简直是云泥之别，而且大家更多关注先秦的刀铲和银币，现在价格奇高的民俗钱（当时还没有民俗钱这个概念，多称"压胜钱"）基本无人问津。因为那里有钱币市场、钱币商店，所以我经常在那里闲逛，于是我结识了许多钱币收藏家和爱好者。

在北京市古代钱币展览馆工作期间，我策划组织了多个

王纪洁 作者简介

1969年出生，北京人，北京大学考古系硕士研究生。中国钱币博物馆研究馆员、中国钱币学会学术委员、北京市文物鉴定委员会委员。

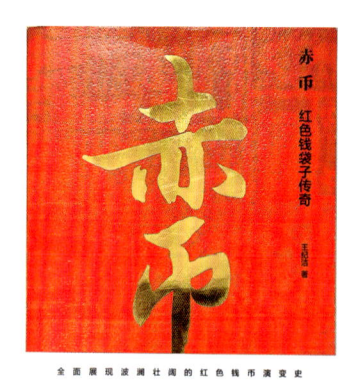

王纪洁专著：
《赤币 红色钱袋子传奇》

展览，完成了馆藏品总账和分类账的编目与实物整理，赴匈牙利首都布达佩斯举办"中华历代钱币展览"。为了满足钱币收藏市场的需求，作为第一作者，编著完成《中国历代古钱图解与价格指导》，由中国档案出版社出版发行。学术论文《尖首刀分期研究》获得1998年北京市文物局"瀚海"优秀论文二等奖。

后来，机缘巧合，我调至中国钱币博物馆工作，平台更加大了。在此期间，我策划组织了"'铜'心'铜'德——中国铜元精品展""吉金雅藏——中国历代民俗钱币展""红色金融历史展""精品荟萃 蔚为大观——清朝京局钱币精品展"等。这些展览都是与广大藏家合作，博物馆负责组织实施。由此，我与许多资深藏家结下了深厚的友谊，鉴赏到很多顶尖藏品，钱币知识不断拓宽。

长期以来，我一直努力钻研业务知识，保持对钱币研究、鉴赏的兴趣和热情，不断提高自身的理论研究水平，在钱币学、货币史研究领域取得了一定的成果。我撰写的《中国古代物质文化史·货币卷》于2018年3月由开明出版社出版发行。该书为国家出版基金"十二五"国家重点出版规划项目，共60余万字，内容全面，从物质文化角度解读货币的发展历史。依托中国钱币博物馆丰富的红色货币藏品，我撰写完成《赤币 红色钱袋子传奇》，于2023年3月由中国工人出版社出版发行。这本书面世之后，入选中共中央纪律检查委员会网站推荐书目，学习强国、光明网等官方媒体进行报道。

此外，我利用工作之余，陆续撰写、公开发表学术论文40余篇。其中，《压胜钱及相关问题略论》获中国钱币学会学术最高奖、2008年第四届"金泉奖"。

因为喜欢钱币，我从2017年3月开始设立自己的微信公众号——"钱法堂"，定期推送自己撰写的原创钱币文章。时光荏苒，迄今已坚持7年。大家都知道，运营自媒体，撰写推文，很累、很耗时，自己有的时候深感力不从心，但是因为有广大泉友的鼓励和支持，我始终在坚守，没有停下耕耘的脚步。

非常感谢老一辈钱币学家对我的谆谆教导，感谢中国钱币博物馆对我的培养，感谢广大泉友对我的帮助和支持。未来，我们继续携手前行，共同致力于发展壮大钱币事业。

/ 问答录 /

在钱币研究和办展中，遇到的难题一定不少，你是如何解决的？

比如我之前很少关注机制币的铸造技术，但在举办中国铜元精品展时，需要借助大量的铜元铸造知识，怎么办？只能从书中找答案。于是，我从博物馆图书室借阅，从网上购买相关书籍，请教有关资深老师，恶补一通，终于交出了完美答卷。

作为年青一代的钱币研究者，成绩斐然，回眸一定感慨良多，请为钱币研究的新生代说几句话。

俗话说，"书山有路勤为径，学海无涯苦作舟"。任何知识的获得都没有捷径，只有脚踏实地，"板凳要坐十年冷"，不断从书本中汲取营养，才能不断充实自己的头脑。而且，钱币研究是一门理论和实践相结合的学科，一定还要多接触实物，多观摩实物，才能有一定的感性认识，从而能更好地促进钱币学问的理论研究。

钱币学也是比较学

中国文化博大精深，在钱币这个载体上可谓体现得淋漓尽致，因为钱币文化是一个不曾断代的文化。

我从小在山西原平的一个村子里长大，家里环境不好，没怎么读过书，我十几岁便走街串巷，开始做各种生意。偶然的机会接触到钱币，并因一笔钱币买卖，赚到了人生的"第一桶金"，由此便走上了钱币收藏的道路。1993年，我来到北京，正式开启了钱币收藏的职业生涯。当时，我识字不多，但通过买卖钱币、认识钱币，逐渐把历朝历代的钱币铭文都认全了。

1997年，北京报国寺成立了专业的收藏文化市场，聚集了全国各地的钱币精英，我也成了人称"钱币黄埔军校"中的一员。当时报国寺里的学习氛围非常好，大家每天都聚到一起相互切磋钱币知识。我们每天都会做一个有趣的游戏——先到者举起一枚钱让晚来的人猜背，猜对的可以进门，猜错的就请大家吃饭。这段快乐的时光至今仍令我记忆犹新，也在一定程度上增长了眼力。

后来大家渐渐分开，我也逐渐认识到钱币收藏光有钱币知识还不够，资本也很重要，我便慢慢开始以藏养藏。随着财富的积累，我的钱币收藏品种和数量与日俱增。与别人不同的是，我没有设立收藏专题，只要有条件，上下五千年的钱币我能得尽得。我认为，如果只研究某个专题的钱币，有可能遇到瓶颈，也研究不透。

每个时期的钱币都有其自身的特点，且能反映当时的政治、经济、文化等，细数起来，每朝每代都很有意思。比如，商周时期的货币所体现的是人类对钱的认知和需求。春秋时期受农耕文化影响，钱币制式由农具演变而来，产生了刀币和布币。从秦汉开始，钱币上总体现出国家的政治、经济、文化，当时的战争规模和经济发展水平，充分反映在钱币制式上。到了三国两晋南北朝，通货膨胀和虚值大钱让人研究

王静美 作者简介

1973年出生，山西原平人。中国收藏家协会钱币分会副秘书长。

起来颇具趣味。盛唐的美品钱币和炉别版式也深受广大钱币爱好者的青睐。五代十国的钱币大部分都属于珍品，好多品种都是一钱难求。再到两宋时期的钱币，大多都载有皇帝的亲笔御书，让多少喜欢书法的人梦寐以求。辽夏金元时期的钱币上出现了很多少数民族的文字，又让多少藏泉者夜不能寐。明朝的钱币让世界开始认识中国这个东方古国。清代钱币又有了雕样儿、雕母、母钱、样钱、虚值大钱、小钱、私铸、盗铸等，可谓五花八门，让人乐趣无穷。除上述钱币，还有花钱，俗称压胜钱，从汉代开始就出现了，涉及很多阶层，上到帝王，中到商贾，下到百姓都有铸行。因我不分专题，以上钱币品种我都有涉猎。

我有时在想，收藏的朋友要静下心来，不要急功近利，脚踏实地从头做起，到市场、到民间，先从历代普品开始收藏。无论是否懂行，把能看明白的东西当作质子，去作比较。我认为，钱币学也是比较学，你只要认定真品，真假比较起来一眼便知，不需要事事找专家，多看真品自然就学会了。知识需要自己慢慢积累，千万不要盲目地相信别人。

王静美藏品：
金代泰和通宝折五钱

/ 问答录 /

在比较中学习和提高，是十分正确的。除了比较法，你还有什么好办法分享给大家？

收藏的要素其实就是每天不断地用实物来作对比，从而达到提升自我对事物的审美。同时，收藏的悟性也是非常重要的，审美和悟性缺哪个都不行。

收藏并有所成就者不分出身，更不以收藏时间长短来区别，你能讲几句体会吗？

我的收藏生涯已有30多年了，每天都在重复地做着同一件事情，就是作对比，活到老学到老，每天都会有新的认知，通过不断地对比来学习。

冷门不冷

1968年10月，我在鲁西临清县一个宁静的小乡村呱呱落地。童年有诸多快乐相伴，钓鱼捉鸟、粘蝉养蚕自然少不了，而和小伙伴们一起玩儿"踢毽子""敲钢镚""轧银元"等游戏，则对我后来走上钱币收藏之路影响深远。当时手捧光芒闪烁或古色古香的硬币、铜钱，或把各色硬币从储钱罐里"哗啦"一声倾倒出来，聆听那翻滚撞击的金属交响曲，而心生喜悦的场景至今仍历历在目，这在我幼小的心灵里深深地种下了"爱钱"情缘。

印象最深的一次是，一个亲戚收电费时收来一枚银元，他知道我特别喜欢钱币就送给了我。我第一次见到这么大的银币，惊得目瞪口呆，父亲指着这枚银元跟我说："这面是孙中山头像，另一面是帆船图案。"后来随着文化知识的提升，我对那些方孔钱、银元、铜板、硬分币、长城币上的图文加深了认识和理解，深深地被硬币上的历史文化内涵所吸引，于是把这些钱币分门别类地放到盒子里。这是我平生第一次拥有了自己的"聚宝盒"，也就是从那时起在内心深处萌发了以后要当个"有钱人"的想法。

上高中之后我立志考取名牌大学，三年拼搏得到全聊城地区高考理科并列状元，考取了南京大学攻读人体生理学专业。南京大学丰富多彩的学习生活，开阔了我的多维视野，也丰富了我的历史知识，对我后来的收藏生涯颇有裨益。工作之后，我全心全力工作赚钱，没有能力和精力再去收藏钱币。故乡王家老宅的"聚宝盒"静静地躺在角落，布满了灰尘。直到1996年，我因工作需要接触到第三套、第四套人民币，重燃起我对钱币的热爱并愈加痴迷。此后，我开始有意识地收集各类钱币，少年时代的"聚宝盒"重回身边，并逐渐变成"聚宝柜"。

21世纪之初，我实现了律师梦，伴随着经济条件的日渐宽裕，我开始有目标、有专题地去收藏和研究钱币。十余年里，我出差办案之余也走遍了全国各地的钱币市场，除了淘换泉币，也向戴志强、石肖岩、葛祖康、柳忠良等钱币收

王美忠 作者简介

1968年出生，山东聊城人。律师，毕业于南京大学和中国政法大学。中国钱币学会专家库成员、全国工商联民间文物艺术品商会钱币专委会理事、山东省钱币学会理事。

藏研究大家和前辈当面求教学习，与段洪刚、张民、孙克勤、殷敏、林文君等很多钱币收藏家成为良师益友。2008年，我作为公益律师出差路过一个小县城，去逛那儿的收藏市场时，我以极低的价格淘到一整套硬分币"五大天王"原装册，第一次收获流通硬币珍品，至今仍令我记忆犹新。

收而不研者俗，藏而不鉴者愚，以藏学师者德。在中国历代钱币长河中，我主要选择现代流通硬币和历代钱币镶嵌邮币封这两个冷门板块进行收集、鉴定与研究。历经十数年的努力，不仅练就了一双火眼金睛，同时编撰了《硬币收藏与鉴赏》《中国邮币封收藏与鉴赏》《硬币收藏十讲》《人民币流通硬币及纪念币收藏知识宝典》等泉邮收藏类书籍，填补了相关领域的空白，为硬币和邮币封爱好者提供了优质的收藏图录和参考书，获得了良好评价。

"路漫漫其修远兮，吾将上下而求索。"藏海无涯苦为乐，而今迈步从头越。要说知天命之年的我还有什么理想和目标，我想那就是继续在泉坛深耕细作，完成历代钱币经典代表品种的收藏大系，完善流通硬币和原装套币大系、邮币封版别大系等领域的实物收藏、资料整理与理论研究，将来开办专题钱币展览馆，并撰写更加完善的著作以留诸后学。

王美忠藏品：
《毛泽东同志诞生一百周年》丝织金币邮币封

/ 问答录 /

钱币收藏给你的人生带来了什么影响？

以泉会友，丰富人生，让我的业余生活更加丰富多彩。职业特点使我的工作中多"争斗"，但钱币收藏带给我多"和贵"。在钱币收藏中，与全国乃至海外很多有文化、高素质的优秀人士交流，不仅收获了财富、增长了学识，更获得了友谊。

从冷门钱币专题专项入手，深耕细作，别样生辉，想来对不少收藏者能有所启发，讲一两个例子如何？

收藏者切忌随大流、追热门，而要独辟蹊径、推陈出新。20多年来，我牢牢抓住钱币收藏中比较冷门和空白的现代流通硬币和历代钱币镶嵌邮币封这两个板块深耕细作，潜心收藏与研究，不仅系统、全面地收集了硬分币、长城币、三花币和七大系列邮币封的实物藏品，而且还将收藏研究成果结集出版了《硬币收藏与鉴赏》等四部专著，受到同好和读者的良好评价。

从收藏中感悟"宁波帮"金融业

王天杨　作者简介

1982年出生，浙江海宁人。宁波财经学院人文学院产业副教授、宁波市钱币学会副秘书长、浙江泉友会宁波团队副秘书长。在《中国钱币》《中国收藏》《中国文物报》等报刊发表文章10余篇。

2006年，在工作之余，我拾起了小时候喜欢收藏的爱好，在邮票、小人书、瓷器和钱币等类别中，最终选择了钱币收藏。经过藏友的引荐，加入了当地的钱币学会，开始跟着老前辈们学习写钱币研究的文章。后又受到宁波大学鲍展斌教授"宁波商帮近代金融业文化展"的影响，在收藏浙江纸币的同时，注重"宁波帮"金融业相关的古钱、金银锭、纸币、票据、金融用品实物和相关文献资料的收藏与研究。

宁波是重要的海上丝绸之路始发港之一，也是新四军浙东游击纵队发行"抗币"的地方。在晚清至民国时期，"宁波帮"在中国的金融业界中占据了主导地位。"宁波帮"自清代乾隆、嘉庆年间以来，逐渐形成了若干支柱行业：以南北号沙船为代表的贩运业，以北京四恒号钱庄为代表的金融业，以北京同仁堂药店为代表的药材业，以北京慈溪籍成衣匠为代表的服装业，以苏州孙春阳南货铺为代表的杂货业，以民信局为代表的民间邮递业。这些传统行业，在清末时期已经规模大成，声誉卓著。勇于开拓的宁波商人并不满足于此，他们锐意改革，创新求变，19世纪末至20世纪初，完成了自身的现代转型。

清代金融业通常都以为山西票号"海内最富"，其实，清末"宁波帮"的钱庄已经毫不逊色。宁波慈溪董家人于清康熙年间在北京东四大街开设"四恒银号"，历久不衰，地位举足轻重。而在上海钱庄业，"宁波帮"也是一言九鼎。清末上海钱庄界有九大家族，宁波人占其五，即镇海方介堂家族、李也亭家族、叶澄衷家族、慈溪董耿轩家族、鄞县秦君安家族。上海钱业公会会长一职，由宁波人秦润卿担任了15年之久。与此同时，宁波钱业人审时度势，他们卓有远识地看到钱庄、票号、典当等必将被银行、保险、证券、信托投资等现代金融取代。1897年，国人创办的第一家现代银行——中国通商银行成立，其业务经营大权就是由严信厚、叶澄衷、朱葆三等人掌控的。而中国证券业、保险业的开拓者，

王天杨藏品：
清宣统元年上海四明银行发行的贰圆纸币

也是"宁波帮"。1905年，当国人还分不清保险与保镖时，朱葆三已投入巨资，在上海开设华安水火保险公司。1920年，虞洽卿、盛丕华、赵家艺等宁波人组建了上海证券物品交易所，这是国人经营的第一家证券公司。"宁波帮"在中国金融业界的成就和贡献令人瞩目。

我收藏的"宁波帮"金融相关钱币实物票据便是最好的见证。我们的藏品可以以物证史，正史之误。我们以实物为依托进行的研究，是我们独特的优势。

为了让更多人了解"宁波帮"金融业的金名片，我积极联络宁波帮博物馆、宁波市海曙区档案馆以及宁波金融史馆等机构，参与组织策划了"宁波海上丝绸之路贸易与货币展""浙东红色金融货币展""走遍天下不如宁波江厦——宁波钱庄业特展"等展览活动，参与编辑了《宁波老银行》《曙地金融 抗币传奇》，编著了《近代宁波帮金融业遗珍》等图书。

/ 问答录 /

对"宁波帮"金融业，你多有研究，并藏有所得、藏有所悟，请举例说明一二。

比如一张1925年交通银行上海地名的壹角纸币，背面左边是"宁波帮"著名人物盛竹书的签名。他参与创立上海银行公会，其间创设《银行周报》，筹组上海造币厂借款银团、通泰盐垦借款银团，成为上海金融界举足轻重的人物。这就是钱币背后文化的一部分内容。研究得越多，就越能发掘钱币之美，感受我们祖国博大精深的钱币文化。

钱币收藏给你的人生带来了多大影响？

钱币收藏让我的业余生活变得非常丰富，在物质方面获得收益的同时，也在精神上得到满足。各地好友相聚时的愉悦，学校上课时学生们一声声叫着"老师"时的责任感，帮助藏友鉴定时的会心笑容，是旁人无法感受到的社会成就感！

前无止境

最大的乐趣在于发现

王宣瑞　　作者简介

1962年出生，江苏徐州人。收藏中国纸币40余年，身体力行倡导专题收藏。2009年，与同好联合发起首届中国历代纸币展。中国钱币学会学术立项评审专家，参与主编多部纸币专著，在专业期刊发表文章数十万字。

王宣瑞藏品：
中华苏维埃共和国国家银行无冠号伍分券

我从1980年开始收藏钱币，后逐渐转入历代纸币的收藏与研究，偏爱清代纸钞、革命根据地纸币、钱庄商号票和家乡江苏徐州的地方纸币，自我感觉仍然在收藏之路上匆匆行进。下面的文字，算是对自己收藏成果的一个交代吧。

中国是最早发明和使用纸币的国家，从宋代交子收归官办，迄今已达千年。一千年来所产生的数以十万计的各类纸币实物，从形式到内涵皆博大精深，不做专题收藏研究，很难有所成就。有感于此，早在20世纪80年代初即自办民刊，从事钱币交流；1997年春更是通过创办《专题集钞》，鲜明地倡导专题收藏，至2003年共编辑32期，分寄海内外同好，受到好评。从此，对历代纸币的专题收藏与研究，逐渐成为流行和自觉，在中国纸币各个板块出现了很多卓有成就的大家、名家。个人也开始实验性地探索小专题——长城图纸币、一分纸币与票券（受先贤彭信威影响，寓意"一分耕耘，一分收获"）等，也在不断地补充与完善中。

2009年年初，先后与好友冯乃川、马长海、张安生、丁方忠、刘继辉、陈昌滨等商议，决定作为联合发起人，举办一次全国性的中国历代纸币展。我们的初始想法是通过这次展览，检视改革开放以来民间收藏的丰硕成果，向中华人民共和国成立六十周年献礼，同时尝试中国纸币竞赛级的展览，评选出本次展览中最具历史文物价值的十张纸币，以推动中国纸币的收藏研究更上一层楼。我们的想法得到了来自国内外八十多位一流纸币收藏家的鼎力支持，他们纷纷拿出了自己的珍藏，供组委会挑选参展，组委会从过眼的数万件藏品中，精选中国历代纸币珍品和钞版、印章达2498种（件）陈列展出。

2009年11月10日至20日，筹备近一年的"2009北京·中国历代纸币展"在首都博物馆顺利举行，多个单位领导和专家出席了开幕仪式。还有数十名业内专家、学者到场观摩、参与评选和提供论文，包括戴志强、刘建民、周祥、程纪中、王允庭、戴建兵、姚朔民、徐枫、黄亨俊、林文虎等。展览

10天，共接待海内外参观者达数万人次，有的观众数次到场参观、拍照记录，每次均达数小时，可见展品的吸引力和参观者的痴迷程度。新华社对此次展览进行了报道，国内外上百家新闻媒体报道或转载了展览消息。上海造币有限公司还专门为此次展览精制了金、银、铜纪念章。

这次展览参展人数多、规模大、珍罕品多，影响颇为深远。如今不少名震藏界的集钞大家都曾坦言，自己的集钞行动或多或少都受到这个展览的启发与推动。我个人投入很大精力与诸友联合策划展览，写下前言、后记，确定篇章结构，仔仔细细反复审看每一个细节、每一个字句。精美厚重的《中国历代纸币展图集》，在珍罕纸币、高水平文章、精美印制和权威出版社的加持下，如今也成了一册难求的集钞宝典。

至于说到纸币收藏究竟为什么能够让我全身心投入，沉浸其中数十年而乐此不疲，我想最大的乐趣在于发现，在于有新的发现后长久持续的、莫名的兴奋感。无论是确认中华苏维埃共和国国家银行无冠号伍分券的存在，还是揭秘特殊历史时期军用票券背后的故事等，都让我有一种莫名的兴奋。事实证明，把这种发现过程和兴奋感觉记录下来，就是一篇好文章。当然，有的发现或许是"曲高和寡"，或许是"明珠蒙尘"，能够被藏界所公认尚需时日，这一点无须心急，不妨让子弹多飞一会儿，因为时间会证明一切，比如"北海银行伍角牛耕图鲁中地名券""冀南银行壹佰圆加盖红'太岳'"等。

一张长长方方的纸币，真的就像一面镜子，人们在欣赏它，它也在打量着欣赏它的人……

/ 问答录 /

早在 20 世纪 80 年代初你就自办钱币学习交流资料，开蒙于人，交流于众，如今钱币收藏队伍已遍布全国，收藏活动也是丰富多彩，你一定十分欣慰，说几句先行者的话吧。

每个时代都一定会有适合这个时代每个人的收藏项目和品种，什么时候走上收藏之路都不晚，今天的年轻收藏者，没有历史的包袱，更能轻装上阵，一往无前。更重要的是，每个时代的收藏者，都有契合这个时代的使命，这种不断创新和升级的传承、传递是伟大的，是永远无穷无尽的。

你说收藏最大的乐趣在于发现，话在理，语不俗，但如何能够做到长久持续却不容易，让我们听听你的意见。

收藏最大的乐趣在于发现，发现则在于比较，比较才会分辨出差别，对差别的理解、追求、把握和拥有，才会分出收藏的"段位"。而正因为对差别的理解和把握，才会有很多藏友常挂在嘴边的一句话：人不知我知，人没有我有；人有我精，人精我全；人做藏品保管员，我做研究出成果……收藏无穷尽，乐趣大无边。

钱币价值的发现之旅才刚刚开始

当下,中国钱币收藏事业的发展正面临一个重大的突破,这是因为钱币除了传统的属性外,又新增了文化品、教育品、宣传品等属性,因此关注钱币的群体和收藏队伍都将会有新的源源不断的增量流入,由此也将引发钱币价值评估体系的重新构建。

传统的钱币圈只是将钱币视作收藏品,这样决定钱币价值的因素有两条,一是看数量的多少,二是看品相的好坏。面对钱币实物,品相的好坏可以做直观的评判。但是数量的多少则比较相对,为了便于做量化的区分,就有了版别上的划分。于是藏家关注钱币的重点,就被引向了对钱币实物本身的细微观察,希望尽量能从版别上找出独特之处,证明其唯一性或稀缺性,以此实现钱币价值的最大化,因此而忽视了对钱币社会功能和文化内涵价值的挖掘。

传统钱币收藏圈将钱币仅仅认定为是一个收藏品的认知,使得钱币只能局限在一个封闭的圈子里流转,不但限制了钱币收藏队伍的扩大,而且拉低了钱币的价值评判标准。因为没有收藏爱好的人,或者是对钱币版别兴趣不大的人,就进入不了钱币收藏圈。因此,传统钱币收藏圈具有很大的局限性和封闭性。

通过在中国钱币博物馆、中国钱币学会30多年的工作实践,以及和广大钱币收藏爱好者的接触交流,我认为钱币不仅是一个收藏品,而且还是一个文化品、教育品,更是一个宣传品。

首先作为文化品,钱币从器物、制度、思想三个层面记录和见证了人类文明发展演变的历史。它是社会产生重大变革或发生重要事件的产物和象征。任何一枚钱币的铸造都有其特定的历史背景和原因,它记录了不同民众、部落、民族以及国家之间,在商贸往来、文化交流、政权更替以及军事斗争等诸多方面的历史信息,可以补充文献记载的缺失或不足,具有重要的学术研究价值。因此,钱币应该成为大众阅读、

王永生   作者简介

1966年出生,新疆伊犁人。中国钱币学会副秘书长。

王永生著作:
《钱币上的中国史》

/ 问答录 /

你的论述有很强的前瞻作用和现实作用，能讲讲已教改的一些实际成果吗？

以教育品为例，2022年教育部制定的《义务教育历史课程标准（2022年版）》中，将"小钱币大历史"课程列入了"学习主题"；2023年我受聘在中央民族大学民族学与社会学院给本科生开设了《古代钱币》选修课，部分地实现了钱币文化进教材入校园的目标。

你在钱币方面的著作很多，最近又有什么新作品？

我以钱币为视角，结合"文化润疆""铸牢中华民族共同体意识""一带一路"，完成了"泉铸华章三部曲"，即《天圆地方铸一统：由钱币看新疆与祖国内地的关系》《圆形方孔与多元一体：钱币记录的中华民族共同体意识》《泉流四海著华章：中国古代钱币文化对周边国家及地区的影响》三部书稿的撰写。

电视讲座、专题展览的主角以及电影、电视剧、纪录片创作的主题。这就是我撰写"中国货币史话"系列丛书、《三千年来谁铸币》、《钱币上的中国史》以及在中央电视台做"钱币与王朝"系列专题讲座的动因。

其次作为教育品，钱币在培养中国学生发展核心素养方面能够发挥重要的作用。2016年9月教育部颁布的《中国学生发展核心素养》总体框架，由3个方面、6大素养、18个基本要点构成。钱币能够从多方面结合《中国学生发展核心素养》总体框架，成为教学设计和教学实践的切入点，特别是在培养学生核心素养18个基本要点中的"人文积淀"的积累、"审美情趣"的提高、"国家认同感"的增强以及"国际理解力"的塑造等方面发挥重要的作用。因此，钱币文化应该进教材、入校园，写入中小学历史课本，被纳入国家整体的教学规划中。

最后作为宣传品，钱币在解读、宣传国家的大政方针方面具有不可替代的优势。这首先是因为钱币具有高度，代表的是国家主权，反映的是占统治地位的意识形态及文化认同；其次是具有广度，钱币与全体民众有关，无论地位高低、财富多少，或地域远近、风俗异同，钱币都一视同仁，具有最广泛的群众基础；最后是具有深度，钱币与政治、经济、文化、军事、艺术等社会生活的方方面面都高度关联，并以点、线、面的递增维度呈现出一幅厚重的历史画卷。因此，只有钱币能将高度、广度、深度融为一体，并以实物见证者的身份，记录历史发展的内在规律、承载文化演变的逻辑密码，是讲好中国故事、传播中国文化最好的视角和题材。

综上所述，我认为随着钱币文化品、教育品、宣传品属性被越来越多的人关注、认可后，钱币就出圈了，开始从相对封闭的收藏圈，跨入开放的投资圈。这样就会有更多的原来并不关注钱币收藏的人，会对钱币投资产生兴趣。实际上，这一新增的力量早已进入钱币圈并以年轻人为主。因此，随着钱币价值评估体系的重新建构，钱币的投资属性将会越来越明显并具有优势，可以说，钱币价值的发现之旅才刚刚开始，必将大有可为。

我的缘分来了

1979年，我10岁。一天，我到邻居赵伯伯家串门，发现他家不但书多，还有很多稀奇古怪的古钱币。看我对这些钱币好奇，赵伯伯便兴致勃勃地给我讲了许多跟钱币有关的故事。自此之后，在别的孩子拍纸画、摔泥巴时，我就藏在赵伯伯屋子里摸铜钱。

后来赵伯伯送给我一本钱币参考书——由日本人所著的《昭和泉谱》。这在当时非常少见，谁有这本书，谁就能找到"最好的钱"。我虽然很高兴，但也很不服气：一定要写本中国人自己的泉书。

1984年我参加了工作，第一个月拿到27元工资，我拿出15元买了几枚铜钱。从那之后，我每月至少一半的工资都以钱换"钱"了，而我收藏的第一枚"像样"的铜钱，则是蹲了一天"捡"来的。

那是1987年的夏天，有人告诉我物资回收站收了500多公斤的铜钱，于是我一大早就飞奔过去，直到太阳西斜，才见到了让我眼前一亮的四个字——"得壹元宝"。《昭和泉谱》早被我翻"烂"了，我知道这是唐代叛将史思明所铸，非常稀少，收藏界有"顺天易得，得壹难求"的说法，我高兴坏了。这一高兴可真坏了，由于一整天蹲在地上连口水都没喝，我中暑大病了三天。

那些年，只要一到周末休息，我就骑自行车下乡找钱币。一次，我被一名村民领到家里，挑来挑去都没发现"好钱"，临走时却发现他家里灯绳吊坠上的那枚铜钱竟是战国时期的"共字圜钱"。我想买，可人家不卖，为了这枚钱，我前后去了五次，可人家就是不松口。后来我打听到这家人要盖房，就买了一车砖送过去，没再提"钱"的事。一周后，那家人主动打来电话，把铜钱送给了我，我如获至宝，激动了好几天。

我与"钱"有缘，也与泉谱有缘。当年赵伯伯送我的《昭和泉谱》让我萌生当时看来不切实际的念想——编一本泉谱，但后来缘分终于来了！1986年，我进入银行工作，因为有

吴革胜 作者简介

1969年出生，河南郑州人。河南省钱币学会秘书长。《中国钱币大辞典·清编·制钱卷》主编、《中国钱币大辞典·宋辽西夏金编·北宋卷》《中国钱币大辞典·元明编》《北宋铜钱》副主编等。

吴革胜藏品：
先秦空首布"官考"

/ 问答录 /

能谈谈你的收藏感悟吗？
　　一枚古币，无论其保存完整还是残缺破碎，它那深厚的历史文化积淀、沉穆朴拙的艺术风貌，都会向我们传递先人非凡的创造力和活动轨迹。

你对收藏是如何理解的？
　　收藏像是老友上门，你搬出影集与其分享快乐时光和美丽记忆……回盼收藏，除了智慧、财富、机遇"三要素"外，自然还在于收藏快乐中的"快乐"二字。

这个爱好和基础研究，2000年我被调到《中国钱币大辞典·宋辽西夏金编·北宋卷》编辑部任副主编，成为主要撰稿人之一。

　　当人真正开始向梦想迈进时，困难也会变成愉悦。《昭和泉谱》是此前记录北宋钱币最翔实的一本书，耗费日本几代人的毕生精力，历时两个世纪方才成书。书中记录北宋1400多种钱币，难就难在钱币的版别和定名。版别的差异往往非常细微，钱币大小厚薄、字体肥瘦、甚至穿孔（中间方空）宽窄，都会成为构成不同版别的"达·芬奇密码"。为了破解这些"密码"，我手边总有一个放大镜，且镜不离身。为了能收集到更多宋钱版别，我与美国、日本、新加坡等国及中国香港、澳门、台湾地区的钱币收藏大家及时交流，拓宽我的眼界，也为我的收藏生涯开辟了新的道路。

　　自2000年起，我参与编纂了国家"十年规划"和"八五计划"《中国钱币大辞典》（包括清编·制钱卷、北宋卷、南宋卷、宋辽西夏金编、元明编），并担任主编、副主编。在这20多年里，我查阅了所有能见到的钱币类书籍和文史资料。编书的过程是实现梦想的过程，也是自我认识的过程。

　　研究钱币版别离不开拓片，收集钱币品种的过程不但磨炼了我的传拓技艺，而且向我打开了新的大门。2018年，清华大学美术学院在国内第一次举办泉拓培训，我成为国内第一个公开传授制拓技术的讲师。之后又和一些同好发起了"拓留泉汇"和"拓留雅集"活动，旨在打造一个平等交流、包容开放的公共平台，以拓交友、以拓促学、以拓促研。通过对拓片这种非物质文化遗产的传播，让更多的人重视这项技艺，并且倡导广大泉友以拓片的形式传播古泉文化，留下文化财富，共同为当代藏家的社会责任而奔走传播。目前，拓留泉汇同人超过500人，出版专著10余部。

钱币联通世界

承蒙家传，我父亲很早就在上海太原路肇嘉浜路钱币市场经营钱币，使我从小就对各种硬币，尤其是千奇百怪的外国钱币有着浓厚的兴趣。随着爱好的不断升温，我决定以此为自己终身的事业和追求，并立志成为一名专业的钱币学家。

作为国内最早的一批在互联网领域从事钱币经营的从业者，可以说是历尽千辛万苦。1999年易趣网开办，作为当时的新兴事物，不少人还在犹豫观望之时，我便进驻易趣网开设了一家钱币网站，由此开启了电商之路。2002年，全球最大的电子商务网站eBay公司注资易趣网之后，我的业务全面转向国际市场，网店"吴氏币钞"经过20多年的辛苦耕耘，成为国内钱币同行在国际电子商务领域经营时间最久、商品数量规模最大、信用等级最高的知名明星店铺。

在eBay网上经营之初，面对世界各地的买家，要把握物流、品控、价格竞争、售后沟通等许多环节，客观因素之复杂、同行竞争之激烈、不可抗力之频繁，简直让人难以想象。为此，我走访国内外钱币展会，拜访同行，不断开拓渠道，丰富钱币类别，把握钱币品质，千方百计满足顾客的需求，在工作中学习，迎接各种挑战，逐渐适应了国际钱币电商的工作状态。引以为傲的是，我通过丰富的币识、可靠的供应和及时的物流，应战当时网络头部排名店铺，面对来自意大利和荷兰同行的竞争者，突破围堵并全面赶超，使国内同行扬眉吐气。

周游世界是我一直以来的梦想，这些年，我的足迹遍及亚洲和欧美等地区，其中的重要一站就是参观钱币展会，如美国钱币协会ANA（American Numismatic Association）世界钱币大会、德国柏林世界钱币展（World Money Fair，WMF）和NUMISMATA钱币展、东京国际硬币展销会（Tokyo International Coin Covention，TICC）等。目前，在国外奔波的中国钱币同行，绝大部分都展示了良好的风貌素质，当然还有不凡的业务实力，可以说在世界各国钱币行

吴屹挺 作者简介

1975年出生，上海人。主持的"吴氏币钞"网店曾是国内钱币同行在国际电子商务领域经营时间最久、商品数量规模最大、信用等级最高的知名明星店铺，被中国收藏家协会钱币收藏委员会评为首届全国钱币收藏十佳人物。

吴屹挺藏品：
乌兹别克斯坦1994年帖木儿汗金币／铜样币一套

业中，中国钱币商群体是最为活跃的，而且非常受重视与尊重。

经常游走在世界各地，非常喜欢的国家之一是荷兰。这里的钱币收藏人口比例大，还有荷兰文的钱币杂志 *Muntkoerier*（钱币资讯），以月刊形式发行于荷兰、比利时、卢森堡三国，这在德国以外的欧洲国家中是不多见的。这里还有规模庞大的经营现代钱币的公司，曾承销北京2008年奥运会纪念币在欧洲的发行。荷兰的主要城市都有钱币商店，阿姆斯特丹币商的店铺较为集中，其中T.Peters是行业内罕见的百年老店。币商中较为典型的代表当数阿姆斯特丹的斯密特兄弟，第二次世界大战后，其家族开始经营钱币店。兄弟俩中，尤其哥哥币识渊博，对世界硬币的珍稀币如数家珍，家藏库存上百册钱币，中国钱币也是其中亮点。还有曾在德国长期经营中国钱币的大家巴赫，每到荷京，必去拜访。

应该说，国际电商业务让我通过小小的钱币，与世界币商联结，与世界币友沟通，更重要的是，让中国钱币在世界舞台上大展拳脚。现如今，在空闲时分，我常常翻看自己收藏的一枚枚不同题材的金银币，感叹历史就是人类的教科书，以史为鉴，可知兴替。在收藏中，我们重温一幕幕震撼人心的历史，在唏嘘生命可贵的同时，不由得感叹和平的来之不易。

/ 问答录 /

你将钱币与世界联通，那一定有不少世界精彩钱币，能让读者欣赏几枚吗？

最珍爱的个人藏品是乌兹别克斯坦1994年帖木儿汗金币/铜样币一套，目前为仅见品。

你对国际电商业务发展有何新展望？

一是跨境交易的增多：随着全球化的进程，越来越多的钱币收藏家和投资者开始关注全球市场的钱币。电商平台可以提供便捷、安全的跨境交易服务，满足这些需求。

二是技术进步带来的便利：随着区块链技术的发展，钱币电商业务可以实现更加透明、安全的交易。同时，虚拟现实和增强现实等技术也可以为钱币电商业务带来更加丰富的用户体验。

三是个性化需求的增长：随着钱币市场的日益成熟，消费者对个性化钱币的需求也在增长。电商平台可以通过数据分析，了解消费者的个性化需求，为他们推荐合适的钱币。

四是社交功能的增强：电商平台可以通过增加社交功能，让钱币收藏家和投资者能够更好地交流、分享和交易。这不仅可以提高用户的黏性，也可以增加平台的交易量。

五是规范化和合规化：随着市场的日益成熟，电商平台需要更加注重规范化和合规化。这包括加强对卖家的审核，保证钱币的真实性和合法性，以及遵守各国的法律法规。

总的来说，国际钱币电商业务有着广阔的发展前景。但是，要想在这个市场上取得成功，电商平台需要不断创新，满足消费者的需求，同时也需要注重规范化和合规化，保证市场的公平和公正。

前无止境

追寻西夏钱币

应该说，我们在20世纪80年代进入收藏领域的这一批先行者是"幸运儿"。那时骑着自行车到处寻觅，不知道什么是"五十大珍"，更没有太多的版别概念，凡是自己没有的就买回来。对什么"四眼大齐""六品十布""三空布"等的概念和信息也都一无所知，好不容易在图书馆见到了丁福保《古钱大辞典》，就天天泡在图书馆里废寝忘食地看，因为图书馆规定不允许带书出馆。近乎一个月的时间，图书馆管理员认识了我，书也不用放回书架，每天我一到，就取给我，我连抄带画，兴奋至极，收获多多。

虽类似"瞎子摸象"一般，但在整理20世纪90年代已得的收藏品时却大喜过望，什么"三孔币""六字刀""大齐通宝"以及北宋钱币中的多个品种的母钱，南宋的七种"靖康"钱币等，都成为我的案头之物。

当然，也有让人懊悔莫及的事情。那是1987年，我去广西桂林参加一个培训班，要先到昆明，在昆明的某处邮票市场的一个地摊上，我看到几枚"好钱"，一枚是天启背十一两日月"大红钱"，一枚是"雍正宝黔局制造"33毫米大钱，还有一枚是康熙背"西"钱，经过讨价还价，都是5元，我认真计算了一下身上的现金，最多只能买下两枚，斟酌再三，放弃了康熙背"西"钱，因为宁夏离康熙"宝巩局"铸造地不远，以后碰到的概率会更大一些，不料这一放弃，30年再无缘碰上"西"字钱。至今，我还在后悔这一次不明智的选择。

收藏的时间久了，意外之喜还是很多的。还是在20世纪90年代中期，一个夏日，我在上班途中遇见一个从乡下进城来的老乡，在一处卖冰棍的冰柜前站了一会儿又选择了离开。见到此情，我花三分钱给他买了一根冰棍，他犹豫了一下接过手，在口中含了一下，就问话："这收购站几点开门？等他们开门了，我这有点乱铜卖了还你的冰棍钱。"说着，他的另一只手解开个小布袋让我看。我从其手中接过来，

武裕民 作者简介

1946年出生，宁夏吴忠人。宁夏回族自治区吴忠市收藏协会会长。2002年至2004年，收藏品三次在中国历史博物馆（现中国国家博物馆）和首都博物馆展出。

/ 问答录 /

在钱币收藏中，你获得的最大感受是什么？
　　让"钱"变成"钱"中珍品是需要许多条件的，其中最重要的一条就是坚持和机遇。

在钱币收藏这个领域，你还有什么打算吗？
　　努力出版两本钱币类的书籍，一是被货币化了的玉质钱币，二是个人钱币收藏中的"三十珍研究"。

武裕民藏品：
陕北省苏维埃银行发行的贰分布币

　　用手一摸，知道了里面是烂铜，不过还有若干枚"麻钱"，心中一动，问他这点铜有多重，他说一斤半，能卖一块二毛钱呢，我掏出了一元五角给他，他说没钱找给我，我则挥了挥手，表示不用找了。上班时间已经到了，我加快步伐赶着上班去了。

　　下午快下班时，有点空余时间，我赶紧打开那散发着酸汗味的小布袋，其中有六七十枚钱币，约有半斤重，其余就是乱杂铜。仔细观看，一枚"天正元宝"是我没有见过的，另一枚看风格是康熙钱币，钱币一面是满文，另一面似为元代的"八思巴文"。哎哟！真是好人有好报，意外收获！只是那位进城的乡下老哥再也没有碰上，如果有幸认出他，一定给他补偿。

　　有了一定数量的各类钱币后，研究钱币文化就成了我的另一个目标。我的主要研究方向是西夏钱币，先后在全国各类报纸杂志上发表了二三十篇文章，包括在有关杂志发表的《神秘的西夏文"靝都宝钱"》《西夏货币——动物距骨》等。另外，《陕甘宁边区银行诞生始末》被《宁夏文史》杂志评为2023年优秀文章。

　　如今，我已近80岁，双眼处于半失明状态，还好身体处于"康健"类。2024年年初，我协助本地博物馆办了个历史钱币展。这么多年过去，我在钱币收藏及研究中所遵循的目标方向依旧是：锲而舍之，朽木不折；锲而不舍，金石可镂。

前无止境

双金属合璧同辉

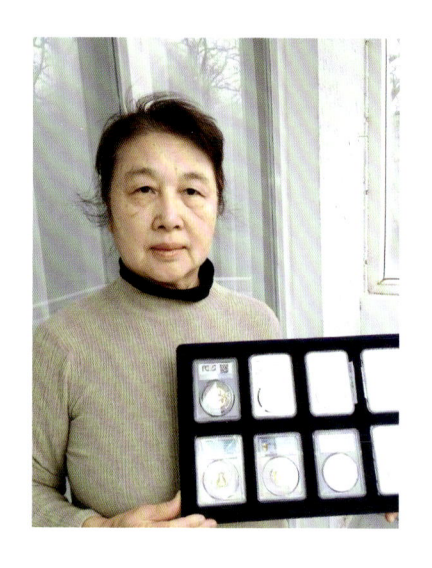

肖 彤 作者简介

1952年出生，北京人，高级经济师。收藏外国钱币30余年，以双金属币和世界遗产钱币为收藏专题。目前藏有各类钱币4000余枚，藏品参加过2000年在北京举办的外国钱币展。

初识钱币，是儿子过生日时，做导游工作的舅舅送给他一盒摇起来哗哗响的各国硬币。儿子开心地拿着钱币问我各种问题，为了找到答案，我求助于字典。几番下来，蓦然觉得这些小小的硬币也含有那么多的信息，蛮有意思。于是我陆续向那些常出国的朋友们搜罗余钱。

时隔不久，因工作需要，我接待了几位美籍华人。茶余饭后聊起，几位计算机专家中就有爱好钱币收藏的，不知天高地厚的我，向他们吹嘘自己也有不少钱币，并主动拿给他们看，现在回想起来，只能用"惨不忍睹"来形容。可人家并没有笑话我，回到美国就给我寄了一个大邮件，包括300多枚世界各国的硬币和各种尺寸的封装卡及插页，以及详细的清洗硬币的说明。当我按步骤将硬币清洗封装后装进插页，感觉屋里一下子亮堂起来，很是激动了一番。从此，收藏钱币就成为我业余生活中的重要内容。

1995年夏天的一个周末，我照例去北京月坛公园的地摊上"寻宝"。行走间，被一枚闪亮的钱币吸引，拿过来细看，是1993年发行的金芯银环熊猫双金属纪念币，虽然价格不菲，但让我激动不已。于是跟摊主商定，尽快交钱取币。回去就翻"小金库"，终于凑够钱，把心爱之物请回家。这是我收藏的第一枚金芯银环双金属币，由此开启我的收藏主题——各种双金属镶嵌币。

大规模双金属币的流通和使用是从1982年意大利发行500里拉面值的硬币和泰国发行的面值为10泰铢的硬币开始的。由于这种硬币一改以往硬币的单一色调，看上去别致、新颖，很快就得到人们的认可与喜爱。20世纪80年代后期至今，世界上100多个国家和地区先后推出自己精雕细刻的双金属币千余种。2002年1月，欧元顺利进入流通领域，其中面值1欧元、2欧元的硬币就是双金属币，更加推动了双金属币的广泛使用。

在我看来，双金属币的文化意义在于：它的币面文化符号反映了发行国和地区的政治、文化、经济、历史的重大事件与社会关注焦点以及宝贵的遗迹遗产等，充分体现出各国历史文化底蕴和亮点。除了制作工艺精良、更具观赏性外，双金属币的题材范围更广，文化属性更强，折射出的社会人文层次更丰富，有更广阔的收藏前景。

在我的收藏中，我钟爱一枚1994年奥地利发行的金银镶嵌币，这枚币是为纪念维也纳造币厂成立800周年而发行的。周围一圈图案逐一展示了铸币的各项工序，主题就是钱币制作过程，非常有收藏价值。这枚币得来也不容易，有泉友推荐说："克劳斯目录（指《世界硬币标准目录》）上介绍过这枚币，你专题收藏双金属币，找找吧。"但当时没在市场上见到过，对这枚币的念想时时环绕在我心头。偶然听说，某钱币商因故在出售藏品，他手里曾经有这枚币！为了找他，我四处打听，最后找到他家里，自我介绍后，几经商讨砍价，宝贝终于到手。那种如愿以偿的开心，想必大多数收藏家都是体会过的。

收藏钱币丰富了我的业余生活，增长了知识和见识，结交了志趣相投的朋友，潜移默化地影响了孩子，感谢改革开放带给我们生活的变化。再有，收藏外国双金属币的中国人不多，我以能收藏之并多有所得而感到自豪。

肖形藏品：
奥地利维也纳造币厂成立800周年纪念金银双金属币

/ 问答录 /

对钱币收藏来说，外国钱币收藏者少，收藏外国钱币双金属币的人更少，你如何看待这一现象？

双金属币的面世发行是金属币中最晚的，制作工艺和设计要求都更高。币面上的文化符号涵盖了世界范围的历史文化及建筑等，收藏家多数以单一文化内容选择自己的收藏方向，所以双金属币的收藏需要投入更高，收藏难度更大。

物以稀为贵，藏以精为美，你认为双金属币的收藏前景如何？

随着人们审美标准的提升，经济能力也能达到时，会更认识到双金属币的魅力。这些年世界很多国家都增发了高面值的双金属流通币，已经证实了这一点。

进一寸有一寸的欢喜

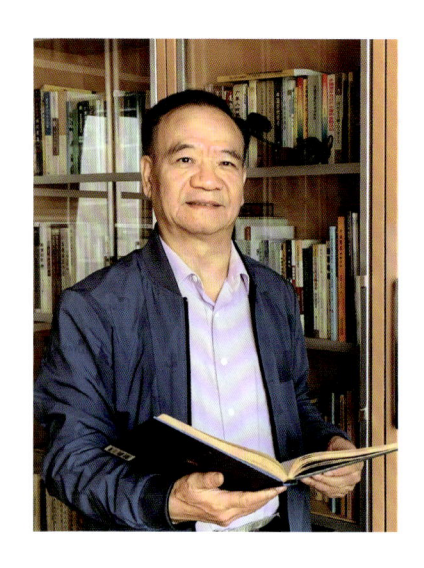

肖　舟　作者简介

1963年出生，湖南衡阳人，管理学博士、研究员。中国钱币学会纸币专业委员会常务委员。曾任中国工商银行广州市分行、内蒙古分行、湖南省分行副行长，内审局广州分局副局长。收藏、研究广东金融、经济史近40年，收藏实物约3000种。

　　1983年7月，我从湖南财经学院金融系毕业，分配到中国人民银行广州市分行办公室工作。办公室每天都会收发大量的公文信件，我便开始对信封上的邮票感兴趣，经常撕剪下来，贴在软塑料皮的小笔记本中，后来兴趣淡了就转送给同事了。不久后的一个周末，我偶然去人民公园游玩，那里正是广州的邮币卡地摊市场所在，看到地上一堆堆古铜钱，于是买了几枚把玩。因兴趣使然，从此以后，人民公园就成了我周末常去的地方。由于铜钱的脏锈和真伪难辨，相比还是纸币的图案精美且更容易辨别、保管，我便转而收藏纸币。

　　与大多数初学者一样，我也是从价格低廉的纸币入手，"中中交农"（指民国时期中央、中国、交通、中国农民银行发行的纸币）、地方纸币和第一、第二、第三套人民币，都陆续被我收入囊中。仅靠自己每月百十来元的薪水，遇到价格上千过万元的珍稀品种，就只能望洋兴叹了。20世纪90年代初期，偶然遇到一位陕西来的钱币商出售第一套人民币，50多个不同品种"一枪打"，要价5000元，我咬紧牙关硬是买了下来。成交时，他又从中拿回两张"复品"，我竟然也同意了。我的收藏逻辑是：为了研究货币文化，应该主要讲求品类，"复品"就不太重要了，对保值增值、投资理财的观念十分淡薄。后来也一直如此，收藏过程中偏重"文化性"，而弱化"商业性"。

　　再后来，一位作曲家藏友决定转向收藏音乐专题纸币，便劝我买下他约20张不同品种的广东地方纸币。我也尽我所能买了下来，便从此开启专题收藏。就这样，因缘分而生趣，因兴趣而热爱，因热爱而坚持，因坚持而成就。

　　对于我这般偏重文化性的收藏者来说，基本上是从精明内行的钱币商处买东西，捡漏机会几乎不存在，仅在20世纪90年代中期出现过一次。那是一个周末去逛广州著名的带河路古玩市场，见到地摊上有一叠厚厚的"省立广东省银行兑换券"壹圆纸币，从中找出了一张有加盖"桂省发行　两广通用　丁粮厘税　均准完纳"蓝色印章的，乃系1921年

10月至1922年4月孙中山在桂林筹备第二次北伐战争期间发行的军用钞票，颇为珍稀，便以前者普通品种7元的价格（当时市价应值数百元）收入囊中，也算有过捡漏的经历。

随着时间的推移，广东纸币已经难以满足我收藏的需求，于是就将收藏范围向广东地区的老债券、老股票及相关金融文献资料延展。近40年下来，藏品日渐丰富，经过归类整理，一部较为完整、颗粒度也颇为精细的"信史"——"广东金融图史"系列丛书也依稀可见。由于自己工作繁忙，便计划将系列丛书的著述作为自己的"退休工程"。等有了闲暇时间，顺着各种机缘，便从2019年起开始了丛书之一《广东货币图史》的写作。历时3年，由广东人民出版社排出的校对稿，竟然有近800页之厚，自己也颇感意外。

文史基础类研究及其书籍的出版，往往需要很多的积累。机缘巧合，广东金融货币史的收藏与研究的事又恰好落到自己的身上，于是就从好奇变为爱好，继而逐渐把写作"广东金融图史"系列丛书当成了自己的毕生使命。我深知这项系统工程的庞大和一人之力的局限性，上下千百年，纵横金融界，单单收集、整理实物和相关资料就如同浪里淘金。但正如胡适先生所言："怕什么真理无穷，进一寸有一寸的欢喜。"千里之行，始于足下。只要"尽人事，听天命"，足矣！凡事随缘不变，一切皆有定数。

肖舟藏品：
民国军政府发行的闽粤两省军事用票

/ 问答录 /

"广东金融图史"系列丛书都包括什么？

《广东货币图史》是"广东金融图史"系列丛书的第一部，《广东债券图史》《广东股票图史》《广东金融业图史》三部著作则是下一步的写作计划。其中《广东金融业图史》包括银行（银号）业、信托业、证券投资业、保险业、典当业及民间融资等在内的金融各业。

回望过往，有几多收藏的得失和体会？

每一币、每一钞的得失，背后都有一个商业故事；每一字、每一事的探究，其中都有崭新的领悟。与此同时，人生也更加充实丰盈，并慢慢学会了守住心灵的宁静和安详。自然，有得必有失，付出的金钱物质和时间精力等方面的机会成本也是巨大的。

前无止境

知识就是财富

我与"金"字颇有渊源。早年攻读金融专业，从事金融证券行业，创办和经营矿山、金属加工、钱币鉴定企业，收藏近代机制币和历代金银锭，与钱币结下了不解之缘。

1991年，我到东北三省旅游，下榻松花江宾馆看到有银元出售，勾起了儿时和家人一起玩古钱银元的美好回忆，当即以100元的单价买下10枚，兴奋不已。后来同事从广东梅州乡下买回一些银元，在我的恳求下，以25元的原价转让了一枚给我。没过几个月，家里被小偷"光顾"，同事转让的那枚银元被小偷"笑纳"了，而从宾馆买的10枚却完好无损，我顿时明白了其中的奥秘，也开始对钱币收藏产生了更大的兴趣。

1997年，我有幸结识了国泰君安证券的邵丹、申万宏源证券的缪杰等银元收藏同好，在他们的带领下，正式开启了我的收藏之旅。2000年之前，与银元和银锭相关的书籍很少，大多是些模模糊糊的拓片图集。根据这些图集购买银元和元宝，只能区分品种，辨别真伪仍是一大难题，当然，这个过程也是同好们最大的乐趣。

"独乐乐不如众乐乐"，于是我便有了一个大胆的念头：穷尽我一生的财富和精力，买下中国近代机制银币的所有品种，然后汇集出版一本图录，让大家可以按图索骥，免受假币之苦。为了实现这个目标，我开始游历北京、上海、广州等地，每到一处都会尽力收集和购买大量的机制币与元宝。但这似乎是一个无限接近而又难以企及的梦想。一方面，每一个更好等级、品相的钱币随之而来的便是翻倍的价格；另一方面，当我买到100个品种后（指主币，完全未使用品相），接下来的品种就是百万级别的了，买到200个以后，则是千万级别的了。这样的量级，以一己之力，实在是难上加难。尽管如此，我仍旧痴迷于收藏钱币，甚至可以说是接近疯狂。在拍卖会上，只要看中，基本都是竭尽全力拍到为止。也许同好们只是耳闻"机制币收藏圈里有个萧志军"，更多

萧志军 作者简介

1969年出生，广州人，毕业于深圳大学国际金融与贸易系。曾供职于中国银行。中国钱币学会理事、中国收藏家协会钱币分会副会长、中国钱币学会金银货币专业委员会副主任、深圳市钱币学会理事。

萧志军藏品：
中华民国三十八年广西省造贰角银币

是在拍卖会上看到一个不肯放弃的"疯子"。20多年来，银币价格水涨船高，不断创出惊人天价。

2013年，浙江省博物馆的李小萍老师负责筹办"银的历程——从银两到银元"的展览。我们一众同好纷纷出资出力，为展览增光添彩。事后，中国钱币学会金银货币专业委员会也应运而生。虽然我们收藏的某一枚钱币可能在历史长河中只是一个小小的见证，但它是对人类物质文化遗产、中国优秀传统文化的传承，我们也成为文化的传承者。这对我来说，是莫大的荣幸，也是我这些年能坚持下来最重要的原因。

收集钱币就等于收藏一段历史，在这里，讲两个我的收藏故事。

一个是关于象鼻山银币的故事。这是一个面值2角的辅币，为民国广西银币之名誉币，现在普遍认为是1949年白崇禧下令在广西柳州铸造的，其产量约20000枚。在广东与广西接壤之地，当地人也曾见过该银币流通。我买过好几个象鼻山银币，但品相基本只有七到八成，出于要买"完全未使用"品相的执念，我一直在四处默默寻觅。2007年在香港，听桑国裔说起他以前错过了一个象鼻山银币，是"完全未使用"品相。2009年，在中国嘉德拍卖会上，陈吉茂大哥带我到他房间欣赏钱币，"PCGS MS62"完全未使用品相的象鼻山银币突然出现在我眼前，真是"众里寻他千百度，蓦然回首，那人却在灯火阑珊处"。

另一个是关于贵州竹子银币的故事。1949年10月，贵州造币厂开铸贵州竹子银币，生产不足一个月便停工。2000年，我在深圳罗湖书城认识了香港钱币商人黄斌，他对贵州竹子银币颇有见地。在我的请求下，他传授给我分辨贵州竹子银币真伪的方法。同年，我在广州纵原邮币卡市场见到一枚品相一般的竹子钱币，果断买下。几个月后，摊主又拿出两枚品相完美的贵州竹子钱币，如果我愿意，可以原价让给我，并报销他往返贵州的机票，且不能退货，我当即答应了。但是，3年后，摊主找我希望以10倍的价格回购，这更加让我坚信知识就是财富。

2000年前后，国内收藏机制币的人并不多见。由于历史原因，很多藏在深宅大院里的钱币纷纷流向社会，价格相对亲民，让很多工薪阶层有了购买和收藏的机会。但经历了2011年和2022年两次高峰，品相好和品种稀有的钱币价格暴涨，如今已经很难"飞入"寻常百姓家了。我不禁感慨，证券市场的"金科玉律"——"买在无人问津处，卖在人声鼎沸时"，可以说在机制币收藏领域里体现得淋漓尽致！

/ 问答录 /

作为近代机制币和历代金银锭的知名收藏家，你的阅历和见闻让人深受启发，抚昔追远，你有何新的打算？

人们每见到一个钱币，基本都会有这样三个问题：一、这是什么？二、真的假的？三、值多少钱？问题看似简单，回答起来并不容易，这就是钱币收藏的趣味、风险和"围栏"。我们正努力通过互联网，以人工智能的手段，让钱币收藏更简单，更公开、透明，更市场化，让爱好者便捷地获得知识和信息，从而降低门槛，拆除"围栏"，让钱币收藏走入千家万户。

文中的两则故事，不仅是亲身经历，更是经验之谈，当学要学，当断要断，是否奉为真谛？

民间收藏追求的是稀少且精美，宁缺毋滥。

我收藏的新疆钱币

我出生于新疆石河子市老街,自懂事起便喜爱各种硬币、纸币。外公家由于是地主出身且一直做牛羊肉批发生意,家里有各类钱币,每次到他家便翻箱倒柜寻觅老钱币。人生第一张老纸币(三版伍角),第一枚铜元(喀什双旗十文),第一枚银锭(陕西岐山李顺五两)均寻自外公家。2004年外婆去世,在其遗物里有一些铜元、银元,均被家族亲戚赠予我,让我的收藏数量及品质得以提升。

初中考入奎屯市第三中学,离家一百公里左右,受条件限制,我仍以集邮为主,同时翻阅大量钱币相关书籍。高中时考入江苏省口岸中学,开始收藏银元,且加入了诸多与收藏相关的群和各种专业性网站、论坛。当时的网友大多是上海的,便立志考到上海。

2014年,我考入上海大学历史系,一到学校便开启了以藏养藏的钱币经营生涯。当时正好碰到钱币行情的启动,短时间内极大地丰富了自己的藏品,也靠钱币经营,赚到了人生中的第一桶金;大四的时候便在上海云洲古玩城开了第一家自己的钱币店。

由于自己收藏的品类非常杂,越到后面遇到的瓶颈越大,便索性以《新疆地方纸币》为重点研究方向,以新疆其他钱币与老上海代用币为辅,收藏到了市面上绝大部分的新疆纸币品种。

其中,不乏一些仅见品级别的大珍,如光绪十四年喀什噶尔官钱局红钱壹百文,为新疆最早的钞票;宣统四年新疆藩库官票;民国九年新疆财政厅库官票北京版红钱肆百文未填发;1945年中央银行新疆流通券伍拾圆票样与流通票,壹佰圆反版试模票与流通票;伊犁官钱局纸币五种;迪化官钱局布币一百文未填发;光绪丙申年恒泰泉红钱四百文钱庄票;镇西流通券壹两;新疆商业银行两千反版试模票;三十亿票样;1949年新疆省银行新疆流通券壹佰圆反版试模票;等等。这些纸币很多都是德国白尔文、日本森本勇、美国柏文、中

作者简介

谢艾力·司马义

1993年出生,新疆石河子人,毕业于上海大学历史系。澳门钱币学会终身会员、新加坡钱币学会终身会员。

国马定祥等全球知名藏家的旧藏，也是《世界纸币标准目录》《中国钱币大辞典》等诸多书中原物。

我自己买过最贵的钱币则是新疆饷银五钱背四蝙蝠，PCGS 评级 AU53 分（冠军分），为《边境瑰宝——新疆金银币全图典》原物，2023 年上海泓盛秋季拍卖中以 448500 元成交。

在学术方面，取得一些成果：2018 年参与编撰华东师范大学出版的《中国历代钱币》一书，并担任编委。2019 年起为《中国钱币大辞典·清编·制钱卷》提供新疆钱币拓片与部分文字类内容。曾多次在《中国收藏》《新疆钱币》等杂志发表钱币相关论文，多次受邀参加各类钱币研讨会。

谢艾力·司马义藏品：
清代新疆饷银五钱银币一枚

/ 问答录 /

在钱币收藏过程中，你获得的最大感受是什么？
了解全球各时期的文化与历史，结交全球各地的收藏爱好者，不断扩充自己的知识面。

钱币收藏给你的人生带来了多大影响？
把爱好做成了事业，钱币经营与收藏已经深入我生活的方方面面，每年在全国甚至世界各地参加各种钱币交流会、研讨会、拍卖会等，甚至出去旅游也会优先去当地的收藏品市场、博物馆看看，极大地丰富了我的生活。

前无止境

文化是道　钱币是器

徐钦琦　作者简介

1937年出生，上海人。毕业于北京大学地质地理系地层古生物专业，进入中国科学院古脊椎动物与古人类研究所攻读研究生，后留所从事古哺乳动物化石的研究，现为教授级研究员。曾任北京市钱币学会理事。

1945年9月，父亲买了一台美国制造的收音机。付款后，父亲把从商店找回的4枚精致的10美分小银币送给我玩。这四枚小银币成了我收藏外国硬币的开始，距今已近80年了！

当时父亲是上海安裕钱庄的副经理，他看到我对小银币的痴迷，便时常带回一些不同国家的小银币、小镍币，偶尔也会给我几枚小金币。1949年5月，上海解放了。我的硬币收藏也达到一个新的高度。据我统计，当时共收藏硬币100多枚，其中绝大多数是外国的银币，其次是铜镍合金币，少数是小金币。20世纪70年代末，这些钱币经历了被没收，又被折合成120元人民币归还的波折，也宣告我第一次收藏的结束。

1981年因工作关系，我第一次出国前往澳大利亚，途经中国香港，在那里，我收藏了当地的硬币。它标志着我收藏世界硬币的重启。后来我去的国家多了，藏品也渐渐地增多了。1989年，我在美国洛杉矶第一次遇到了钱币邮票商店。除了一般的流通币外，我见到了多个品种的密封包装的流通套币，还见到了多种式样的贵金属纪念币。在那里，我收藏了一套用有机玻璃包装的1964年生产的精致流通套币，以纪念我大学毕业的年份。其中1分面值的是铜币，5分面值的是铜镍合金币，而10分、25分以及50分面值的则是3枚银币。1993年，在英国伦敦的钱币商店，我又收藏了两套这一年的流通套币，一套平装、一套精装。其中，精装的那套币包含了一枚5英镑的纪念英国女王加冕25周年的铜镍合金币。这一切使我的藏品更加丰富多彩了。

中国贵金属钱币的诞生是20世纪70年代末从西方引进的，它是中国改革开放的成果之一。经历两次的收藏历程，我的内心也发生了翻天覆地的变化。第一次收藏时，我还是一名10岁左右的小学生；而第二次收藏时，我已年过43岁，是一名在国内外学术刊物上发表过多篇论文的作者，也是中国科学院相当成熟的一名古生物学家。随着我国的改革开放，五湖四海的外国硬币收藏者自发地聚集到一起。大家互相认识、交流、观摩、交换、交易各自手中的藏品，最后形成了北京南礼士路"小花园"的钱币市场，钱币商也应运而生了。

到如今，数十年过去了，钱币市场已几经转移，历经月坛、报国寺、大钟寺、福丽特等。傅惟慈、李铁生、梁贻斌、范贵林、杨天保、虞铁赓、李军、钱家权等一大批钱币界的朋友，正是在那个时期与我相识相知的。傅惟慈、李铁生和我相识后，建议我把动物币的收藏作为重点，我接受了他们的建议。从20世纪90年代起，报国寺逐渐成为北京传播钱币文化的中心、宣传钱币文化的重要阵地，报国寺还为宣传钱币文化定期出版了多种刊物。21世纪初，报国寺收藏市场的组织者为我们这些人举办了一次外国硬币的展览，为期一周。几位年逾古稀的老人，如傅惟慈、杨天保不但特地到会参观，还不辞辛劳地免费为观众作讲解。孔子说，"形而上者谓之道，形而下者谓之器"。收藏属于文化中的一支，钱币文化便是孔子讲的"道"，而这个"器"则是指具体的硬币。在那些年，一些先行一步的收藏者纷纷被报国寺收藏市场的组织者邀请到大殿上作生动有趣的发言，我也曾受邀做了一次有关动物币收藏的报告，效果还不错，因此虞铁赓特邀我去我国外交部，与那里的外国硬币收藏者开了一个座谈会。中央电视台还特地来我家做了一次有关动物币收藏的采访并播出。

徐钦琦藏品：
坦桑尼亚1998年发行的鬣狗银币

/ 问答录 /

作为年龄最高的钱币收藏者之一，你对收藏者和收藏组织有什么建言？

钱币虽然不会说话，但是它们希望收藏者有文化、有教养、懂艺术、会欣赏。所以收藏者的文化素养是做好收藏的基础，提高收藏者的文化素养也正是中国收藏组织光荣与伟大的使命。

你讲过对钱币要会欣赏，请你展开讲一下。

在我看来，对世界上一切美好事物有动于衷，那便是欣赏。欣赏是对我们身边事物的喜爱、同情、赞美与关怀。它是一种良性的、优美的感情活动。欣赏的能力，一半来自天赋，另一半则源于学习，使自己懂艺术、懂美学。只要你懂得欣赏，人世间的一切美好事物便都属于你。所以真正的财富是一颗知足和懂得欣赏的"心"。

收藏靠一枚枚去实现

杨 勇　作者简介

1971年出生，山东聊城人。致力于铜元收藏数十载，尤其在样币集藏方面颇有建树。

我的家乡地处古老的大运河中段，古称东昌府，现为山东省聊城市。隋唐时期开通了大运河，使聊城从此进入数百年的商业鼎盛时期，历经宋、元、明、清几代，尤其是清代中早期河运发达，货物流通全国，并有各省商会建立于此，这就带来了商业文化、货币经济、市民文化等方面的发展，自然而然，历代钱币和各类古董艺术品留存较多。应该说，积淀深厚的家乡传统文化，让我从小就对古老物件产生了浓厚的兴趣。

收藏铜元要从20多年前说起。20世纪90年代中后期，我偶然结识了济南钱币玩家、铜元专家刘春阳老师及临沂人和锡永先生。在他们的专业建议下，我开始中国银锭类别的系统集藏，经过几年的积累，小有成就。通过这种专项集藏，尤其是在集藏银锭、元宝的过程中，我从铜元身上看到了更多乐趣，对铜元上的图案情有独钟。铜元作为众多钱币品种中一个较小的门类，其丰富的图案、精美的铸造、蕴含的文化，深深地吸引了我。再加上当时铜元价格远低于银元、银锭等，较为亲民，于是心里做了充足的准备，就以铜元为收藏核心了。

与此同时，经朋友介绍，我与客居北京的知名铜元收藏家刘继武先生成为好友。他的铜元藏品极为丰富，且极具特色，尤其是各类样币，可称得上首屈一指。与刘继武先生的相识相知，使我的铜元专项集藏有了坚实的基础，我的多枚珍稀样币大多源于刘先生惠让。后来，随着认知的逐渐深入，在东北名家栾心刚先生的建议下，我把更多的精力投入到高端的铜元样币系列之中。慢慢地，我的铜元样币系列收藏已经不亚于此前投入较大的银锭系列集藏。

20余年的收藏道路曲折漫长，靠着自己对艺术的喜爱、热情、悟性和胆量，走到现在。比如我自己收藏的山东省各个历史时期的铜元珍品、样币、重要版别，一枚枚、一点点去实现，不强求，但一定要有信心，要有足够的信息渠道，就能尽快完成集藏。无论是山东二十文样币还是米字星飞龙系列，我都是先列出计划，然后逐步实施，最终得到全套山东珍稀铜元。

学无止境，收藏的过程也是学习的过程。为了扩充集藏知识，我还经常参加拍卖会及参观各大博物馆馆藏展览中的铜元部分。一次好的展出，能让我仿佛置身于历史的长河中，感受到历史文化的熏陶及想象的愉悦。

如今，我依然在收藏的道路上前行，要说还有多少经验值得分享，也许在将来的某一天，我会告诉广大泉友：我坚持，我快乐，爱铜元，爱生活！亲爱的朋友们，愿你们和我一样，在铜元收藏中找到快乐、找到朋友、找到财富。

杨勇藏品：
清宣统己酉年大清铜币当制钱十文

/ 问答录 /

如果想进入铜元收藏，你觉得有什么好途径可以去了解这个门类？

收藏要多看少买，要经常参观博物馆和参加拍卖会。

你对收藏有什么感悟？

任何藏品不能只进不出，以藏养藏不仅是收藏理财和丰富藏品的途径，也能给收藏带来新的生机和活力，藏出经验、藏出精品、藏出快乐。

收藏区票乐此不疲

下乡回京后，工作之余就想着如何把从小学三年级开始的集邮爱好捡起来。去北京月坛邮票市场闲逛，发现除了邮票外，还有卖铜钱、银币和各种纸币的，引起了我极大的兴趣，于是挑着便宜的买了几种。刚开始什么都不懂，铜钱、银币、纸币都感兴趣，还买了相应的书籍作为收藏的指引，后来在市场上结识了纸币收藏前辈徐枫和赵隆业，看了他们的藏品后，被深深吸引住。特别是成套的纸币按面值排列由小到大、风格一致、眉眼相似，一看就是一家子，煞是好看，让人爱不释手。从此，纸币便成为我收藏的重点。特别是加入中国共产党以后，我对革命根据地、解放区的纸币格外偏爱。

区票的种类很多，130多家银行、1800多个品种以及难以计数的版别，能找到的、"拿"得动的都收集了。抗日战争时期成立的北海银行所发行的纸币（通常称为"北海币"），不仅品种多而且版别复杂，是比较难集齐的一个系列。多数人只收集其中的一部分，全面收集到接近顶峰的人很少。最受藏家青睐的是北海银行的加字票，这是区票设计者的一大创造。清代大清宝钞、户部官票是用甲、乙、丙、丁或《千字文》中的文字作为冠字，而区票设计者则用革命口号，如"发展农业生产，巩固金融阵地"或"发展农村经济"等作为钞票的冠字，如"发000000""展000000"……我曾在《中国收藏》杂志上发表过一篇文章作过详细介绍。自退休后，我便加大了对北海币的收集力度，常跑山东的古玩钱币市场，如烟台、济南、临沂、沂水等地，寻找在当地发行的品种。也曾几次雇车聘请收古玩的当地朋友作为向导，进入当年发行北海币的腹地，有多少收多少，每次都是收获颇丰。此外，我还在香港寻觅到北海银行的珍稀品种，是内地一位老朋友卖给英国人的。由于不惜精力和财力，2012年除夕，盘点北海币各品种及版别达到了398种。

2013年，山东省钱币学会邀请我共同撰写《北海银行

杨锦昌　　作者简介

1948年出生，北京人。北京市钱币学会第一届理事。主要收集不同系列的纸币，特别是中国共产党主导发行的各种纸币。与山东省钱币学会合作共同撰写了《北海银行货币大系》和《鲁西银行货币》。

货币大系》。当时我犹豫过，在北海币实物下了那么大功夫，也应该出本书作为自己收藏北海币20多年的总结。但当我听说山东出版这本书要作为纪念抗日战争胜利70周年的献礼，于是我决心加入了这个撰稿团队。书出版后，我体会到集体的力量是强大的。以中国人民银行山东省分行副行长兼山东省钱币学会会长挂帅的几十人的写作班子跑遍了省博物馆、档案馆、中国钱币博物馆、中央档案馆及邻近省份的博物馆、档案馆，调研后仅文字就达到40多万字。书出版后收到的评价是史料翔实、实物图片丰富，集史书、教材、工具书等功能于一身。如果是个人单独出书，很多资料没处找，最后只能把实物图片码上，缀上点儿文字而已。事后有人不理解，采用几百张实物图却主动不署名，20多年的心血不是都白费了？我倒不以为意，能把几百张实物聚在一起奉献给读者是件好事，其他都无所谓了。后来我又参与撰写了《鲁西银行货币》，如法炮制。

近几年，我又瞄上了西部地区的区币，包括山西的各种"抗币"，陕甘宁边区银行、西北农民银行等发行的货币，打算缺一补一，力争玩深、玩全。山西"抗币"缺口较大，我就跑太原、长治、吕梁等地寻找机会。陕甘宁边区银行、西北农民银行发行的主要品种已基本齐备，只是缺几张"小版别"。为了凑齐，我又多次前往陕西。其中一枚任何资料都没有记载的陕甘宁边区银行的试版票，前任行长完成了制版并试了版，后任行长印刷、发行，颜色不同，签名也不一样。为了这枚票，从得到信息开始，我盯了两年，四个月内去了三趟延安。到手后欣喜若狂，半夜几次开灯欣赏，似乎人在梦里。

杨锦昌藏品：
陕甘宁边区银行发行的伍仟圆票样

/ 问答录 /

回首往事，作为集钞有成者，你还想说些什么？

集钞40年，个人只能收集到其中的一小部分，仅仅这一小部分就可令人如醉如痴、朝思暮想，可见集钞的独特魅力。

对后来集钞者，你又想说些什么？

建议后来人不妨给自己定个目标，全力以赴把感兴趣的一个或几个系列集齐、集透，包括各个品种的各种版别。资料上有的、有钱谱记录的力争一枚都不放过，争取做到您的藏品就是大家认可的目录。

前无止境

只有经历过的人才能理解

在广东佛山市高明城区的沿江路，一座占地500平方米的博物馆静静地卧在灵龟公园的怀抱中，这就是高明区世纪钱币博物馆。用8年时间来衡量一件文物，已经是很长的时间了；而用22年时间来亲历一家非国有博物馆的兴衰，更是只有经历过的人才能深刻理解，在这个博物馆的背后，有许多故事值得讲述。

目前，该馆已经收藏了5万余枚（件）货币，从夏商周至今的古钱、银元、铜元、纸币、花钱等，也不乏铸钱模具等。我的博物馆的开办经历了很多曲折。2001年12月，在佛山市博物馆举办的历代货币展览中，我发现展馆内的很多钱币我都有收藏，甚至有些还是展览中没有的。我心想，为什么我不能将自己收藏多年的藏品展现给公众呢？

信心满满之下，2002年年初，我开始在高明寻找开馆的场所，最终将地点定在泰和路490号。5月25日，在全国30多家主流媒体的见证下，华南地区首家登记备案注册的非国有钱币博物馆隆重开馆。然而，开馆后我发现，500平方米的馆舍需要支付租金、水电、员工工资等费用，每月达到7000多元，加上观众较少，继续开办博物馆已经非常艰难。

苦苦维持到第二年，博物馆不得不搬迁，随后在霭雯农庄开馆，展厅面积也缩减至300平方米。2004年，得益于高明区委区政府的支持，博物馆再次搬迁至沿江路285号灵龟公园，免费对公众开放。经过四次搬迁和十一次装修升级改造，博物馆最终形成了现在的面貌。这个历程充满了曲折和艰辛，但是我始终相信自己的梦想和努力会带来更好的未来。

在过去的22年里，我向中国钱币博物馆、广东省立中山图书馆、广东省钱币学会、佛山市博物馆、高明区博物馆捐赠了《中国近代银元极限录》各一册，还向高明区博物馆捐赠了各类文物300余件（套）。2013年荣获"广东省文化遗产保护突出个人"称号。此外，我还积极配合佛山市不可移动文物普查工作，在佛山电视台开设"钱币迷踪"栏目，

叶 晖 作者简介

1971年出生，江西龙南人。广东佛山市钱币协会会长、广东省集藏投资协会副会长兼古钱币专委会主任，《南方日报》《羊城晚报》及广州经济频道鉴宝专家。

叶晖藏品：
八角形光绪通宝宝广局机制样币

宣传中国钱币文化知识。2016年，高明区世纪钱币博物馆荣获广东省文化遗产保护突出贡献团体称号，这个荣誉的背后是我和我的团队多年的坚持与努力换来的结果。

我的收藏之路也充满了曲折。从1991年起，我开始收集钱币。由于当时只是一个外来工，资金不充裕，也没有任何收藏经验，所以我多次收藏都是以"亏损"告终。但我仍然坚定信心，每个星期天坐3个小时的大巴到广州邮币市场（人民公园）观察别人如何收藏和交易，并从他人的讲解和专业书籍中逐渐学会了技巧，在不断的偷师学习中，我开始收获真正有价值的藏品。

如今，高明区世纪钱币博物馆内陈列着一枚历经8年时间才成功购藏的镇馆之宝，它是一枚八角形光绪通宝宝广局机制样币。资料显示，此样币目前存世仅3枚，新加坡和我国福建各一枚，另一枚就是我们博物馆的这一枚。说起这枚样币的由来，全靠缘分和努力。1998年，我的小店来了一位不速之客，她说家中有不少类似的古钱币。我迫不及待地前往她农村的家中。这位阿姨从柜子里拿出一堆古币，而八角形的钱币就藏在其中，但阿姨不想出售。当时，我并没有选择放弃。第一天、第二天……第七天，我连续七天来到阿姨家，结果仍是毫无收获。直至2006年，我拿着《佛山日报》整版对钱币博物馆的宣传报道，劝说主人将样币放在博物馆中，发挥应有的作用。在持续8年的坚持下，最终这枚样币顺利归入博物馆收藏名单中。

在过去的30多年里，我心中一直有个梦想：有朝一日用赤子之心来回报生我养我的家乡。2022年10月，高明区世纪钱币博物馆迎来了一批特殊的客人——江西省龙南市政府，政府邀请我回到老家开设文旅项目，于是后来建成了江西省面积最大的民间博物馆田心围博物馆以及油槽下围红色货币博物馆。

目前，我已经建成八大主题博物馆，包括高明区世纪钱币博物馆及明城分馆、江西龙南油槽下围红色货币博物馆、江西龙南田心围博物馆（中国历代钱币馆、中国历代瓷器馆、景泰蓝剔红馆、铜器古玩馆）等。这些博物馆的建成对于中国钱币文化以及当地的文化旅游起到了积极的宣传和实践教育的作用，今后还将通过门票、文创产品、当地特色美食、游客互动项目、直播、研学等方式进行活化利用及推广。

/ 问答录 /

为创办博物馆而不懈奋斗，支持你的精神力量是什么？

"独乐乐不如众乐乐。"从冲动办馆到坚持办馆、稳定办馆，再到创辉煌继续办更多的馆，就是把心中的理想变成现实。当中，家人、朋友、领导、政府、社会各界是对我最大的支持！

创办民间博物馆难，你做到了，还有什么想对藏友讲的？

作为一个博物馆人，我认为不仅要实现自身的经济价值，还要引导大众一同欣赏古钱币，提高欣赏品位。这是我应有的胸襟。

前无止境

泉友叫我"老江南"

童年时期的我对古钱币留下了深刻的印象——奶奶针线篮里的几枚铜元和铜钱；外公家抽屉里的一枚小银毫，还有几枚民国时期的小镍币；家里还有一件传家宝，是一枚普通的民国三年"袁大头"，这是父亲年轻时挣来的。据说这枚银元一开始只能换人民币1元，后来能换到3元，到了1980年左右能换到5元。那个时候的5元算是"大票子"，因为我父母的月工资也就是30元上下。这枚银元平时用红布包着压在箱底，儿时的我经常偷偷拿出来学着电影里的样子吹口气在耳朵边听听声音，然后再包好放回去。这枚钱币也是我收藏的第一枚银元。

我系统的收藏是从小学二年级开始的，从邮票到钱币，当时，"邮币卡"不分家。这段经历对于我后来的钱币收藏有着很大的帮助。

1994年孩子出生，岳母送了两块家传的"袁大头"，想让我打成一对银手镯和一对银脚镯给襁褓里的孩子，保佑平安。这是我们当地的习俗。我接过银元定睛一看，发现这两枚银元不但品相良好，还有着美丽的传世五彩包浆，一枚是民国九年的，另一枚是民国十年的，正好与父亲传给我的那一枚民国三年的"袁大头"是一个系列。我想倘若就这样打制成银手镯、银脚镯，未免可惜。于是后来找到一家银匠铺子，花了100元买了银匠老板的两枚普通的"袁大头"，打成了手镯和脚镯给儿子佩戴，而手里的三枚"袁大头"便成了我银元收藏之路的起始。

转眼到了2000年，下海经商多年的我在安徽大学进修完MBA工商管理硕士后，终于有了空闲时间可以圆自己多年的收藏梦。在确定收藏方向后，我便经常到各大收藏市场，见到可心的各种银元便收入囊中。因为有多年的邮票收藏经验，我在银元的收藏上进步很快，除了多向泉友们学习请教外，也经常在各大网络收藏论坛上与藏友们分享交流。数年下来，不知不觉银元的收藏数量和品种已经小有规模。在此

叶 涛 作者简介

1972年出生，安徽巢湖人。中国收藏家协会钱币分会常务副会长、中国收藏家协会理事，澳门钱币学会顾问。曾任安徽省收藏家协会副主席兼钱币专业委员会会长。

叶涛藏品：戊戌安徽省造
光绪元宝库平七钱二分银币（大背逆）

期间，我对于和自己家乡有关联的安徽银元和江南银元产生了浓厚兴趣，除了到处收集资料，也奔走各大拍卖公司，先后购买了数百枚安徽银元进行品种和版式研究，对照各类目录和拍卖资料以及自己多年来上手过的实物，终于把本来就很稀少的安徽银元的品种和版式分类清楚。2017年，我在《中国收藏》杂志上发表了《安徽银元三分六厘到底有多少》的文章，得到了收藏界的认可。我最喜爱的一枚安徽银元是好友多年前转让给我的戊戌安徽省造光绪元宝七钱二分银币。这枚钱币的特别之处是龙面整体背逆了160度，龙头完全朝下。这种形式在封建社会的皇权之下是不能容忍的。这个品种本来发行量就很少，而这样的错版币就更加稀少。经我观察，这个版式目前还是仅见品。

对于各种江南银元的研究，我也是下足了功夫，特别是江南币的老大"老江南"银元。之所以钟爱"老江南"银元，是因为在清代，安徽隶属江南省，这些江南钱币和古安徽文化有着密切的联系。另外，"老江南"银元在银元收藏界也是无人不知的名誉品种，每个玩银元的藏家都想拥有一枚。我经过多年的收集和研究，收藏了不同版别的"老江南"七钱二分主币（江南省造光绪元宝库平七钱二分银币）八枚，以及上千枚各种江南币。由于喜爱和痴迷，十多年前就用了"老江南"这个网名，以至于很多泉友一直叫我"江南兄"或"老江南"。

从2009年开始，我先后带头创建了安徽省收藏家协会艺术品专委会、钱币专委会。2011年，我代表安徽省参加了由中国收藏家协会主办的"中国民间历代钱币赛宝大会"。我参赛的一组"老江南"银元和一套"安徽"银元都获得了优秀奖。2014年，我带团参加了第一届在北京举办的全国钱币收藏博览会，并拿出一组"倪嗣冲安武军"藏品代表安徽省在"全国钱币精品展"上亮相。2015年至今，我与同好积极筹办第二届到第七届全国钱币收藏博览会，以及数次全国钱币收藏高峰论坛等活动，为中国钱币收藏事业尽了自己的一点绵薄之力。

/ 问答录 /

在全国钱币收藏博览会活动中，时常见到你活跃的身影。作为活动的重要召集人之一，能谈谈主要收获和体会吗？

我通过参与这些活动，结识了全国各地的藏友，丰富了自己的收藏知识。希望今后能和大家一起，共同推进中国钱币收藏事业的发展。

组织有为，个人有成。"老江南"介绍一下"江南银元"和"安徽银元"的收藏特色和收藏价值吧。

"江南银元"是从开门的老江南无纪年到关门的江南宣统各个品种，以及各种版别，集成系列其乐无穷。"安徽银元"是从老安徽无纪年到安徽二十五年银毫各个品种，因为安庆造币厂造币时间短暂，银元品种和版别相对不多，玩法比较简单，但是因为存世量相对稀少，要想集成系列难度也不小。

一件事 一辈子

在我50多年的收藏生涯中，有一件事情可以说是始终密切关联着，它就是"宣传"。

青年时期的"宣传"，我更多的是撰写各种钱币、邮票方面的文章，发布在全国各地的媒体上。印象中在20世纪90年代末期，我每周撰写的各种文章的字数普遍都在两万字以上，每周在全国各地60多家媒体上，都能看到我撰写的各种角度的文章。那时候，我白天在德国的德累斯顿银行上海分行上班，晚上写稿，忙得不亦乐乎。陈念老师和已故的徐舰老师，也是当时给《中国商报·收藏拍卖导报》《中国收藏》杂志投稿的时候认识的，如今，一晃近30年了，当时的点点滴滴，依然清晰地浮现在眼前。

中年时期的宣传工作，可以说是换了角色。出于深爱钱币的缘故，2000年我辞去了德累斯顿银行上海分行的工作，不仅创办了专业的钱币门户网站——中国集币在线（www.jibi.net），而且还通过《集邮报》，以副刊的形式创办了《金币资讯》（后改名为《钱币》报）。时至今日，很多泉友见到我经常会跟我聊起，在21世纪初期，大家吃完晚饭之后最开心的事情，就是相聚在中国集币在线的网络论坛里，一起畅聊钱币的风花雪月，一起学习钱币专业知识，全国各地的钱币大咖们则是每周轮番与泉友们在网络上见面。可以说，始于20世纪90年代末的彩金币行情从崛起到辉煌，中国集币在线和《钱币》报功不可没；新世纪初的料价金银币"置之死地而后生"，离不开中国集币在线和《钱币》报的价值发现；始于2005年的"老精稀"金银币的大行其道，如果没有中国集币在线和《钱币》报的推波助澜，显然也是无法想象的。当然，在我最年富力强的那段岁月，我以执行主编的身份编撰了全套5册共350多万字的《中国现代贵金属币赏析》。时任中国人民银行副行长马德伦先生为其作序，时任中国人民银行参事、中国钱币博物馆首任馆长戴志强先生为其撰写读后感。如今，《中国现代贵金属币赏析》已经成

殷 敏 作者简介

1963年出生，上海人。注册高级黄金投资分析师、中国收藏家协会钱币分会副会长、永银钱币博物馆·钱币文化研究院院长。《中国现代贵金属币赏析》系列丛书执行主编、《无缺——中国熊猫金银币图鉴》副主编。

殷敏参与编撰的专著：
《中国现代贵金属币赏析》

为中国现代贵金属纪念币的教科书。

随着时代的变化，钱币收藏事业要取得进一步的发展，我们的战略与思维也要随之改变，尤其是"破圈"。从2020年3月起，我加入了永银文化发展集团有限公司。这不仅是一家有20多年历史的钱币专业公司，还是一家有1400多位员工的钱币专业性公司，更是一家入围了全国各地100多家银行的钱币供应商。此外，永银文化发展集团有限公司也是中国金币集团有限公司的战略合作伙伴。

在永银文化发展集团有限公司工作期间，我担任永银钱币博物馆·钱币文化研究院院长，迄今为止已经培养了200多位员工。如今，他们奔波在各省的各个银行渠道，他们是钱币文化的传播者。特别是在2020年至2023年期间，我们的钱币文化研究院累计进行了800多场线上和线下讲课，为各家银行的客户朋友们更加深刻地了解和认识中国的熊猫金币作出了应有的贡献。此外，2023年，我还以副主编的身份，参与编撰了《无缺——中国熊猫金银币图鉴》，如果想了解中国熊猫币，那么这本书无疑是必备的工具书。因为该书中的所有熊猫金、银、铂、钯、铜币的正背面图片全部是实物拍摄的，极其难得。

/ 问答录 /

一件事，一辈子，讲得既通俗又实在，下一步对"宣传"有何打算？

2023年8月，我终于到了退休的年龄。但玩钱币没有"退休"一说，宣传钱币文化更没有退休一说。所以，我将继续以"返聘"的方式奔波在全国各地推广钱币文化的征途上。

对钱币收藏有何遗憾的地方？

既然爱上了钱币，我就无怨无悔，衷心希望中国的钱币收藏事业兴旺发达，越来越好！

前无止境

过关斩将为了它

我收藏钱币至今已有近30个年头了。自幼我就对老物件情有独钟,自己的小抽屉像个百宝箱,有贴画、小人书、零食里的卡片,甚至好看的糖纸都会叠放得整整齐齐。还记得初中那年,我收获了自己的第一枚古钱币,看着上面"乾隆通宝"四个娟秀的字,一时间似乎打开了新世界的大门。从那时起,我只要见到古钱币眼睛就发亮,走亲访友一有发现,就软磨硬泡,想尽办法要到手。每到闲暇我就拿着各式各样的古钱币欣赏,心里总会不由得产生对历史的感慨。而这种爱好,似乎与生俱来,没有师父引导,也没有花时间系统学习。直到工作了,我意外发现了几枚不一样的钱币,经过了解才知道它们与众不同。这些沉甸甸、充满历史厚重感、被老百姓称为"银元"的钱币一下子吸引了我,经过一番深思熟虑后,我决定将自己的积蓄用来购买银元,而那一刻也就确定了自己的收藏方向——机制币。

每个人刚开始收藏的契机是不一样的,最后选择收藏的类型也不一样。上百年历史的机制币有深厚的底蕴,同时也包含了很多品种与版别。从2021年开始,我联合收藏界人士对安徽机制币进行学术研究,举办了多次安徽机制币研讨和鉴赏活动,为日后出版《安徽银元鉴赏》奠定了基础,同时也填补了国内这个板块的学术空白,有较大的社会影响力。在付出大量精力研究后,我发现自己对江南省造币、安徽省造币和"龙洋三剑客"(造币总厂、宣统三年、北洋造银币)产生了独特的情感,以至于往后的多年都将目光放在了它们身上。全国各大古玩市场和拍卖会,都留下了我追寻它们的足迹。

收藏钱币的过程真的是一种享受,是为一枚心仪的币去跋山涉水、收入囊中的满足感。比如在一次大型交流会上,我意外发现了一枚民国十七年贵州省政府造贵州银币(俗称"汽车币"),虽然美国评级公司PCGS评级只给了45分,但却是我非常喜欢的钱币保存状态。不料其被一个外地朋友

殷益民 作者简介

1975年出生,安徽人。安徽省收藏家协会钱币专业委员会会长、安徽省收藏家协会滁州泉友会会长。

当面买走了。事后我多次联系这位朋友，甚至不远千里去当地拜访，最终才如愿以偿。在拍卖会上，我也收获了过关斩将的成就感。几年前，我为了一枚环彩 AU55 江南无干支纪年光绪元宝（俗称"老江南"），以志在必得的信心参与竞拍，近 20 轮较量后才胜出，最终以 200 多万元成功拿下。经过这种不懈的努力，我拥有了相当规模的高品质藏品，目前已经收藏各种机制币万余枚，并且对版别以及状态的追求还在逐步提升。在收藏的道路上，我还有幸结识了很多知名的钱币学者和泉友，从他们身上，我学到了很多受益终身的知识，看到了很多名誉大珍，极大地开阔了自己的视野。

2018 年 11 月 23 日至 25 日，安徽省第二届泉友会的召开，打开了我人生中的重要一页：由我牵头筹备的安徽省收藏家协会下辖的滁州泉友会正式挂牌成立，我也荣幸地成为滁州泉友会会长。利用这个契机，我开始大力弘扬钱币文化，吸纳精英会员，不仅在当地承办了多次钱币讲堂和鉴赏活动，还组织身边的泉友积极参加了历届全国钱币收藏博览会等活动，尤其是在合肥举办的第七届全国钱币收藏博览会暨中国钱币收藏高峰论坛，更见证了我和大家所付出的努力与汗水。

中国古代钱币文化是中华优秀传统文化的重要组成部分，是历史进程的重要实物见证，在收藏的道路上，我愿与诸君共勉。

殷益民藏品：
江南省造光绪元宝库平七钱二分银币

/ 问答录 /

用你的眼光去看待中国钱币收藏事业，有什么新发展？

收藏钱币不是到拍卖会、交流会就能买到自己喜欢的藏品，而是需要少些浮躁、多多看书、多看实物，要抱着平常心才能提高自己的水平。同时，随着社会经济的发展、人们收入水平的提高，越来越多的人开始关注投资和收藏，而钱币收藏正是其中之一。因此，随着需求的增加，未来钱币收藏市场的规模将会不断扩大。

在组织泉友的活动中，你有什么新设想、新创意？

举办泉友交流活动，我觉得一定要老人带动新人、线下结合线上、交流结合学术，这样才能办得更好。

辨伪识真　乐在其中

郁超英　作者简介

1958年出生，浙江宁波人，高级工程师。福建省钱币学会理事，曾任福建省收藏家协会钱币专业委员会主任委员，发表钱币有关研究文章20多篇。

我的收藏之路，源于1987年父母传给我的几枚铜钱和几张纸币。真正喜欢上收藏并乐于探索，则是与多年从事教学和鉴定工作相关，让我对分类、版别、鉴别真伪等问题有更多的思考。

先谈谈我撰写过的文章。《谈我国现行流通纸币的反假与反伪对策》《福建银行银元票版别小议》《用银币做图标的福建民间私票》《清、民国时期福建私票特点刍议》《精美绝伦的福建私票印章》《浅议福州百城印务局与福建金融票证》《试用印章检验法分析福建私票印章的真伪》《试析福建私票印章的收藏及辨伪》《试论流通特征在货币票证检验中的运用》，这些都是我撰写的与钱币有关的文章。而上述文章中有的获得福建省钱币学会研究成果一等奖，有的获得研究论文二等奖。

再谈谈个人藏品的参展情况。2006年，参加福建博物院举办的福建民间珍藏展，展出我收藏的233枚（套）福建地方流通纸币；2008年，参加福建博物院首届海峡两岸印花税票集邮展；2009年，参加福建省革命历史纪念馆举办庆祝中华人民共和国成立60周年大型主题展；2014年11月，中国收藏家协会钱币收藏委员会在京举办首届全国钱币收藏博览会，托人送去福建地区有代表性的钱庄票、当票等藏品参展；为庆祝中国共产党成立100周年，2021年4月应邀参加福州"红色金融　榕耀百年"百年金融展，提供了135件福州金融票证实物精品。

收藏不易，也要靠机遇和缘分。2010年8月底，一藏友来电告知发现福建军阀卢兴邦发行的"广豫汇兑庄"拾元票，在这之前，我只见过其他小面值的票子。听到这个消息，抓起地图，立即叫上好友驱车前往卢兴邦的老家福建尤溪县。福建地处丘陵，时值盛夏，气候十分闷热。我们进入山区后遇到暴雨，能见度很低，路又崎岖不平，有的地方连手机信号都没有，心中难免担心。一路颠簸到下午一点多才到达目的地，找到接头人，迫不及待地想看实物。我按照低面值的广豫票的印刷特征，快速地比对版型、底纹、字轨、印刷质量等特征，当确认无误后，把包在报纸里的钱递给对方，看到他发亮的目光时，我们都笑了。

  2013年9月13日晚，我忘了关手机，半夜电话铃响，一藏友来电说他的朋友有三张民国陕西靖国军军用钞票，并提出索要介绍费。听到这个消息我睡意全无。我简单询问了纸币的样式，并看到发来的图片，初步判断是真币，经过协商按照对方所出价格加上介绍费一并将钱汇去。钱汇出后忽然担心起来，提心吊胆地等到快递上门，迫不及待地打开查看。除了一般特征的比较，我还根据纸张厚薄、骑缝上毛笔签写的冠号、印文及虫蛀的孔洞等特点分析其真伪，一颗悬着的心终于放下了。

  收藏也不是一帆风顺的，其中的甜酸苦辣只有自己知道。2020年6月的一天，我在网上看到有人发了一张被虫蛀得很厉害的江西吉安苏区票，乍看有点意思，询价还价后就急匆匆地将钱通过手机汇了过去。当晚，我又仔细查看手机里的图片，越看越觉得不对。我电话询问卖家东西寄出来了没有，答复还没有，我说那就不要寄了，卖家说保真，硬是寄来了。我制作了局部放大图片请教好友，得到的答复是仿的。我与卖家沟通，他只答应东西寄还给他，退1000元钱。我把这件仿品留下了，为的是不让它再流入市场。

郁超英藏品：
中华民国靖国军军用钞票

/ 问答录 /

鉴定防伪是你的业务专长，能否举例谈谈它在钱币收藏中的重要作用？

  整理钱币时，经常会遇到因缺乏资料而无法确定该币几枚成套等问题，或者有资料记载，但其是否正确亦无法判断，以致以讹传讹。运用字轨、版别、厂铭、纸张、水印等印刷知识，就能较好地解决问题。

对弘扬钱币文化，今后你想做些什么？

  今后在防假反伪工作中，我很乐于参与举办讲座、展览活动。

泉海游弋五十年

袁 林　作者简介

1962年出生，陕西西安人。通过数十年的努力与耕耘，在古币集藏和研究方面功绩颇丰。不少研究成果发表在国家级期刊上，并通过讲座、论坛等积极推广古钱文化。

《泉海游弋》是中国人民银行陕西省分行工会于2022年4月为即将退休的我出的一本纪念册。内容展现了我近50年来如何从一个普通的初中生走向钱币收藏，进而取得一点点成果的曲折之路，有困难，但更多的是快乐。时至今日，我仍在泉海中快乐游弋！

1976年，我迎来了自己的钱币收藏元年。这一年春，在父母居住的大院基建工地上，施工队无意间挖出了个陶罐，工人说里边有整整一罐子钱，我软磨硬泡地请负责人让我看看。负责人看我人小鬼大，于是破例让我看了罐里的东西。这一看，打开了我人生的另一扇门。我逐一辨认出了半两、五铢、开元、元丰和康熙、乾隆、光绪以及各类铜元，排上队竟组成了一张中国历史年序表，一时间我萌生了了解这些钱币背后那些事的想法。

随着这些钱币的魔力越来越强，我开始了自己的收藏之旅。有一次，我在废品站淘到一枚不认识的钱币，激动万分，一口气跑了3公里到西安碑林博物馆找到当时非常著名的文物专家贺梓诚老先生，他的回答如今仍在耳边回响："娃呀！这是一枚王莽时候的货泉钱，上边是篆书，你认不得的。"

1978年夏，我与同学李炜骑着自行车去汉未央宫旧址找古钱，寻来寻去只找到了一些小半两与五铢钱。天色已晚，饥肠辘辘，我们正准备回家，刚好从一农家路过，那家人的伙房墙上挂了一长串铜钱。我们立即来了精神，便寻找主人问价，对方说一个两分钱，不能挑。我寻思着，口袋只有一元钱怎么办呀？于是就问："可以看一下吗？"对方说可以。我立马把钱币捋了个遍，突然在一长串的中下部有两个"宝贝"闪了一下，心中来了主意，便问他说，"随便抓一些吧，抓多少算多少吧。"经对方同意，我看准位置抓了20多个，付了5角钱赶紧撤退。走出来后，两个兴奋的小孩赶紧坐下来查看收获——有一枚"丰货"，一枚"永通万国"，其他则多是五铢、大泉与货泉。这天的惊喜让我把剩下的钱全买了西瓜大吃一顿。

1979年，《人民日报》刊登了西安市五星街市民渠汇川向中国人民银行总行捐赠历代古钱币事迹后，我就找寻过去，见到了渠先生。交谈之后，顿觉与渠老相见恨晚，从此每周都去拜访。渠老的收藏特色是近代机制币和纸币，正是我的空白。1993年，渠老去世，我专门献文纪念。

不久，我在《西安晚报》上，看到时任长安县财贸部部长陈尊祥利用业余时间抢救中国历史货币的事迹。我又骑上自行车专门去长安县拜访，在县委北侧的平房找到他。他给我讲了一天的钱币知识，临走时送我昭武大钱和永昌等古钱，让我这个毛头小子激动不已。特别是陈老调至陕西省历史博物馆保管部任主任后，让我去帮忙挑选馆藏古钱币，使我受益匪浅，进一步掌握了古钱币知识。

袁林藏品：
日本和同开珎银钱

1984年，我进入了中国人民银行陕西省分行工作。为筹备中国钱币学会陕西分会（后改为陕西省钱币学会）做准备，我认识了第三位恩师姚世铎先生。他指导我完成了《王莽布泉初探》《对七十一枚饼钱分析》《北宋陕北铁钱述略》等多篇文章。2001年，他已80岁高龄，还坚持参加陕西省钱币学会组织的"中日钱币学学术交流会"，做了长达一个半小时的报告，让人敬佩不已。

在分行时，我长期在钱币学会秘书处工作，对货币史及钱币学的认识也越来越有了自己的感悟，结识了许多泉友。后来，我还结识了众多海内外钱币大家，如戴志强、马定祥、唐石父、朱活、杜维善、蔡启祥等。

随着学习研究的深入，我逐渐在半两、王莽铸币、北宋铁钱、李自成铸币、日本和同开珎银钱、陕西槽锭等方面有了一点认知。2024年1月8日，我将珍藏的钱币大珍日本和同开珎银钱无偿地捐献给了中国钱币博物馆，了却为中国钱币事业做一点事的心愿。

/ 问答录 /

你的收藏之路得到许多名师的指点，现在最想对年轻收藏者说点什么？

年轻人收藏钱币要找准方向，且不要求全，也不要急于求成。多读书、多见实物，找一个可以带你的老师走上正道。

请简单介绍一下日本和同开珎银钱的珍贵之处。

日本"和同开珎"是日本学习中国经济文化的产物，其铸时短、销毁多、存世少。根据何家村窖藏研究，在中国发现的此类钱币都是学生向老师递交的作业，更彰显日本向中国学习的那段特殊的时段。

我撰写《古希腊钱币史》

曾晨宇 作者简介

1986年出生，北京人。中国人民大学历史学院世界史博士，外交学院国际关系研究所博士后。现就职于中国社会科学院世界经济与政治研究所。为美国钱币学会会员、英国皇家钱币学会会员，著有《古希腊钱币史》。

不揣冒昧地说，我出生在一个收藏世家。我外婆家出身于广东番禺的大家族，她的祖父是团练起家，担任过广西道台，死后赠一品荣禄大夫，其父是北洋集团皖系的将领，常年在段祺瑞、卢永祥手下做秘书、参谋长，曾任浙江海关监督、淞沪护军使、两浙盐运使，收藏过大量的古董字画。我北京外公家出身于盛京鼓楼曹氏，在奉天的产业很大，尤其是地产。外公读书时，非常喜欢收集古籍碑帖，也喜欢鼻烟壶、古玉这些文玩。祖父与外公也是老同事，经常在一起切磋文玩、谈论历史。

从我记事起，就很喜欢翻阅家里的古物堆。镶白旗下的四合院老宅里的书柜中有很多的线装书、瓷器、古玉、印章和手卷，那是我外公和太姥爷留下的。这些古物就成了我最早的启蒙老师和教材。记得在小学三年级时，父亲带我去北京德胜门城楼参观。那时候楼下的真武庙是北京古代钱币展览馆和北京市文物局钱币门市部。这次参观也开启了我此后30年的钱币收藏历程，由是，德胜门箭楼成为我每周末必去的市场。报国寺收藏市场成立后，"寺里"成为我在北京最常光临之地。

2003年，我作为景山学校交换生赴美学习一年。在参观美国波士顿美术馆钱币部时，看到了琳琅满目的古希腊钱币，令人心向往之。在美国兄弟的帮助下，我开始在易趣（Ebay）网站购买基础类的古希腊钱币，比如，亚历山大大帝钱币、色雷斯酒神币等。记得2006年，我购买了一枚吕底亚雄狮琥珀金币，在信封里附上了美国古典钱币公司的纸票，上面有该公司的网址。这张纸票开启了我另一扇收藏之窗，就是直接从海外的拍卖公司购买钱币。

恰在此时，我选修了刚刚调入北京的晏绍祥教授开设的"古希腊史"。先生英姿飒爽，对古希腊历史史实如数家珍、

曾晨宇藏品：
皮洛士四德拉克马银币

娓娓道来。这一堂课也改变了我的学术追求，从此在先生的指导下，结合自己对古希腊钱币的收藏热忱，便立志于古希腊货币史的研究工作，至今已有20余载。在考入中国人民大学硕士研究生后，我立志撰写一套完善的中文版《古希腊钱币史》，这也成为我一生的目标。在家父的支持和晏老师的指导下，我开始了"两条腿走路"，致力于古希腊钱币史和古希腊史的研究，以及根据学术研究建立具有自己风格和特色的集藏。

然而，我在历史学研究的道路上行走得并不是一帆风顺。尽管古希腊钱币学对于古代史研究很重要，但它在国内本身是一个方兴未艾的偏门学科。外交学院博士后出站在即，自信的我在北京各大历史学的高校研究机构求职，屡屡受挫。正当我心灰意冷之际，中国社会科学院的黄平所长、张宇燕所长对我的博士学位论文以及我个人的学术爱好颇为赞赏。在他们的引荐下，我于2018年入职中国社会科学院世界经济与政治研究所。自此，我个人的学术领域再度拓宽，不仅仅局限于古希腊史，更着眼于国际政治、世界经济等领域。世界经济与政治研究所为我个人的学术研究提供了优秀的舞台。在入所后，我出版了《古希腊钱币史》第一卷，成为第一部系统介绍古希腊钱币学的中文专著。在张宇燕所长、冯维江所长的帮助下，我撰写了多篇高质量学术论文，分别发表在《历史研究》《西域研究》《中国钱币》等权威期刊上。老友安仁也将我拉入中国人民银行的圈子，成为中国《金融时报》特约撰稿人。

/ 问答录 /

在钱币收藏界，收藏研究中国钱币者多，收藏研究外国钱币者少，撰写出版外国钱币图书的几乎凤毛麟角，你做到了。讲讲一个中国学者眼中的外国币。

中国钱币和外国钱币，是同一件事情但表达的路径不同，各有优劣，没有高低之分。

作为年轻有为的外国钱币收藏者和研究者，你对自己在这方面的前途有什么展望吗？

我更期待作为一个传播者，让更多国人了解外国钱币。

我人生追求的信条

我出生在内蒙古自治区赤峰市翁牛特旗乌丹镇一户普通的农民家庭。儿时的一次偶遇，让我爱上了钱币收藏。真没想到，后来竟建起了一座私人博物馆。

小学三年级时，课间踢毽子玩，调皮的我猛然一脚把同学的毽子坠上的"大钱儿"踢了个"天女散花"。我慌忙捡起"大钱儿"，竟然发现上面的文字各有不同。正赶上班主任来上课，她告诉我："这是古代的钱币，不同朝代和不同皇帝发行的钱币上文字都不相同，将来学历史就知道了。"

老师这个不经意的指点，让我从此"钻进了钱眼儿"里。每当同学毽子坏了，我总是主动去修，其实是想把没见过的铜钱替换下来。那些年，我捡过破烂儿、养过小兔，挣钱的目的只有一个，就是和同学换几枚我没有的"大钱儿"。我曾因砸了家里的锁头，用铜锁芯换取土产公司的一枚"咸丰当百"，换来妈妈的一顿鸡毛掸子。时间久了，同学们都知道我喜欢这些不能花的钱，纷纷帮助四处收集。几年下来，我积攒了不少铜钱。

随着对古钱币知识的兴趣渐浓，初中时，我已经成了书店里的常客。凡是与钱币文物知识有关的书籍，我是有钱就买、没钱就借，逐渐知道了中国钱币从贝币到纸币的历史沿革。近水楼台先得月，我也对清朝全套钱币的外表字样及收藏价值有了深入了解。

高中毕业后，我到旗印刷厂工作。因为有了可自我支配的收入，收藏钱币更是乐此不疲。

1995年夏天，我去乡下收古钱币，途中到一老乡家找水喝，这家人说家里有枚铜钱。刚拿出来，我眼前一亮，竟是辽太宗耶律德光天显年间发行的稀世珍币"天显通宝"。我以10元的价格买下了这枚铜钱，真是"踏破铁鞋无觅处，得来全不费工夫"。

1996年，我听说保险公司一张姓职工手里有一枚手工

张 军　　作者简介

1962年出生，内蒙古赤峰人。内蒙古翁牛特古代艺术博物馆馆长，收藏事迹曾被《人民日报》、新华社、中央广播电视总台、《内蒙古日报》等媒体报道。

张军藏品：
辽太宗天显通宝

刻制的契丹文珍品铜钱，当时出价2万元都没有成交。但我一直惦记着，不断托人，表示愿意出5万元高价购买，并许诺谁能帮助成交，再提成1万元，终究未能如愿。2016年，在地方古玩交流大会上，我又见到了这位持币人。一番交谈后，他竟然愿意以2万元的价钱卖给我。我惊讶地问："20年前我出5万元你都不卖，现在你咋两万元就给我呢？"他笑着说："你是收藏大家，不是文物贩子，把它交给你，就是不要钱都值！"后来我给了他2.2万元，如愿以偿。遗憾的是，我打算出10万元鉴定铜钱上的文字，至今无果。

50多年来，我收藏了各个朝代的4000余种、2万多件钱币文物。从贝币到青铜币，从刀币到秦半两，从"大钱儿"到银元，从花钱到纸币，应有尽有。

有人调侃我说："你真金白银换回这些破铜烂铁，图个啥？"说实在话，确实有人出几百万元要收购我的钱币文物，可我不能卖，我要让子孙后代看到祖先的文化遗产，我要让这些文物找到更好的归宿。这些年，我除了在自己的翁牛特古代艺术博物馆陈列了一部分外，也为各级博物馆捐赠了大量的包括钱币在内的众多文物。其中，捐给赤峰博物馆2894件，两次捐给翁牛特旗博物馆1724件，捐给内蒙古师范大学鸿德学院钱币、票证3000多件，捐给赤峰市喀喇沁旗博物馆6000多件。因为收藏，更因为情怀，我曾多次被中央广播电视总台《走遍中国》《探索发现》《收藏故事》等栏目报道。

情系桑梓，为国藏宝。虽不是我的兴趣初衷，却成了我人生追求的信条。

/ 问答录 /

"你真金白银换回这些破铜烂铁"，这一句话让钱币收藏者生出多少感慨，但"图个啥"却引出了你的豪言壮语：为国藏宝，是我人生追求的信条。你对自己捐赠过许多文物的行为，不感到后悔吗？

不后悔。说实话，当时就是觉得好奇。但是随着藏品的增多，我更有了责任感。人生百年，我生没有带来一件，百年后我一件也带不走。因为它们是社会的、人类的。我收藏只有我自己欣赏，但捐给国家可以让大家都来了解中华五千年文明。

在钱币收藏领域，你还有什么梦想吗？

我收藏已有50多年，现在还能再建几个钱币博物馆，内容涉及从古到今，从抗战货币到股票债券。

前无止境

从贰角纸币开始

我退休前,是建筑企业的高级工程师,涉足钱币收藏那还是恢复高考后第二年上大学时的一次偶遇。离学校不远的邮电大楼附近,有当时兰州市的一个邮票钱币交易市场,上学期间经常路过。有一次在一位老者的钱币摊位上,看到带有火车头图案的全新人民币贰角纸币,非常喜欢,询问价格竟要10元钱一张。当时没有人民币的收藏知识,请教那位老者后才知道,这是1953年我国发行的第二套人民币中的贰角纸币。这张火车头贰角纸币就成了我的第一件钱币收藏品。

上大学的几年里,在这个邮票钱币市场,我收集齐了除拾元券(俗称"大黑拾")以外的所有第二套人民币券种。市场去的次数多了,也认识了不少玩钱币的朋友,与藏友的交流中我请教他们:既然有第二套人民币,是不是应该还有第一套人民币?藏友们的回答让我吃惊,有啊,全套一版币共有62个券种,收藏难度非常大,一般人是很难集齐的。为了搞清楚第一套人民币都有哪些品种,我托人找到了一本浙江余继明编写的《人民币图录》小册子,为我收集到52张(种)第一套人民币和第二套人民币拾元券打下了坚实的基础。

我国第一次发行的国库券,也是我当时收藏的侧重点。从壹元、伍元、拾元这些低面值的易得品类开始收集,到壹佰元、伍佰元、壹仟元高面值的高难度收藏,都有许多值得回忆的故事。当时为了收集一张1989年壹佰元国库券,我利用周六休息时间,一大早就守候在国库券银行兑换点。两个小时过去了,果真盼来了一位国库券持有人,兑付的国库券里有几张拾元券和一张壹佰元券,壹佰元券正巧就是那张印有广东湛江港油码头图案的1989年国库券。我急忙凑到柜台前,向银行工作人员解释,我是国库券收藏爱好者,希望能用兑换价格换回那张壹佰元国库券。在我苦苦央求下,终于拿到了这张难得的国库券。

张安保 作者简介

1949年出生,陕西泾县人。中国收藏家协会票证分会副会长。40年来,在《中国收藏》《收藏》《银行博物》《西部金融·钱币研究》等期刊发表有关钱币、债券、金融票证等收藏研究文章30余篇。

张安保藏品：
中国人民银行青海省分行发行的壹圆期票

关于中国人民银行期票的收藏，我是从2003年才开始收集的。银行期票是小众收藏，因为当时没有各省市发行期票的相关资料，只能通过藏友之间的信息交流和收藏网络平台查找。经过六七年的努力，我收集了22个省市发行的80多个期票券种，其中的青海期票壹元券是目前民间收藏中的仅见品，极为珍贵。2011年，我撰写的研究文章《退赔期票——特殊历史年代的金融票券》在《西部金融·钱币研究》增刊发表，受到各地藏友的一致好评。2013年，我出版了《中国人民银行期票图鉴》一书，填补了银行期票收藏没有专业书籍的空白。

从2014年起，我精心策划了中国人民银行期票收藏精品展和期票收藏研究专题展，先后在北京、天津、上海、武汉、长沙等地展出。2019年和2020年，受中国钱币博物馆的邀请，我收藏的国家债券、地方债券、银行期票以及相关史料藏品，分别在北京国际钱币博览会举办的"光辉岁月——建国以来人民银行发行的非货币类票证展"和在中国钱币博物馆举办的"光辉岁月——建国以来人民银行发行的金融类票证展"中展出，参观展览的观众累计达两万多人次，获得了良好的社会反响。

最近几年我又在思考，2013年出版的《中国人民银行期票图鉴》已不能满足期票收藏研究的需求，现在应该是出版一本银行期票收藏研究学术专著的时候了。2022年6月，经中国钱币博物馆研究馆员王纪洁和甘肃钱币博物馆原馆长于廷明两位老师的热心推荐，由甘肃省钱币学会申报的《中国人民银行期票研究》专著，被批准列入2022年度中国钱币学会学术课题项目。目前专著已经完稿，并于2024年5月由甘肃省钱币学会上报中国钱币学会评审。

/ 问答录 /

《中国人民银行期票研究》已列入课题，现在进展如何？
已完成上报中国钱币学会评审稿，2024年上半年送交专家评审，希望不日出版。

从贰角纸币收藏走向两本专著，有何亲身体会要告诉收藏者的？
从最初收藏贰角纸币，进入了纸币债券收藏的大世界，开阔了眼界，增长了知识，并提高了收藏研究文章和专著的写作水平。快乐收藏让我终生难忘。

前无止境

难忘首届中国历代纸币展

张安生　作者简介

1963年出生，广东惠州人，毕业于广东嘉应学院土木工程专业。2003年被亚洲钱币学会聘为学术顾问。

　　追忆起我收藏钱币的契机，要从20多年前在山东济南早市上结识的钱币商人马玉鑫说起。这位年老的钱币商诚恳而热情，他对钱币孜孜不倦的介绍无疑为我打开了一个新的世界，不断开阔着我在钱币收藏的视野。我将一枚枚钱币握在手中，仿佛感受到了历史的沉淀、时光的流转。我深深地被钱币的独特魅力所吸引，在欣赏钱币的同时，也开始充满热忱地在书籍中探索更广阔的钱币世界。

　　在不同钱币的比对、甄别过程中，我对能够触摸、鉴赏到精品钱币的渴望愈加强烈。我意识到，应该去寻找更多钱币交易的市场，让自己的收藏更为丰富多彩。我对钱币收藏毫无功利之心，不为赚取多少金钱，只是凭着一腔热忱，不计较得失，因此能够乐此不疲地沉浸在钱币鉴赏的过程中。1994年以前，中国还未开展钱币方面的拍卖，相关的信息也不发达，收藏者只能通过人脉介绍才能认识其他的收藏家。在不断的交易过程中，在参差不齐的藏品中，我学会了去伪存真，不断成长。初出茅庐的我经过朋友的牵线搭桥，来到了上海的钱币市场。在摸爬滚打的实践中积累经验，收藏的钱币越多，我越来越能体会到，与其收藏1000个品种一般的钱币，倒不如觅得一个精品。因此，我甄选钱币的要求也更高了。

　　2009年10月，我在朋友的支持和协助下，在北京首都博物馆筹办了首届"中国历代纸币展"，以此庆祝中华人民共和国成立60周年。来自世界各地的纸币收藏家在此次展览上将他们多年的珍藏品展示给公众，传播了中国纸币文化，提高了大众对纸币收藏的认识。业内人士对本次展览给予了极高的评价，主流媒体也对展览作了相关报道，获得了不错的社会反响。与此同时，上海造币有限公司特别为此次展览铸造了金、银、铜三种材质的纪念章。

2014 年，应美国 PCGS 钱币评级服务公司的邀请，我参加了位于美国洛杉矶长滩的钱币展览学术交流活动。2015 年，我又应邀参加浙江省博物馆举办的"银的历程"展览，为此次展览提供了丰富的展品。

张安生藏品：
广东省造光绪元宝库平七钱二分银币

/ 问答录 /

你在纸币收藏领域享有很高的荣誉，其中一项卓越成就是 2009 年在首都北京举办首届"中国历代纸币展"。回眸当年，你印象最深刻、最精彩的一幕是什么？

开幕仪式结束后，我代表为这次展览付出辛劳的钱币专家学者和七位发起人接受了高级别领导的颁奖。

据我们了解，你现在长期在海外工作、生活，钱币收藏却同在蓝天之下，你想对币界朋友和同人说些什么？

收藏钱币是我的兴趣爱好，能与同好、钱币专家、学者共同研究探讨钱币的历史文化让我由衷地高兴，同时希望在引导更多年轻爱好者进入钱币收藏领域的方面发挥些许作用，让钱币收藏的良好风气传承下去并发扬光大。

前无止境

主业副业两不误

我于20世纪50年代中期出生于我国东北农村,高二那年应征入伍,两年后部队将机关唯一一个上军校的名额给了我,学的是建筑专业。毕业后在部队从事基本建设和营房管理工作,退役后也一直在基建行业做老本行。20多年的军旅生涯造就了我"特别能吃苦和特别能战斗"的军人特质。

在军校期间,我培养了集邮和集币的爱好,提干后有了工资就有目标地开始系统收集一些自己喜欢的早期硬币。随着网上国际交流平台的建立和国内外各大拍卖行的兴起,交易变得更加便捷。几十年来,我收藏中国及世界多国早期币章万余枚,其中世界君王主题币章、王室伉俪主题币章、世界博览会主题币章、奥运会主题币章、全球古建筑主题币章、世界铁路建设主题币章等系列已初具规模。

有一次参加在北京市举办的钱币展,我看到泉友们非常喜欢我的藏品,博物馆的领导也找我商量征集君王系列币章的想法,我感到这是我回报国家的好机会。但在捐赠之前,北京市钱币展览馆的两位主要领导被调整到其他博物馆工作,馆藏范围也有很大的调整,因此我改变向北京市钱币展览馆捐赠的想法。2021年年初,中国国家博物馆的专家和领导找到我,与我协商征集君王币章一事,我与夫人张奕商量后欣然接受并由衷地感到欣慰。

数十年来,长时间大量地买入藏品需要大量的资金,我的"小金库"经常处于清零状态,有时为购买一枚心仪的币章不得不向夫人求援而动用"国库"。夫人抱怨我"总是把能流通的钱换成不能流通的钱"。20世纪90年代末,岳父岳母退休后来北京定居,由于没有住处,与我们同居一套房子,非常不便。当时正好附近一个小区商品房开盘,岳父岳母看中其中一个户型,几十万元一套,交钱即可入住。但由于我们的资金已全部投入新项目开发,眼看有合适的房子却没法买,夫人非常着急,又不忍心让老人拿钱。无奈之下我

张德友 　　作者简介

1956年出生,吉林人。1974年12月参军,荣立三等功四次。高级工程师。在《中国商报》《中国收藏》《收藏》《中国金融》等多家报刊发表收藏类文章百余篇。

只好忍痛割爱，拿出自己珍藏多年的8枚古钱送到某拍卖公司，拍卖行评估后给我50万元预付金，将岳父岳母的房子买下，二老如愿入住。此举感动了夫人，以后十分理解和支持我的收藏爱好。940枚君王币章捐赠中国国家博物馆一事，即得益于夫人的支持才得以实现。

经过多位专家学者历时半年多的品鉴、评估和论证，最终通过国家相关部门审核，940枚君王主题币章入藏国家博物馆。这批捐赠币章来自欧洲、北美洲、南美洲、大洋洲、非洲和亚洲的63个国家和地区，其中以欧洲最多，近800枚；时间跨度从17世纪初至20世纪末，其中近代（1918年以前）650枚，现代290枚；从类别上看，金属流通币占90%左右，约850枚，纪念章占10%左右，约90枚；从材质上看，绝大部分为银质，少量铜质，个别金质，题材为君王或与君王相关的主题。

早期收藏币章，需要大量的资金投入，而由衷地喜欢和不断地充实知识是收藏的基础，持之以恒则是一个成功藏家所必备的基本精神。我的主业基建工作是我非常热爱并为之奋斗一生的事业，是我安身立命和支撑业余爱好的基础，而我的业余爱好则让我终身受益。

张德友藏品：
神圣罗马帝国托斯卡纳大公国于1769年发行的10抛里银币

/ 问答录 /

钱币收藏是你的业余爱好，此爱好让你收获了什么？
业余爱好让我努力工作、博览群书、眼界开阔、广交朋友、生活充实、精力充沛、身体健壮。

为什么说藏品捐赠国家是一个很好的归宿？
国家博物馆是展示国家形象的窗口，给国家博物馆捐赠藏品，就是为国家添砖加瓦，犹如为爱女找到了好婆家。

偏爱太平天国钱币

赵后振 作者简介

1987年出生，江苏沛县人。中国收藏家协会钱币分会副秘书长，《中国钱币大辞典·清编·制钱卷》编委，中央电视台《一槌定音》栏目特约钱币专家、撰稿人，海口经济学院钱币研究中心副主任。

我的童年是在家乡江苏沛县的乡下度过的，家中从曾祖父赵光义那一代开始在苏鲁豫皖地区说唱琴书，到了祖父那代兄弟三人都以说书为生。我小时候家中就有人喜欢收藏，叔叔喜欢收集邮票，哥哥除了集邮外，还喜欢收集烟盒、古钱币、小人书。

我喜欢上古钱币是因为自己是个小"财迷"，喜欢积攒各种钱币，而且古钱上面有铸造的文字和各种图案，让我感觉非常神秘。1995年上小学三年级的时候，我接触到了第一枚古钱，是在爷爷家里翻出的一枚清代嘉庆通宝小平钱。当时如获至宝，因为之前只在书上见过方孔钱币的样子，并没有见过实物，因此开心了好几天，睡觉前都会在抽屉里放好它才睡，也就是从那时起，我对古钱币的热爱一发不可收。

到了初中，我会从每周的生活费里节省点钱，然后去集市和县城的古玩地摊淘古钱币，就这样一直到高中毕业。上了大学后，在南通文庙古玩市场接触到了专业收藏、交流钱币的圈子和朋友。大学四年，我每个周末都泡在古玩市场上，整个大学期间为了省钱买古钱币，基本没有买过新衣服，并选择了一个自己特别喜欢的专题进行重点收藏，那就是太平天国钱币和清末起义军钱币。2009年，我来到苏州工作，工作后有了经济保障，收藏的钱币逐渐增多，档次也在逐渐提升。

在我的太平天国钱币收藏中，最难得的一枚是太平天国在苏州铸造的母钱。其原物主是国际上收藏中国古钱的第一大家——新加坡陈光扬先生，我通过中间人向陈先生表达了想收藏这枚钱币的愿望，陈先生答应的同时也说出了自己的条件，让我帮他找一枚北宋稀有钱币的拓片资料，才同意转让于我。后历经半年，周折多次，我终于达成心愿。我收藏的最昂贵的一枚太平天国钱币是一枚试铸版式，太平天国背圣宝小平大字版，之前所见仅两枚，而我收集到的这枚是未流通品，字口所见最佳，虽然买得非常吃力，但能把咱们古

赵后振藏品：
清太平天国背圣宝钱币

人流传下来的古钱保护起来，我感到非常荣幸和开心。

2013年10月，我耗时多年编纂的《太平天国钱币新考》，由上海科学技术出版社正式出版发行。这是我的第一部钱币著作，掀开了太平天国钱币研究的新篇章，同时推动了国内钱币专题化收藏研究。《太平天国钱币新考》参阅国内外太平天国钱币相关文献书籍170余册、相关论文资料260余篇，以太平天国历史时间发展为主线，将太平天国早期、中期、晚期在南京、苏州、浙江等地的铸币情况作了全面、系统的深入考证，信息量巨大。书中首次以高清彩图的形式把太平天国钱币展示给广大读者，其中很多存世量为个位的珍品或孤品为首次披露，极为震撼。2019年6月，《太平天国钱币新考》(修订本)再次出版发行，更为全面地收录了太平天国钱币珍品，被誉为太平天国钱币收藏研究难得的书籍。

另外，我还出版了《宝苏泉汇》《清末会党钱币研究》《太平天国钱币辨伪图册》等专著，并编辑了《嗣泉堂会党钱集拓》《涌轩太平天国钱币集拓》《天义轩金钱义记集拓》等资料。2017年，受聘编撰国家"八·五"社科重点项目、国家"十二五"规划项目《中国钱币大辞典·清编·制钱卷》。2022年，受浙江省金华市文物保护与考古研究所特邀编辑《圣宝太平——太平天国钱币特展》。2018年至2023年，受邀为中央电视台财经频道《一槌定音》栏目撰稿。

/ 问答录 /

从钱币收藏中，你获得的最大感受是什么？
　　我获得的最大感受是中国古钱币的博大精深，钱币文化带给我精神上的快乐就像小时候吃到了喜欢吃的美食，妙不可言。钱币收藏对我的生活影响很大，让我结识了全国各地甚至海外很多朋友，让我的业余生活充实且丰富多彩。

在这个领域中，你还有什么梦想？
　　我还有一个梦想就是能为中国民间钱币收藏的鉴定、评估作出一些自己的贡献。

从澳门钱钞到世界错体钞

赵康池

作者简介

1957年出生，广东新会人。澳门钱币学会理事长。编辑《澳门发行流通钞票大全》《澳门发行流通硬币大全》《民国孙像袁像银元版别图录》《华洋怪钞·中外错体纸币欣赏图鉴》。

2011年，我很荣幸地被推选为澳门钱币学会理事长，在澳门特别行政区政府的支持和理监事会的帮助下，在此后的12年里做了一些工作：每年组团与中国内地的省市级钱币学会进行学术交流，从2012年起，先后拜访过西安、北京、上海、合肥、昆明、广州、杭州等地的钱币学会；每年11月在澳门举办钱币展览、交流、拍卖等活动，受到我国不同地区钱币爱好者的支持和欢迎；每年刊印的《澳门钱钞纵横》作为年展特刊，收录会员及本会顾问的钱币研究最新成果，推动了钱币收藏和学术交流，扩大了钱币收藏的影响力。

澳门纸币的收藏可分为三个系列：第一个系列是从1902年到现在流通的纸币；第二个系列是1902年到现在的样票；第三个系列是以前民间银号发行的银票。澳门流通硬币也可单独成系列收藏，不过品种少，大概有几十种，还是比较容易集齐的。澳门纸币的收藏比较困难，毕竟发行量少，回收率高，留存到现在的数量很少，但是品种很多。例如澳门回归前一张同面值的伍圆券、拾圆券分别有七到八个不同的签名版，集齐后有四五百种不同的版别。我收藏的澳门第一套纸币十分珍贵，曾在第二届全国钱币收藏博览会参展。我与邓浚晓先生经过10年的编辑，终于在2017年由澳门钱币学会出版《澳门发行钞票大全Ⅰ》与《澳门发行硬币大全》，经过5年资料补充后于2022年再版《澳门发行流通钞票大全Ⅱ》。这本书详细介绍了澳门百年来所发行的纸币及其背后的历史文化故事，补充了澳门货币史的空白，更好地向各地钱币收藏爱好者介绍了澳门钱币文化历史。

我喜欢收藏世界各国错体钞。1991年去美国旅游时见到一张错体的美元纸币，当时觉得很特别，心想若能集齐各类错体钞，既可以提高欣赏趣味又可以进行研究，还能为改进印钞技术和质检提出中肯的建议，这将是一件十分有意义的事情。经过对错体钞的四处收集，目前已集有千余张。我认为错体钞是由于设计、印刷乃至造纸过程中，基于人为的疏忽、机械的误差或故障，侥幸通过质检关卡而进入市场的。错体钞有十几个大类，包括折白、折印、遮白、福耳、移位、倒印、倒盖、错号、漏盖、叠印、透印、错版、浮水印错体和其他错体。在深入研究后，我于2015年12月与澳门钱币收藏家陈耀光先生合作编著了《华洋怪钞·中外错体纸币欣赏图鉴》。陈耀光先生收藏有不少清朝和民国错体钞纸币，而我收藏有大量美元等错体钞纸币。这是中国首本介绍错体钞纸币的著作，该书对每种错体钞纸币的成因、历史背景、收藏价值以及如何分辨真假错体钞纸币均有详细介绍，可使读者对错体钞纸币有一个全面、透彻的了解。

收藏必须有序提升认知，尽量参考专家意见，增加知识，内涵才会丰富。如果自己有独特的审美眼光，藏品将更优胜。我至今仍然有几个系列未能集满，还需努力。

收藏家一般是比较长寿的，因有持续不断的目标和欲望，收藏过程令人感到快慰，驱使人不断向前。由是观之，收藏能产生推动力，引领人向前。最感自豪的是，我已拥有几个属于世界级的纸币收藏集，希望未来收藏可以有更大的发展，吸引更多爱好者的目光。

赵康池藏品：
大西洋国海外汇理银行发行的伍百圆纸币

/ 问答录 /

组织工作做得好，是澳门钱币学会的一大特色。作为理事长，你对未来有何展望？
澳门钱币学会希望在粤港澳大湾区各地发展及推广中华钱币收藏文化。

请介绍几张典型票例以飨爱好者。
中国人民银行第四套人民币1990年版伍拾圆折印，折叠的部位和方式都比较少见；中国人民银行第四套人民币1990年版壹佰圆，福耳、折印兼而有之，"中"字印到裁切线上。

前无止境

泉流问源

周　祥　作者简介

1962年出生，上海人，毕业于上海大学文学院历史系考古与博物馆学专业。现为上海博物馆二级研究馆员、国家文物鉴定委员会委员、上海市文物鉴定委员会委员、上海博物馆文物征集鉴定委员会委员、中国钱币学会理事和学术委员会委员、中国钱币学会金银货币专业委员会副主任委员。

我从事中国历代货币整理、鉴定与研究工作完全是一种偶然，因为在大学的时候，我已经对中国古代青铜器和古文字感兴趣了。

1984年7月我大学毕业进入上海博物馆，分配在群众工作部做讲解员。大概这年10月的时候，单位推荐了一位同事去参加国家文物局在郑州举办的钱币培训班，可这位同事担心自己文化底子薄而学不好，便向单位提出找一位大学生陪他去。我的大师兄找到我，问我是否愿意。当天晚上，我拜访了我的恩师。恩师不仅跟我分析了古代青铜器和古文字研究的经纬与现状，也指出了历代货币研究的现实，认为钱币研究大有作为，建议我应该接受单位的安排，去郑州钱币培训班。我苦苦思索了一个晚上，因为相对于青铜器和古文字而言，钱币研究对我来说就是一张白纸。后来想通了，不就是搞研究吗？搞钱币研究和搞青铜器、古文字研究都是研究，只不过是具体的研究对象不同罢了。尽管有点痛苦，我还是决定放弃青铜器和古文字的研究，进行钱币研究。然而，当我心心念念之时，去郑州培训班的事却没了消息。1985年3月4日，我所在部门领导突然接到馆长马承源先生的电话，通知让我第二天到青铜器研究部报到（钱币组为青铜器研究部下属部门）。那一天，我把在群众工作部的办公桌和椅子搬到钱币组，正式开始了中国历代货币整理、鉴定和研究的心路历程。

以前，上海博物馆有师父带徒弟的制度，但到了我们大学生进博物馆时，这个制度就没有了。当时有关钱币的书不是很多，我首先通读彭信威的《中国货币史》，摘抄《泉币》和《古泉学》杂志，翻阅《东亚泉志》、《昭和泉谱》和《沐园泉拓》（罗伯昭先生将自己收藏的钱币捐赠给国家博物馆前做的全部拓片合集），查历史文献和考古资料以及专家学者发表的论文。通过做拓片熟悉钱币，认真做学习卡片，做知识的积累，也写些短文，后来收录于《钱币漫话》等书中。在这个过程中，我由衷地感谢孙仲汇先生给予的帮助。

经过几年的努力，我开始撰写论文，比较满意的第一篇论文是 1992 年发表在上海博物馆馆刊上的《圆足布研究》，这篇论文使我第一次获得了上海市钱币学会优秀学术成果一等奖。因为学界对圆足布的认识不同，我后来又发表了《再论圆足布》。2001 年，第一次参加全国性的由中国钱币学会在山西太原召开的"先秦货币学术研讨会"，我有关圆足布的研究得到了很大的反响，其中的观点为考古发现所证实。1996 年，我出版了自己第一部个人专著《中国珍稀钱币》。这本书由上海的学林出版社 1996 年出版，分上、中、下三册。以《中国珍稀钱币》为书名，是因为其的确收录了中国古代钱币和近现代机制币中当时所能见到的珍稀品，无论是传世的还是新发现的。2022 年 60 岁的我，第一次编辑出版了自己的个人学术论文集《泉流问源——中国钱币学与货币史论集》。

1985 年以来，我先后撰写了 60 余篇论文，出版了个人著作 8 部，合作出版专著 3 部，涉及中国古代货币、近代机制货币和历代纸币，多次获得中国钱币学会和上海市钱币学会优秀学术成果奖一等奖，在中国钱币学和货币史的学术研究方面取得了一点成绩。如果有什么名气，也是承蒙学界和泉界人士的抬爱。

上海博物馆藏品：
光绪三十二年八月造
江省广信公司市平银叁两

/ 问答录 /

《中国珍稀钱币》，听书名就很吸引钱币爱好者的眼球，我们还想知道更多内容。

这本书在每一章的概述中，以独特的视角大胆而全新地诠释了每一个历史时期钱币的发展，第一次极其详细地解读了各种钱币的版别、存世情况和流传故事。

作为国家文物鉴定委员会委员，你在钱币界有很高的知名度。请你以自己的体会，对今天钱币界人士说几句话吧。

总结我近 40 年在钱币研究领域走过的历程，我认为无论是研究还是收藏，都需要不断地学习和实践，而守正创新是根本。一是守正。就是要从基本入手，坚实基础，善于学习，找准自己正确的前进方向，善于在前进中找到适合自己的方式方法，贵在坚持。二是创新。研究或收藏钱币，善于总结前人的经验教训，始终保持一颗好奇的心，坚持创新，拓宽视野，与时俱进，站在新的维度和高度，提出新的问题、新的思考和新的见解，创造出新的成果。

前无止境

亦师亦友三十年

1988年，我在台北的福君邮币社第一次见到周建福先生，并开始向他学习中国机制币方面的知识。1990年，我开始跟罗恩·米尔卡里克博士学习世界钱币方面的知识。罗恩博士是美国知名的钱币专家之一，他偕同我一起参加了包括美国钱币协会（ANA）国际钱币展销会、美国佛罗里达国际钱币展、长滩钱币展、芝加哥国际钱币展和慕尼黑钱币展在内的很多重要的钱币展会。我更是和他在1991年ANA国际钱币展销会上见证了这一盛大展会的百年纪念活动。也正是在这场展会上，我认识了之后的好友和导师——从中国台湾来到美国的曾泽禄医生。

1994年，我和史博禄先生及陈元和先生创办了《东亚泉志》。《东亚泉志》是在当年底特律美国钱币协会展会举办时创刊的，波士顿的史博禄先生担任编辑，以英文出版。杂志在1998年时停刊，共出版18期。2016年，该杂志以中英文季刊的形式复刊，截至2023年10月已发行32期，受到业内的广泛好评。目前，杂志在超过20个国家和地区发行，并且被收录于多家重要机构的图书馆，如大英博物馆、美国史密森学会、哈佛燕京图书馆以及耶鲁大学等相关机构。

除《东亚泉志》外，我们于2010年至2021年编辑了三版《中国机制币精品鉴赏》；2014年，我与史博禄等人撰写的《霍华德·佛兰克林·包克——钱币学研究先驱者》荣获2015年美国钱币文学公会"杰出著作"奖；2017年，经世界硬币大奖赛独家授权，《东亚泉志》编辑部译，中国金融出版社出版了《世界硬币大奖赛——纪念硬币设计与工艺的黄金三十年》；2019年，我与资深藏家陈景林，知名钱币学者、PCGS总裁古富（Ron Guth）共同编著了《中国熊猫纪念章目录1984—2019》；时至2021年，我为亦师亦友的张南琛出版了《收藏传奇——张南琛中国钱币收藏》一书，该书荣获2021年美国钱币文学公会"最佳世界硬币图书"奖，张先生也成为首位获此殊荣的华人藏家。

周迈可   作者简介

1967年出生，中国台湾人。冠军拍卖总裁、《东亚泉志》发行人兼总编辑、CCG集团资深顾问、美国克劳斯世界硬币大奖赛评审委员会委员、美国钱币学会终身会员、美国钱币协会终身会员。

/ 问答录 /

> **30 多年藏界经历，朋友多多，感慨多多，请用一两句话来概括一下。**
> 我的挚友张南琛先生曾对我说，收藏是一场马拉松，而不是冲刺跑，所以尽情享受这段旅程。
>
> **你对中国钱币收藏事业有何展望？**
> 一个国家收藏品的价值反映了这个国家的经济实力，中国的经济实力不断增强，因此中国的钱币应该也会成为世界上最有价值的钱币之一。

1996 年，我们在币商陈吉茂先生的帮助下，与陈元和以及周彼得共同在香港创办了冠军拍卖公司，并于同年 6 月在香港金域假日酒店举办了首场拍卖会。那次拍卖会上也有很多中国机制币精品。我的好朋友 PCGS 总裁古富先生也专程从圣地亚哥前来香港主持此次拍卖。陈吉茂先生是首场拍卖的主要支持者，他委托拍卖了很多中国古钱精品。

此后，冠军拍卖在钱币拍卖领域成绩斐然：1853 年咸丰宝泉局当千雕母让中国雕母的拍卖价格首次突破 10 万美元；1910 年云南省造庚戌春季宣统元宝库平七钱二分成为首枚拍卖价格超过 100 万美元的中国钱币；1991 年中国熊猫金币发行十周年 5 公斤纪念金币，以 160 万美元刷新中国钱币拍卖纪录；2021 年，张南琛中国钱币收藏拍卖专场以 60 多件钱币拍品（该场总计 123 件）斩获超过 2000 万美元总成交价，打破中国钱币拍卖总成交额纪录。

此外，我从 2019 年开始与世界造币技术领先的公司——德国梅耶造币厂合作，开发了聚合物环球纪念币、首枚黑白纳米熊猫纪念币、首枚银钛合金熊猫纪念币。我们将真正的玫瑰与纪念币相结合，制造出了"永恒之爱与永生玫瑰"纪念币以及"母爱永恒与永生玫瑰"纪念币。2023 年，我们还将创新扩展至武侠领域，与世界硬币大奖赛终身成就奖得主余敏先生及香港漫画大师李志清先生合作，制造出第一枚经香港武侠小说家古龙小说出版方授权的武侠主题纪念币，第二套、第三套也将于 2024 年与各位见面。

在过去的 30 多年里，我不只有幸亲身经历了钱币收藏界的跌宕起伏，更是通过钱币这一媒介认识了很多亦师亦友、对我人生产生重要影响的朋友。如前文提到的陈元和先生，他常常说到的"吃亏就是占便宜"，教我与人为善；张南琛先生的六条收藏原则中提到的"诚实且慷慨地和收藏界的每个人交往"，也深深地影响着我。而史博禄、曾泽禄、罗恩、古富等学者型藏家的钻研精神也不断激励着我努力在钱币研究领域作出自己的贡献。

周迈可经手的拍品：
庚戌春季云南造宣统元宝库平七钱二分银币

过去十年首席一直在

我的钱币收藏爱好,启蒙于少时的经历。

在20世纪80年代,有限的、略显精致之物总能吸引涉世未深的我的目光。比如,家里篮筐上充当绳结、十分黄亮的康熙通宝,外婆家竹质橱柜里的青花瓷碗、杯子,至今记忆犹新。

20世纪80年代至90年代,过年前后,苏北的小孩子们中间流行一种叫"砸铜板"的游戏,主要道具就是各家各户压箱底的清代、民国铜板。对我来说,遇到压印清晰、保存完好的铜板,是舍不得拿出来玩的,久而久之,便存了一些。

与铜板一起,慢慢被收藏起来的还有各种铜钱、银饰等,凡是自认为好玩的物件,都会被我小心地收在一个铁盒里。当然,在成长的过程中,不同时期的各种小玩意儿也慢慢散落,很多记忆也因此变淡,但这些儿时的启蒙,在未来终会有被唤醒的一天。

真正有意识地收藏,是在小学六年级。我无意中看到《三国演义·夜袭乌巢》邮票,一下子被它亮丽的质感、层次分明的色彩、简洁的线条、夸张的图案所吸引,加上耳熟能详的典故,从此被方寸击中。此后的七八年里,我所有的零花钱都花在了县里邮局门口的地摊上。直到1998年上大学的时候,出于很多原因,集邮的兴趣变淡。

大学的专业是电气工程自动化,不过在校期间,花在踢球和网络上的时间占到一半以上。毕业后在电力系统待了不到一年,便辞职去了新浪体育,这是第一次将爱好变成工作。此后无论转会搜狐还是2008年开始创业,体育都是个人爱好与工作交织在一起的主线。

重新拾起收藏的爱好,是在2010年。这一年儿子出生,在陪伴他的时候,我也在几个收藏网站之间打发时间。随后的几年间,对于钱币收藏的长期看好,使我下定决心在2013年上线首席收藏网,并将其列为个人职业转型后的主业。

周寿远 作者简介

1979年出生,江苏盐城人,毕业于武汉大学。曾任新浪体育副主编、搜狐体育主编。首席收藏网创始人,SBP钱币顾问,先后在海内外专业期刊、网站发表文章百余篇,编有《中国近代铸币仿造臆造拓选》。

10年前的钱币市场处于相对初级的阶段，线上线下的主体依旧是交易。我觉得，一个成熟的行业和产业需要专业、细分的配套，当时的钱币行业还缺少基础板块。所以线上以信息服务为主的首席收藏，线下以交流、互动为主的钱币展销会，便应运而生。

爱好转为工作，有时会略显乏味，甚至枯燥，但坚持的意义，在于逐梦成真，亲历从量变到质变。在这10年间，首席收藏不断发展壮大、走向国际。其对于钱币行业的意义，则在于不断完善中国钱币向行业化、产业化发展的服务环节，为市场构筑牢固的地基。

时至今日，首席收藏已与全球近60家钱币机构、协会组织建立合作与往来，科学、标准钱币分类被业界广为使用，数据库收入突破了100万条。由首席收藏联合承办的香港国际钱币展在亚洲颇具规模和影响力，CICE 中国钱币展销会也开启了中国民间钱币交流的先河。

钱币收藏是我欲罢不能的爱好，也是继体育之后的再次创业。过去20余年，我的职业信条一直是：爱一行、干一行、专一行。过去10年，首席一直在：不管千山万水，坚持做正确的事！希望下一个10年，你、我、钱币收藏行业，都能够变得更加美好。

周寿远藏品：
宣统三年大清银币壹圆

/ 问答录 /

过去10年织梦成真，"坚持"二字立于其中，对迭代成长的钱币收藏者还想说些什么？

保持热爱，勤奋学习，以喜好始，以学问终。知识、经验、规律、道理都不复杂，难的是把每个简单都做到极致，在时间换空间、量变到质变的过程中，享受收藏的乐趣。

下一个10年，你对自己、他人和行业想说些什么？用几句话描绘一下。

钱币收藏，将是更好、更有趣的行业，文化与价值和谐统一，体量无限大、前途无限广、机会无限多。能够找到适合自己、内心宁静的方式，于不确定中达到知行合一，幸甚至哉。

课堂·讲堂·名堂

朱安祥　作者简介

1987年出生，河南永城人。历史学博士、河北师范大学历史文化学院副教授、硕士研究生导师。兼任国家文物局鉴定专家、中国钱币学会理事。主要从事钱币学研究，先后出版《魏晋南北朝货币研究》《红色货币简史》等著作，在《中国金融》等期刊发表文章60余篇。

9岁那年，我第一次接触到古钱币。它们来自爷爷的旧书柜，用毛线穿系着，大约有十几枚，至今仍然存放在币册里。当时我惊讶极了，用双手捧着它们，凝视良久，脑子里充满了各种疑问。爷爷告诉我，钱币上的文字大都是古代帝王的年号。为了弄清楚它们的时代，我找来了一本《新华字典》，按照字典后面的历代纪元表逐一对照。可是并没有找到宋元这个年号，那么手中的"宋元通宝"又铸造于何时呢？就这样，我的问题越来越多。为了满足自己的好奇心，我开始一边翻书查阅，一边收集更多的古钱币。从此，我的人生便与古钱币结下了不解之缘。

2007年，我进入大学校门，开始系统地学习钱币学的相关知识与理论。彭信威先生的名著《中国货币史》，我大概完整地看过5遍以上，同时对于西方经济学与社会学的一些基础理论，也一并吸收。刚开始，我对先秦货币很感兴趣，攻读硕士研究生的3年时光几乎看遍了近代出版和发表的关于先秦货币研究的著作与论文，后来在此基础上完成了硕士论文《赵国货币及相关地名整理研究》的写作，该文获得了校级优秀学位论文。2014年，我开始攻读博士学位，由于此前学界对于魏晋南北朝货币研究较少，我便主动选定这一研究方向。在读博的前两年，我收集、整理了30余万字的文献资料与考古出土报告，后来在动手写作之前，又充分吸收了外国学者的相关成果，最终著成《魏晋南北朝货币研究》一书，于2021年由中华书局出版，出版后获得学界的一致好评。

2018年，我进入河北师范大学工作。这是一所具有百年历史和光荣传统的省部共建高等院校，同时也是国内目前唯一一个可以授予钱币学博士学位的高校。2019年春季学期，我开始给历史文化学院的博士生、硕士生系统地讲授"钱币学概论"课程。近些年，通过不断地摸索，我逐渐总结出一套行之有效的教学方法，不仅注重专业知识的积累，而且将钱币实物引入课堂。"钱币学概论"这门课自开设以来，颇受学生喜爱，后经学院推荐成为全校公开课。每年春季学期，我都面向全校师生公开讲授钱币学，每次选课的人数都在几百人，教室里时常挤满了听课的学生。不久的将来，我打算把我的讲义以"钱币学十讲"为名公开出版，以飨学界。

我国的钱币学研究，最早可以追溯到南朝时期，后经历代学者的不断努力，至今已经形成了较为成熟的研究方法与学科体系。近20年来，我通过系统阅读先贤学者的论著，认真总结了钱币学的研究方法，在其基础上形成了三个主要研究方向。

其一，中古币制变迁问题。所谓"中古"，是指秦汉至隋唐这一历史时期，这是我长期关注的学术领域之一。在《魏晋南北朝货币研究》出版之后，我以秦汉货币运行体系为题申请了国家社会科学基金项目，并获得立项。我已经结束了对秦汉货币较为系统的研究工作，成果约有30万字。如此一来，我就可以建立一个较长时间跨度的考察视野，进而对我国的货币发展史有一个更加深入的认识。

其二，古代钱币文献整理。我国现存最早的钱币学文献是成书于南宋绍兴年间的《泉志》，此后历朝历代都有钱币类文献传世，特别是清代，约有160部专著。学界以往对此较少关注，主要是原始钱币文献较难见到，不得不说是一个遗憾！自2021年开始，我陆续跑遍全国各大图书馆古籍库，开始系统地收集这些钱币学古代文献，希望有一天能够集腋成裘，做成一个"我国古代钱币文献数据库"，供学界更好地使用。

其三，我国古代钱币对周边国家的影响研究。众所周知，自唐代以来，中国所铸造的钱币几乎成为整个东亚地区流通使用的"硬通货"——古代朝鲜半岛、日本、越南，甚至是东南亚诸岛国，均使用中国铜钱。与此同时，周边国家逐渐形成了对中国货币的文化认同，这种认同体现在多个方面。2023年以来，我开始关注这一问题，并着手学习周边国家的货币历史，同时翻译了一部西方人撰写的学术著作——《早期东南亚的货币、市场与交易》，该书将在2024年下半年出版，希望能够推动学界对这一问题的深入研究。实际上，深入研究我国古代钱币对周边国家的影响，对于提升文化自信、促进"东亚货币一体化"均有重要的学术意义。

朱安祥著作：
《魏晋南北朝货币研究》

/ 问答录 /

首开全国高校钱币课程，功德无量。你在教学中最为高兴、最为得意的是哪些事？

最为高兴的事，莫过于每年都有我的学生顺利考上硕士研究生、博士研究生；最为得意的是，每次在学校上完"钱币学概论"课，都会有学生站起来鼓掌。

民间收藏如何促进学术研究？

我们知道，民间收藏是国家收藏的有益补充，它对于保护文物、传承文化具有非常重要的意义。我国民间收藏的文物数量众多，其中还包括不少以前尚未披露，或是学术研究价值较高的文物，民间收藏团体或个人应该主动、积极地介绍这些文物的基本情况，使其更好地应用于学术研究中。

INDEXES
索引 （姓氏笔画索引）

26	丁建南	钱币收藏收获多多
28	丁贻平	填补川康银锭研究空白
96	马长海	历经三届纸币展
130	王 刚	新媒体助力币文化
132	王 伟	"因为我无知"
128	王 彪	我愿泛起一叶"孤舟"
142	王天杨	从收藏中感悟"宁波帮"金融业
146	王永生	钱币价值的发现之旅才刚刚开始
136	王纪洁	我的钱币研究之路
134	王春利	在钱币收藏的天空里流连忘返
140	王美忠	冷门不冷
144	王宣瑞	最大的乐趣在于发现
138	王静美	钱币学也是比较学
98	牛双跃	愿做研究河北纸币的"拓荒牛"
2	卞一冰	钱币藏天下
24	邓育仁	梦想成真：私藏变公享
116	石长有	收藏私钞百千万
168	叶 晖	只有经历过的人才能理解
170	叶 涛	泉友叫我"老江南"
4	白浩江	走在"捡漏"与"被捡漏"的路上
94	母 帅	爱上"西域瑰宝"
200	朱安祥	课堂·讲堂·名堂
104	任双伟	我的两种钱和两本书
84	刘 翔	金银锭收藏：我的自有乐地
86	刘 源	人生一乐复何求

90	刘振堂	钱币，可为国家扩大更多影响的话题
88	刘德龙	不仅做一位名列前茅的授权经销商
38	关佰勋	世界精美钱币是我终生追求
54	江则昊	一封改变命运的信件
102	祁新玲	由钱币实物教具说开去
120	孙克勤	努力站在钱币研究的最前沿
118	孙炳路	巴蜀货币的痴迷者
114	苏军飞	西域泉缘
112	苏　骏	中国图录应该由中国人编写
30	杜　桦	我与丝绸之路古国钱币的不解之缘
64	李　才	西藏地方钱币与我的故事
68	李　军	收藏流通币就是收藏历史
66	李　峰	使命和责任
70	李　维	我只是比别人稍微早了那么一点点
76	李小萍	开启一扇通往金银锭收藏领域的大门
74	李凤池	受益于人　得益于己
72	李丙乾	揭开古代金锭的神秘面纱
78	李志东	奔忙三十载
164	杨　勇	收藏靠一枚枚去实现
166	杨锦昌	收藏区票乐此不疲
156	肖　舟	进一寸有一寸的欢喜
154	肖　彤	双金属合璧同辉
150	吴屹挺	钱币联通世界
148	吴革胜	我的缘分来了
44	何代水	难忘良师益友

INDEXES
索 引

126	汪　洋	从专题收藏到创办钱币博物馆
108	沈　杰	将国宝抢救回国
110	宋　捷	我辈应尽的责任
182	张　军	我人生追求的信条
186	张安生	难忘首届中国历代纸币展
184	张安保	从贰角纸币开始
188	张德友	主业副业两不误
92	陆　昕	民俗钱币与我终身相伴
16	陈吉茂	一次不凡的板块移动
12	陈宝祥	花钱世界向人生
14	陈浩敏	钱币不语自有言
18	陈景林	追踪 1985 年"铜猫"
106	邵钦邦	藏家即是过客
152	武裕民	追寻西夏钱币
34	范贵林	收藏世界人物硬币之感悟
80	林文君	走向丝绸之路
82	林志坚	清钱，我一生的挚爱
176	郁超英	辨伪识真　乐在其中
60	金志昂	为"钱"打工之快乐
194	周　祥	泉流问源
196	周迈可	亦师亦友三十年
198	周寿远	过去十年首席一直在
190	赵后振	偏爱太平天国钱币
192	赵康池	从澳门钱钞到世界错体钞
62	柯福晟	成功是一切努力的结果

INDEXES 索引

32	段洪刚	三十年钱币收藏路
46	洪荣昌	五分铜币与二十年心血
178	袁　林	泉海游弋五十年
52	贾　晖	一枚古币打开少年心中的历史之门
100	钱立新	爱"钱"如命
162	徐钦琦	文化是道　钱币是器
172	殷　敏	一件事　一辈子
174	殷益民	过关斩将为了它
36	高怀宾	钱币收藏不仅仅是一个爱好
40	郭喜林	铜母研究带我走上新高度
48	黄　通	我的奥林匹克梦
50	黄建生	钱币收藏改变了我的人生轨迹
158	萧志军	知识就是财富
8	曹冲冲	钞海漫游
10	曹红光	泉海无涯苦作舟
22	崔光臣	诚心与公益
56	蒋　骋	代有收藏　譬如积薪
42	韩　英	我与元顺兴的缘
20	程　晟	古泉收藏要有心
58	焦　阳	我与天国背圣宝折十型铁钱
122	童　骋	是"也许"也是注定
124	童德明	从"壮泉"到"六泉"
180	曾晨宇	我撰写《古希腊钱币史》
160	谢艾力·司马义	我收藏的新疆钱币
6	蔡勇军	从"铁衢州"走向"太平天国"

图书在版编目（CIP）数据

前无止境：中国当代钱币收藏100人 / 石肖岩主编. -- 北京：中国商业出版社，2024.8. -- ISBN 978-7-5208-3015-7

Ⅰ．K825.41

中国国家版本馆CIP数据核字第20247CY997号

责任编辑：滕 耘

中国商业出版社出版发行

（www.zgsycb.com 100053 北京广安门内报国寺1号）

总编室：010-63180647 编辑室：010-83118925

发行部：010-83120835/8286

新华书店经销

鸿博昊天科技有限公司印刷

*

787毫米×1092毫米 16开 14.25印张 300千字

2024年8月第1版 2024年8月第1次印刷

定价：100.00元

****

（如有印装质量问题可更换）